KB069764

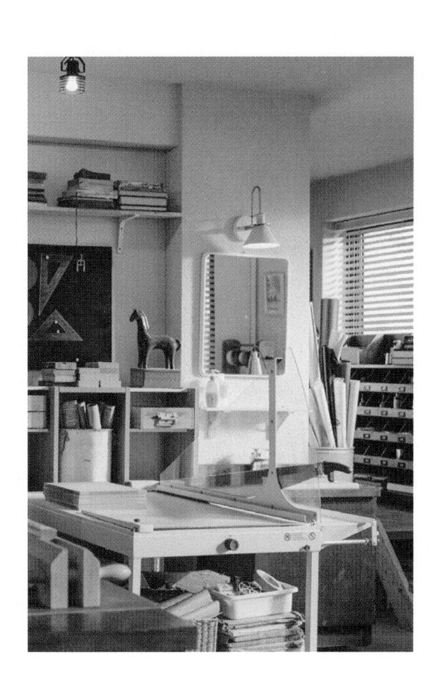

sbc

트롤리

일러두기

- 이 책은 류보리 작가의 드라마 대본 집필 형식을 최대한 따랐습니다.
- 드라마 대사는 글말이 아닌 입말임을 감안하여 한글맞춤법에서 벗어난 표현이라 해도 그 표현을 그대로 살렸습니다. 그 외 지문은 한글맞춤법을 따랐습니다.
- 이 책은 작가의 최종 대본으로, 방송되지 않은 부분이 포함되어 있습니다.

용어 정리

[E] Effect(효과). 대사와 음악을 제외한 효과음을 뜻하며, 보통 등장인물은 보이지 않고 소리만 나는 경우에 사용한다.

[F] Filter(필터). 전화기 너머의 목소리나 마음속으로 하는 이야기들을 표현할 때 사용된다.

[Na] Narration(내레이션). 장면에 나타나지 않으면서 장면의 진행에 따라 그 내용이나 줄거리를 장외(場外)에서 해설하는 일, 또는 그런 해설을 말한다.

[O.L.] over-lap(오버랩). 앞 장면에 겹쳐서 다음 장면이 나오는 기법이다. 대사에서 앞사람의 말을 끊고 말할 때 쓰인다.

[V.O.] voice-over(보이스오버). 화면에 나타나지 않는 인물이 들려주는 정보나 해설 등을 말한다.

[몽타주] 따로따로 편집된 장면들을 짧게 끊어서 붙인 화면을 말한다.

[인서트] 일반적인 뜻은 화면의 특정 동작이나 상황을 강조하기 위해 삽입한 화면을 말한다. 그러나 이 책에서는 이전에 있었던 일이지만 화면상으로 처음 등장하는 과거 신을 지칭한다.

[플래시백] 회상을 나타내는 장면. 지금 일어나고 있는 사건의 인과를 설명할 때 쓰이기도 하고, 인물의 성격을 설명하기 위해 쓰이기도 한다. 특히 이 책에서는 이전에 화면으로 나왔던 신을 그대로 불러오는 것을 지칭한다.

2

류보리 대본집

트롤리

위즈덤하우스

차례

9회

진심(眞心)

1 .... **혜주 집_ 서재 (낮. 8회 신80, 81, 84 편집)**

하얗게 질린 혜주, 핸드폰 놓친다. 바닥에 떨어지는 핸드폰.

플래시백 1회 신58. 달리는 혜주 차 안 (낮)

운전하는 혜주, 조수석의 지훈을 힐끔 보면. 지훈, 핸드폰 충전하며 카톡 보고 있다. 빨간색 케이스의 핸드폰.

인서트 혜주 집_ 안방 (밤. 8회 신79의 인서트 발췌: 2회 신14와 같은 날)

중도의 말을 힘겹게 듣고 있는 혜주.

중도 경찰이… 지훈이 쓰던 핸드폰은 결국 못 찾았대.

현재

혜주 !!

같은 핸드폰이다!

혜주가 놓친 핸드폰, 저만치 굴러가 있고. 하얗게 질린 혜주. 휘청, 하다가 책상 모서리 겨우 짚는다. 책상 위에 쌓아뒀던 책과 자료들이 바닥으로 밀려 떨어지고.

혜주 …!!

혜주, 방금 본 것을 믿을 수 없다. 큰 충격과 혼란스러운 혜주의 얼굴.
혜주, 주운 핸드폰의 화면을 다시 보는데…
순간 아찔해 저도 모르게 눈 감았다가… 다시 뜬다.
선명하게 보이는 핸드폰 액정의 채팅창.
지훈의 마지막 메시지. '죽어버릴거야'

인서트 혜주 집_ 안방 (밤. 8회 신81의 인서트 발췌: 2회 신14와 같은 날)

중도 …처음 예상대로… 만취해 실족한 걸로 오늘 수사 종결되었어….

인서트 한강 고수부지 (밤. 비)

거센 빗속, 강으로 걸어 들어가는 지훈의 뒷모습. 비에 흠뻑 젖은 벽돌색 바람막이.

혜주(E) (속말, 현재에서) 사고가…

현재

죽어버릴거야. 여섯 글자를 보는 혜주의 아득한 얼굴 위로…

혜주(E) (속말) 아니…었어…?

혜주, 그만 주저앉는다.
혜주, 그 상태로 멍하니 있다가… 손에 쥔 핸드폰 액정화면으로 천천히 시선 내린다. 수빈과의 대화창[1]이 눈에 들어온다. (마지막 메시지의 전송실패는 아직 모르는)

지훈: 헤어지잔 소리 절대 하지 마
지훈: 왜 자꾸 그래
지훈: 너 진짜 죽고 싶어??
보이스톡 통화 0:21 (지훈이 수빈에게 걸었고 통화 됨)
지훈: 죽어버릴거야

1 이 위의 대화는 없이, 대화창이 생성되고 처음 나눈 대화. (그 전 대화는 삭제하고 다시 대화한 것)

핸드폰 꽉 쥔 채 갑자기 서재를 뛰어나가는 혜주!

2....... 동_ 실내계단 → 지훈의 방 (낮)

혜주 수빈아!! 수빈아!!!

실내계단을 뛰어 올라가는 혜주!
충격으로 정신이 하나도 없어 올라가다 비틀거리기도 하지만…
다시 정신 붙잡고 2층으로 뛰어 올라가는.

혜주 수빈아!! 이게 뭐야?? 이게 대체 무슨//(소리니?)

하면서 지훈의 방문 확! 여는데, 수빈이 없다!
개어놓은 이부자리. 책상 위에는, 혜주가 사줬던 핸드폰과 빌려줬던 옷들이 가지런히 있고. 방 안에, 수빈의 짐이 하나도 없다.

혜주 !!

타이틀 IN.

3....... 지하철역_ 로커 (낮)

에코백 안에 욱여넣었던 옷들을 꺼내 로커에 넣는 수빈. (에코백은 안 넣는다)
로커 문 쾅! 닫는데, 너무 세게 닫아 문이 바로 튕겨 열리고, 그 순간 말랐던 입술이 탁! 터져서 피가 난다.

수빈 (혼잣말) 아야…. (입술 만져보면 피 살짝 묻어난다) …….

수빈, 에코백에서 파우치 꺼내 열면, (5회 신30의, 비싼) 립밤이 있다.
수빈, 립밤을 바르려다가… 만다. 다시 로커 열고, 립밤을 옷가지 위에 던져 넣는다.

수빈 (옷가지 위의 립밤을 물끄러미 바라보는) …….

수빈, 다시 쾅! 로커 닫고 열리지 않게 잡으면,
도어록 잠기는 경쾌한 소리.
수빈, 어디론가 걸어간다.

4....... 화장품 매장_ 안 (낮)

7회 신47과 같은 브랜드 매장. (지청동 아닌 다른 지점) 손님 없다.
수빈, 들어가면. 진열대 정리하고 있는 수빈모(40대/매장 주인) 있다.

수빈모 (습관적 인사) 어서 오세요~ (하다가 수빈 보고 멈칫) …!
수빈 …엄마.

잠시 어색한 침묵 흐른다.

수빈모 …너, 결정했어?
수빈 …….
수빈모 임신했다며. 애, 어떻게 할지 결정했냐구. 응?
수빈 (울컥) …엄마. 나한테 다른 건 안 궁금해?
수빈모 …뭐?
수빈 저번에도 십 년 만에 만났으면서… 그동안 어떻게 살았냐, 지금은 어디서 뭘 하고 어떻게 지내냐, 그런 건 안 물어봐? 왜?

5....... [수빈 회상] 동_ 안 (낮. 1회 엔딩 직전)

다른 손님 없고. 계산대 안의 수빈모. 갑작스런 수빈과의 조우에 얼어붙어 있는데… 퍼뜩 정신이 든다. (수빈, 1회 엔딩과 같은 옷)

수빈모 임신?

수빈 …….

수빈모 애 아빤 누군데!!

수빈 …….

수빈모 왜 대답을 못 해!! 누군지 몰라??

수빈 …알아. 아는데….

그때, 매장으로 들어오는 교복 소녀(이윤서/15/남윤서와 다른 교복).

이윤서 엄마~ 나 왔썽~ (수빈모에게 다가온다)

수빈 !

수빈모 !!

계산대 옆으로 온 이윤서를 힐끔 보는 수빈. 교복의 명찰, 이름 이윤서. 이윤서, 수빈과 수빈모의 심상찮은 분위기를 좀 의아해하고. 바로 감지한 수빈모, 얼른 억지 미소 띠며 계산대 한쪽 구석에 있는 립밤 하나를 허겁지겁 집는다. (보이는 것 아무거나 집는 것. 3회 신27의 립밤. 가격표 붙은)

수빈모 (수빈에게, 아무 말이나 하는) 유상봉투 100원인데 드릴까요?

수빈 !

수빈모 (수빈에게, 눈으로 간절히) …손님?

수빈 (이윤서가 보고 있는 걸 안다) …아니요. 포인트 적립만 해주세요. (혼자 연

극하는) 아, 근데 가입을 안 했나? 핸드폰 번호 적고 갈게요. 조회해서 나오면 적립 꼭 해주세요.

수빈, 대답 듣기도 전에 계산대 위 볼펜과 아무 종이나 집어서 핸드폰 번호 적는다.
재빠르게 휘갈겨 쓰고 돌아서는 수빈인데,

수빈모(E) (뒤에서) 저, 저기!
수빈 ! (혹시 엄마가 날 잡으려나, 순간 일말의 기대감으로 멈춰 서는데)
수빈모 (얼른 와서 립밤 내민다) 이거 가져가셔야죠… 손님.
수빈 !!

수빈, 수빈모를 물끄러미 바라보다가 수빈모가 내민 립밤을 낚아채듯 잡는다.

수빈 …그 번호로 꼭… 적립해주세요.

립밤을 손에 꼭 쥔 채, 매장을 빠르게 걸어 나오는 수빈의 얼굴.

6....... [현재] 동 장소 (낮)

수빈 십 년 만에 만난 딸이 임신을 했다는데 엄마는 내 걱정은 안 하더라? 몸은 괜찮냐, 어디 아프진 않냐, 어떻게 그런 건 하나도 안 물어봐? 응?
수빈모 …….
수빈 근데 그 아줌마는, 그 아줌마는… 내가 임신했다니까 뭐랬는지 알아?

플래시백 2회 신27. 혜주 집_ 지훈의 방 (밤. 수빈 시선에서)

혜주 (조심스레) 혹시 우리 지훈이가… 혹시… 수빈씨가 원치 않는데… 혹시… 그런 건지….

혜주, 수빈의 대답을 긴장해 기다리고. 그런 혜주를 보는 수빈의 얼굴. 혜주가 이런 걸 물을지 예상을 못 했기에 순간 동요하지만 애써 감추는 얼굴.

현재

수빈 혹시 내가 억지로 당한 거 아니냐고… 그걸 묻더라….

수빈모 !

수빈 근데 엄마는! 내가 임신했다고 하고 번호도 주고 갔는데, 어떻게 전화 한 통을 안 해? (본인 핸드폰 꺼내 카운터 위로 던지듯 놓는) 나 이 핸드폰, 엄마가 전화할까봐 계속 켜놓고 있었던 거 알아?

수빈모 …!

침묵 흐르고. 수빈, 감정 꾹꾹 누르는데.

수빈모 그래서 어쩌라구.

수빈 …!

수빈모 너 두고 집 나갔으니까 책임지라고? 돈이라도 줘? 아님 뭐, 애 키워달라고 온 거야? 어? 그런 거니?

수빈 …그런 부탁할 일 없어. 그러니까 새로운 딸이랑 잘 살아. …이름이 윤서였나?

수빈모 !! 니가 걔 이름을 어떻게 알아! 응?

수빈 …….

수빈모 너 혹시라도 윤서 찾아가서 아는 척이나 해코지하면 가만 안 둬!!

수빈 (슬프다) …엄마. 엄마는 엄마 딸이… 그럴 애 같아?

수빈모 …!

수빈 …그래, 기대를 한 내가 바보지. 다신 안 올게. 잘 살아. (가려는데)

수빈모 수빈아, 너, 아까 그, 아줌마? 그게 누구야? 너, 뭐, 막 그런… 일 시키고 돈 받아가는 그런 사람 있는 거야?

수빈 (기가 막힌다) 아니야! 엄만 나를 진짜 어떻게 생각//(하길래!)

수빈모 (O.L.) 아니야? 그럼 누군데?

수빈 …그냥… 아는 아줌마.

수빈모 아는 아줌마?

수빈 …아니. 이젠… 모르는 사람.

수빈모 뭐?

수빈 …갈게. (바로 나간다)

계산대 구석에 남아 있는 수빈의 (구형)핸드폰. 수빈이 잊어버리고 간.

7....... 동_ 앞 (낮)

빠르게 걸어가는 수빈. 그러나 점점 느려지는 발걸음. 혹시 엄마가 따라 나오려나 싶은. 그런데 뒤를 돌아보진 못하겠고. 그러다… 멈춰 서는 수빈. 몇 초 기다린다.
그러나 조용하다. 살짝 돌아보면, 아무도 따라오지 않는다. 부르는 소리도 없다.
수빈, 가만히 입술에 손대어본다. 입술이 다시 갈라져 피가 나고 있다.
손끝에 묻어나는 피. 입술이 쓰라리다.

수빈 (혼잣말) …이제 다 끝났어.

수빈, 천천히 걸어가기 시작한다.

8....... 혜주 집_ 지훈의 방 (낮)

텅 빈 방을 보며 망연자실한 혜주. 수빈이 집을 나간 것이 분명해 보인다.

혜주, 어찌해야 할 바를 모르겠다. 정신이 아득해지는데….

1층 현관문 소리가 들린다!

9....... 동_ 2층 복도 → 실내계단 (낮)

혜주 ! 수빈아! (지훈의 방에서 다급히 나오며, 1층으로 내려가려는데)

여진(E) 혜주야, 나야-

순간 다리에 힘 풀리는 혜주. 휘청하며 실내계단에 주저앉는다.

흐르는 눈물.

여진 집에 있었어? (장바구니 들고 부엌으로 가다가 계단 중간에 주저앉아 있는 혜주 보고 놀라서 달려든다) 어머, 너 왜 그래!

혜주 (아무 말도 못 하고, 핸드폰만 꽉 쥔 손)

여진 혜주야, 왜 그래!! 무슨 일이야!!

혜주 (목소리 안 나오지만 겨우) 언니… 어떡해, 우리 지훈이…. (울음 터진다)

여진 !! 혜주야, 왜 그래…!!

10...... 국회의사당_ 외경 (낮)

11 ...... 중도 의원실_ 의원실 (낮)

우재, 민석, 빛나, 자영, 강호. 테이블에서 회의 시작할 준비 중. 회의 자료, '형법 개정안 추진 위한 언론 전략' 제목 보인다. 보좌진들, 중도를 기다리며 수다 떤다.

민석 참, 근데 성매매하다 걸린 의원 보좌관 있다며. 뉴스 났던데. (강호에게) 어디 의원실이야? 행비 단톡방에 뜬 거 없어?

강호 아직요.

자영 아아, 이번엔 우리 당 아니어야 할 텐데….

빛나 (우재에게) 보좌관님 예전에 기자 하실 때 의원 보좌관 성매매 보도하신 적 있으시죠? 그때 어느 당 누구였어요?

우재 (수다 흘려들으며 자료 들춰보다가) 아, 옛날에요? (말하려는데)

중도 바쁘게 들어온다. 간담회 자료집[2] 한 권 들고 오는.

중도 좀 늦었습니다-

일동 오셨습니까. / 오셨어요~ / 간담회 오래 하셨네요~

중도, 바로 앉으며 주머니 속 핸드폰 꺼내 테이블에 올려놓는데, 여진의 전화가 오고 있다! (무음모드) 중도, 왜 전화하지? 갸웃하지만 크게 신경 쓰지 않고 자동 문자회신 선택하며 회의자료 펼친다.

우재 (회의 주재) 회의 시작하시죠-

12...... 혜주 집_ 1층 거실 (낮)

여진, 자기 핸드폰으로 중도에게 전화 걸고 있다. 그러나 흘러나오는 '지금은 전화를 받을 수 없어….'
여진, 애가 탄다. 전화 끊고, 중도에게 카톡 보내려고 카톡 창 여는데, 중도의 문자메시지가 온다: 회의중입니다. 곧 연락드리겠습니다. (자동회

2 표지 제목: 국회 여성가족위원회 청소년과의 간담회 자료집 // 일시: 2022.9.20.(화) 13:00 // 장소: 국회 의원식당 별실

신 문자)

여진, 애가 탄다. 빠르게 문자 답장 쓰는데. ('전화 좀 줘. 급한 일이야')

혜주(E) 언니….

여진 (문자 얼른 전송하고) 어, 혜주야. (다가간다)

혜주 수빈이 얘… 이거(앞에 둔 지훈의 핸드폰) 알고 집을 나간 걸까…?

여진 …….

혜주 (거의 넋이 나가서 여진에 매달리는) 그게 아니면 지금 집을 나갈 이유가 없잖아…. 근데 이걸 봤을 리도 없구… 근데 그럼 집을 갑자기 왜 나간 거지?

여진 …….

혜주 어디로 갔을까? 임신했으니까 미혼모 쉼터 이런 데? 얘 자기 핸드폰도 잃어버려서 없는데… 어떻게 찾지? 언니, 나 얘 꼭 찾아야 돼. 찾아서 이게 대체 뭐냐고 물어봐야 되는데…! (거의 정신 놓는 듯하자)

여진 (혜주 어깨 잡고 흔든다) 혜주야! 정신 차려!

혜주 (멍하니 여진 본다)

여진 그래, 수빈일 찾는다고 쳐. 근데 그럼, 너 얘 말 믿을 수 있어? 나는 못 믿어!!

혜주 !

여진 이거(핸드폰) 봐. 얘 지훈이랑 사이 안 좋았네. 그거 들킬까봐 집 나간 거 아니야?

혜주 …….

여진 혜주야. 우리, 수빈이 찾지 말자. 안 찾는 게 서로 좋을 것 같아. 지훈이랑 안 좋게 끝났던 사인데, 찾아봤자 무슨 소릴 할지도 모르고!

혜주 (사실 자신도 혼란스럽지만) 언니, 그래도 여기 마지막 음성통화, 수빈이가 지훈이한테 건 거잖아. 그때 대체 무슨 얘길 했길래 지훈이가//(갑자기…)

(E) (날카로운 핸드폰 벨소리!)

움찔하는 두 사람. 혜주의 핸드폰에 전화가 오고 있다. 저장되지 않은 010번호다. 혜주와 여진, 서로를 쳐다보고.

혜주 (받는다) 네, 여보세요. // !

책손님(F) 지금 수선실에 안 계세요? 저 저희 아들이랑 같이 왔는데 안에 안 계신 것 같아서요~

혜주 (잊고 있었다)

13...... 지청중학교_ 일각 (낮)

조용한 곳. 바나나 우유 하나씩 물고 이야기 나누는 윤서와 다솜.

다솜 …그래서, 고민하고 있었어. 아빠 바람피는 거, 엄마한테 말을 해야 하나 말아야 하나….

윤서 진작 말하지. 난 그런 줄도 모르고 니가 요새 좀 이상하다고만 생각했잖아.

다솜 미안. …그래도 너한테 얘기하니까 마음이 좀 가볍다.

윤서 (다솜을 꼬옥 껴안는다) 힘내! 우리 친구잖아.

다솜 응… 고마워.

윤서, 포옹 풀고. 잠시 둘 다 말 없는데.
윤서, 뭔가 생각하다가… 말 꺼낸다.

윤서 …나도 비밀 하나 있는데.

다솜 ? 뭔데?

윤서 이거 진짜 아무한테도 말하면 안 돼애? (귓속말 소곤소곤)

다솜 (다 듣고, 눈 커져서) 뭐어? 너네 오빠 여친이 임신을 해서 왔다고오??

14...... 책수선실_ 안 (낮)

책손님과 책손님 아들(22)에게 수선 완료된 육아일기 보여주며 설명하는 혜주(앞치마X). 책 옆에, 수선 전에 찍은 육아일기 공책 사진 4~5장이 있다(인화한 것).

혜주 전에 여기 찢어졌던 이 페이지들은 이렇게 수선되었구요, 여기 있던 얼룩들도 모두 클리닝을 끝냈습니다. 그때 고르신 면지 색상이랑 헤드밴드, 가름끈 맞춰드렸고요. 하드커버도 그때 고르셨던 하늘색 겉싸개로 제작을 했는데, 금박이랑 잘 어울리는 것 같아요. 다행이에요. 마음에 드셨으면 좋겠습니다. 확인해보세요. (책 건넨다)

책손님과 책손님 아들이 감탄하며 책 살펴보기 시작하자 혜주의 얼굴에서 겨우겨우 짓고 있던 희미한 미소 사라진다. 서 있기조차 힘든….

15...... 지청중학교_ 일각 (낮)

윤서 아, 걔랑 같은 집에서 사는 거 진짜 너~무 싫다?

다솜 그렇겠다, 진짜….

윤서 어. …그래도 너보단 내가 낫다, 그치. 너는 진짜 최악이잖아. 바람이라니. 진짜 극혐. 최악이다.

다솜 (순간 기분 상하지만 표정 관리, 떨떠름) 어? 어어… 글치….

윤서, 교복 실밥 보고 떼는 등 딴짓한다. 다솜, 기분 상했지만 윤서는 모르는.

16...... 책수선실_ 안 (낮)

책손님아들 와, 진짜 대박. (엄마에게, 표지의 새 발자국 박 가리키며) 이건 뭐지?

책손님 까치 발자국. 까치가 엄마 품으로 확 날아 들어오는 게 너 태몽이잖아.

책손님아들 그걸 아직도 기억해?

책손님 내 새끼 태몽을 어떻게 잊니~ 참, 여기 사장님 아드님도 너랑 동갑이다? (혜주에게) 아드님 태몽은 뭐였어요? 저번에 들은 것 같기도 하구….

혜주 ! (순간 울컥)

책손님아들 (혜주 아들 태몽에 관심 없다, 수선 전 모습 찍은 사진을 집어 들며) 와, 근데 이게 어떻게 이렇게 되지. 진짜 대박이다, 엄마.

사이좋게 책을 살펴보는 모자. 힘겹게 감정 누르는 혜주.

17...... 책수선실 근처_ 카페 (낮)

초조하게 앉아 있는 여진. 혜주에게 카톡 쓰는 중이다:

(방금 보낸 메시지) 나 바로 앞에 있으니까 손님 가면 꼭 전화해

(지금 쓰는 메시지) 데리러 갈게

전송하는 여진. 핸드폰 내려놓는데.

플래시백 여진 회상. 혜주 집_ 1층 현관 (낮. 8회 신72의 인서트)

여진 (얼굴이 하얗게 질려서 수빈 보는) !!

수빈 그러니까 이거, 아줌마한테 말하지 마시라구요. 아시겠어요?

현재

여진 …….

18...... 지승규네 식당_ 앞 (낮)

찾아온 승희. 핸드폰으로 인스타의 매장 전면 사진과 비교해보면, 같은 곳이다.

승희, 결심한 얼굴로 다가가는데… 유리창 안, 불 꺼져 있다.

승희, 옆을 보면, 옆 식당에는 대기 줄(20대 손님들 10명가량)도 길다.

그때 갑자기 문 확! 열리고 지승규부 나온다.

승희, 깜짝 놀라 뒤로 물러서는데.

지승규부 가세요! 오늘 영업 안 합니다! ('closed' 푯말 걸고 얼른 들어가려는데)

승희 저기요!

19…… 동_ 안 (낮)

소박한 가게. 낮이지만 불을 켜지 않아 어두컴컴하다. 한 켠에 앉아 있는 지승규부, 지승규모와 승희. 승희가 혜주 이야기를 한 후다. 지승규모, 많이 지친 기색.

지승규부 (승희에게 핸드폰 보여주며) 이거 좀 보세요. 우리 가게 sns는 어떻게 알고들 몰려와서는….

지승규모 (울먹) 아들 가고 아무 의욕도 없지만… 그래도 먹고살아야 되니까 억지로 가게 연 건데….

승희, 인스타 화면 보면. 신메뉴 포스트 아래에 악플 200여 개. (거의 다 기본 프로필 사진의 계정들. 가장 최근 댓글은 작성 시각이 '조금 전'으로 표시되어 있다)

승희 (핸드폰 돌려준다) …….

지승규부 그나저나 세상에 어떻게 그 부부는, 쌍으로 사람을 둘씩이나 그렇게 만들었댑니까….

승희 …저, 사실 그래서 왔습니다.

지승규부/모 (보면)

승희 …저희, 같은 피해자들끼리 뭐라도 같이 해요, 네?

지승규부/모 …!

20….. 책수선실_ 안 (낮)

책손님과 책손님 아들 배웅하는 혜주. 책손님 모자, 포장지로 포장한 책 들고 간다.

책손님 진짜 너무 감사해요~ 다음에 또 올게요!

책손님아들 (꾸벅) 안녕히 계세요.

혜주 네, 가세요-

혜주, 문가에서 모자가 계단 내려가는 모습을 보다가 문 닫는다.
혜주, 정신 겨우 붙잡으며 가방에서 자신의 핸드폰 꺼내는 데서,

21…… 중도 의원실_ 의원실 (낮)

아직 회의 중. 강호, 방금 복사해온 자료를 모두에게 나눠 주고 있다.
그 틈에 중도, 옆에 내려놓은 핸드폰(액정화면이 아래로 가게 뒤집어놨다)을 별생각 없이 집어 들어 보는데… 부재중 전화 4통[3], 카톡 알림 10여 건, 문자메시지 1건.
중도, 자세히 안 보고 핸드폰을 내려놓으려는데, 혜주의 전화가 온다! (무음모드)

3 가장 마지막 부재중통화는 '손영균 의원' (나머지는 이수민 의원, 현여진(2통)) / 카톡 알림도 '손영균 의원'과 '이수민 의원'이 가장 마지막이라 그들의 알림만 보인다. (나머지는 여진의 카톡 등이지만 겹쳐서 안 보이는) 중도는 잠금화면 때 카톡 메시지 내용 미리보기 기능은 OFF / 문자메시지는 아까 여진이 보낸, 전화 달라는 메시지 하나뿐이라 그 알림이 떠 있다.

중도 (갸웃, 회의 재개하려고 중도 기다리는 일동 보고) 잠깐만. (전화 받는다) 어, 여보.

22..... 책수선실_ 안 (낮)

혜주 (통화, 중도가 전화 받자 바로 동요하는 감정) !

중도(F) 왜? 무슨 일 있어?

혜주 (통화) 여보… 지훈이가… 우리 지훈이가…!

혜주, 말을 채 마치지 못하고 과호흡 온다!

23..... 중도 의원실_ 의원실 (낮)

중도 (통화, 과호흡 소리 듣고 놀라서) 여보! 왜 그래! 여보!

일동 (? 해서 중도 쳐다보고)

그때 수화기 너머에서 들리는 쿵! 소리! (혜주 쓰러지는 소리)

중도 (통화, 벌떡 일어나며) 혜주야!!

24..... 정순의료원_ 응급실, 베드 커튼 밖 → 커튼 안 (낮)

중도, 베드 주위로 쳐진 커튼 밖에서 응급의사(여, 30)와 이야기 마치는 중.

응급의사 당분간 심한 스트레스는 꼭 조심해주세요.

중도 …네. 감사합니다.

응급의사, 목례하고 가는데, 가면서 중도 옷깃의 의원배지를 힐끔 보고 가는. (소문 낼 분위기는 아닌 // 중도는 지금 정신이 없어 자기 배지 의식

못 하는)

중도, 커튼 안으로 들어가려는데, 늑골 금 간 곳에 순간적으로 통증이 느껴진다.

중도, 미간 찌푸리고. 아픈 곳 지그시 누르며 커튼 안으로 들어간다.

링거 맞고 잠들어 있는 혜주. 혜주 곁의 여진, 인기척에 돌아본다.

여진 뭐래?

중도 …괜찮을 거래. 갑자기 충격을 받아서 그런 거라고….

여진 …….(곁에 뒀던 혜주의 가방 주며) 참, 여기 혜주 가방이랑… (자기 가방에서 뭔가를 꺼내 건넨다) 이거.

지훈의 핸드폰이다. 바로 알아보는 중도.

여진 아까… 수선실에 있길래 챙겼어.

중도 …고마워. (받아 주머니에 넣는다)

잠시 말 끊긴다.

중도 여긴 내가 있을게. 그만 가.

여진 …그래. 혜주 깨면 연락 줘.

중도 어.

여진 (나가려는데)

중도 저기.

여진 (쳐다보면)

중도 …비밀로 해줘.

여진 (가만히 바라보면)

중도 …윤서한테, 오늘 일… 이것저것 다.

여진 …그래. 그럴게. …그럼 간다.

중도 어. …고마워.

여진, 나간다. 중도, 혜주 곁에 앉는다. 잠든 혜주 얼굴을 보는 중도.

인서트 중도 회상. 주차한 중도의 차 안 (낮. 2회 신14 보충)

경찰서장으로부터 지퍼백에 든 지훈의 핸드폰을 건네받는 중도. (옆에 부검결과지도 있다.) 중도, 방금 들은 말 때문에 충격이 큰데… 겨우 정신 수습한다.

중도 …서장님. 제 아내에겐… 비밀로 해주십시오.

경찰서장 (보면)

중도 제 아들이 실족을 했든, 여자친구랑 싸우고 제 발로 강에 걸어 들어갔든, 서장님께는 똑같은 변사자잖습니까.

경찰서장 (이도 저도 못 하는 곤란한 얼굴)

중도 이 사실을 알면 그 사람… 견디지 못할 겁니다. 그러니까 제 아들은 이 부검지의 수치대로, 만취해 실족한 거여야만 합니다. 제발, 도와주십시오, 서장님, 예…?

인서트 중도 회상. 주차한 중도의 차 안 (낮. 2회 신15와 신16 사이)

중도 혼자 있다. 아무리 참으려 해도 눈물 흐르기 시작하는데.
중도, 갑자기 소리 지르며 차 시트를 주먹으로 마구 치며 오열한다. 그 바람에 옆에 두었던 지퍼백(핸드폰)과 부검 결과지가 바닥으로 떨어진다.

우재(E) (선행하는) 그래도,

인서트 중도 회상. 주차한 중도의 차 앞 (낮. 앞 인서트 직후)

우재, 중도에게서 이야기를 들은 직후다. 중도, 오열해 눈이 벌게진.

우재 어떤 면에선 다행이라고 생각합니다.

중도 (목 잠겼다) …그게 무슨 소리야.

우재 지금 상황에 너무 냉정하다 하시겠지만… 사실 세상의 모든 부자 사이가 좋을 순 없잖습니까. …그러니 의원님이 지훈이한테 미안한 마음 갖고 계셨다면 이게(핸드폰) 나와서 다행이라는 뜻입니다. 지훈이가 이렇게 된 건… 이 여자애 때문인 거니까요.

중도 (가만히 우재 보는) …….

현재

중도, 잠든 혜주 손을 잡고 가만히 쓸어보는데… 혜주 깨어나는 듯!

중도 …!

혜주, 천장의 형광등 불빛에 여기가 어디지 싶어 잠시 멍한데….

중도(E) …혜주야.

혜주 …!

혜주, 중도와 눈이 마주치자 모든 기억이 다 떠오른다.

혜주 …여보… 우리 지훈이가… 왜… (말 잇지 못하는)

중도 (가슴 미어진다) 미안해. 나는… 당신이 몰랐으면 했어….

혜주 (지훈의 자살이 사실이구나!)

25..... 동_ 응급실 (낮)

의료진들 오가는 사이, 한 켠에 커튼 쳐진 베드 하나.
커튼 살짝 벌어진 틈으로, 서로를 안고 소리 없이 흐느끼는 혜주와 중도의 모습.

26..... 찜질방_ 외경 (밤)

27..... 동_ 입구 카운터 (밤)

옷가지 불룩한 에코백 멘 수빈, 입장료 내려는 참이다. 파우치 꺼내 열면, 화장품 샘플들과 머리끈 등등 사이로, (지갑을 중고로 판매한) 5만 원권 몇 장이 들어 있다.
수빈, 5만 원권 1장을 꺼내는데… 불현듯 핸드폰 생각이 난다!

수빈 ! 아, 핸드폰…!

플래시백 신6. 화장품 매장_ 안 (낮)

핸드폰을 던지듯 두던 수빈.

현재

수빈 (혼잣말) 아씨, 다신 얼굴 안 본다고 했는데…. (핸드폰 찾으러 가려고 돌아서 나가다가… 멈춘다. 혼잣말) 아, 몰라. 오늘은 안 가. (다시 카운터로 와서 돈 낸다) 어른 하나요. 혼자요.

28..... 혜주 집_ 대문 앞, 정차한 중도의 차 안 (밤)

(카니발) 운전석 중도. 조수석 혜주(가방 있다). 잠시 정차한 차. 둘 다 아무 말 없고. 켜놓은 차량 비상등 소리만 작게 깜빡깜빡 규칙적으로 들리는데.

혜주　…지훈이 일… 경찰분들 말고 또 아는 사람… 있어?

중도　…장우재.

혜주　(납득한다) …그러면 여보, 우리… 윤서는 모르게 하자….

중도　…그래. 그러자.

잠시 흐르는 침묵.

혜주　(너무 괴롭다) …왜 이런 일이 계속 생기는 걸까…. 나 옛날 그 일부터… 그 의대생도… 그리고… 우리… 지훈이도… 대체 왜….

중도　지훈인 다르잖아.

혜주　(보면)

중도　지훈인 달라. 우리 아들도 분명 잘못은 했지만… 그 사람들처럼… 죄짓고 도망친 건 아니잖아. 그러니까… 같은 일이라고 생각하면서 괴로워하지… 말자.

혜주　(눈물 참는데)

중도(E)　…여기, 이거.

지훈의 핸드폰을 꺼내 건네는 중도. 혜주, 바로 받지 못하고 보고만 있는.

중도　…거기에… 지훈이 사진… 좀 있더라.

혜주　!

중도　지훈이 보고 싶을 때마다… 서재에서 봤어. …말 안 하고 있던 거, 미안해….

혜주　(왈칵 눈물 쏟는) !

29..... 찜질방_ 수면실 (밤)

수빈, 구석에 혼자 쪼그려 누워 있다. 잠이 오지 않는다. (옆에 잠자는 손님들 5명/ 여성3, 남성2/ 남성은 각자 온 손님들, 40~60대)

플래시백 8회 신18. 책수선실_ 근처 골목 일각 (밤. 비)

혜주 잘못되면 안 돼… 수빈이 너도, 니 애기도….

수빈 (빗속, 혜주에 안겨 있는) !!

플래시백 8회 신40. 책수선실_ 안 (낮)

혜주 나는… 지훈이 엄마니까… 솔직히… 애기 안 보고 싶다고 하면 거짓말이겠지.

수빈 …….

플래시백 혜주 집_ 1층 현관 (낮. 8회 신72 인서트의 보충)

수빈 (복통으로 식은땀) 그러니까 이거, 아줌마한테 말하지 마시라구요. 아시겠어요?

현재

수빈 …….

30..... 룸살롱_ 룸 안 (밤)

형태, 고향 동생(남, 형태보다 5~6살 아래)에게 술 사는 중.

형태, 핸드폰 사진첩의 사진 보면서 골똘히 생각에 잠겨 있는데.

수빈이 혜주의 집 대문을 나오는 사진(8회 신74에서 찍힌)이고, 사진 한 장 넘기면 (8회 신38 책수선실에서 혜주가 찍은) 수빈의 사진 인화된 것을 들고 찍은 사진[4]이다!

4 인화사진을 들고 있는 고향 동생의 엄지손가락까지 좀 보이는, 혜주 집 근처 골목에서 인화사

고향동생 (사진 슬쩍 보고, 뿌듯) 형님, 영감님께 칭찬 들으셨죠?

형태 아직 보고 못 했어. 얘가 남중도랑 무슨 관곌질 모르는데, 괜히 먼저 말 꺼냈다가 들볶이기만 하게. 너 이거 택배 뜯은 건 다시 잘 붙여놨지?

고향동생 넵. 제 전문 아닙니까.

형태 아, 근데 내가 얘를 분명히 어디서 봤는데. 기억이 안 나.

고향동생 아, 혹시 형님 오피에서 만나신 애는 아닙니까? 왠지 그 죽은 아들 여친일 것 같은데, 그 아들 행실 봐선 여친이 그쪽 애일 수도 있잖습니까.

형태 (사진 내려놓는다) 아니야. 난 오피 애들 정해놓고 봐. 앤 아니야. 그리고 곧 선거라 오피 안 간 지 쫌 됐어. 조심해야 돼서.

고향동생 아 넵. (하다가 갑자기 뭔가 생각났다) 아, 근데 형님. 걔 말입니다.

형태 누구?

31...... 승희 집_ 거실 (밤)

기영에게 짜증내고 있는 유신.

유신 너는 그, 국회의원을 아직도 안 만나고 있으면 어쩌자는 거야? 내가 그 땅이 해결돼야 밤에 두 다리 쭉 펴고 잘 수 있다니깐!//

그때 승희, 현관에서 거실로 들어온다. 유신, 입 딱 다문다.

승희 나 왔어-

유신 (기영 눈치 힐끔) 오늘은 웬일로 니 서방 두고 혼자 싸돌아 댕겼어?

승희 (속 한숨) …….

기영 어디, 다녀와?

승희 그냥 잠깐 볼일 좀…. (유신과 기영의 데면데면한 공기 읽고, 풀어주려 웃으

진을 들고 핸드폰으로 찍은 사진이다.

며) 둘이 뭐 재밌는 얘기하고 있었어?

유신 재밌는 일이 있겠니? (기영 흘낏 보고) 아이고오~ 우리 승호가 살아 있었으면은, 내 골치 썩는 일도 아주 그냥 척척 해결해줬을 텐데!

승희 엄마아!!

유신 딸년이랑 사위놈 있어봤자 하나도 소용없어!

유신, 안방 방문 쾅! 닫고 들어가 버린다.

기영 …….

승희 (얼굴 굳은)

32….. [승희 회상] 지승규네 식당_ 안 (밤. 신19 보충)

승희 …저희, 같은 피해자들끼리 뭐라도 같이 해요, 네?

지승규부/모 …!

승희 한 사람도 아니고 두 사람이나 죽여놓고서 국회의원이네 뭐네 떵떵거리며 사는 거, 계속 보고만 계실 거예요? 저희랑 같이, 언론을 부르든 인터넷에 글을 쓰든//

지승규모 (O.L.) 싫어요.

승희 !

지승규모 저는… 이 일… 여기서 끝내고 싶어요.

승희 어머니. 지금까지 너무 힘드셨던 거 알죠. 하지만… 그 국회의원 아니었음 아드님… 그렇게 잃지 않으셨을 거잖아요. 지금 이렇게 끝내시면 평생 후회하세요. 저희 어머니처럼요.

지승규부, 지승규모, 서로를 본다.
승희, 두 사람이 오케이 할 거라 기대하는데….

지승규부 사실… 저희가 그만 끝내고 싶은 이유가요…

승희 ?

지승규부 (주저하다가) 아무한테도 말 못한 건데요…. (계속 주저하는)

승희 ?

지승규부 …아들 가고 나서 경찰한테 들었는데… 그 여자애가… 성매매를 해서… 처음에 그렇게 만났다가 사귀었나 봐요….

승희 …네? 성…매매요? (충격)

지승규모 (다급) 아, 저기 무슨 빨간불 켜진 그런 이상한 데 아니고 오피스텔 그런 데래요. 요새 많대요.

승희 (놀라 뭐라 말을 잇지 못하는)

지승규부 이런 게 알려져서 좋을 게 하나도 없잖아요. 그래서 저희는 이 일을 더 키우고 싶지 않습니다.

승희 …….

33..... [현재] 승희 집_ 거실 (밤)

승희 …저기, 기영아.

기영 응?

승희 불법촬영 당한 피해자가 알고 보니 성매매하는 여자였다…고 하면은… 그런 여자가 무슨 불법촬영 따지냐고 욕하는 사람들… 있지?

기영 성매매? …어… 아무래도… 그렇게 말하는 사람들이 있을걸. 그러면 안 되지만. 근데 그건 왜?

승희 …아니야. 그냥 물어봤어.

기영 ?

승희 (부부 침실로 들어간다)

34..... 동_ 부부 침실 (밤)

승희 (방에 들어온) …….

35..... 혜주 집_ 지훈의 방 (밤)

방 여기저기를 손으로 쓸어보다가 지훈의 유치원 졸업사진을 슬프게 바라보는 여진. 여진의 등 뒤로, 방 한구석에 여러 해 동안 새겨진 지훈의 키재기 기록이 보인다. 중도와 혜주의 키가 표시되어 있고('아빠' '엄마'), 2006년 여름(7월 말[5])부터 매년 올라온 지훈의 키. 마지막 기록은, 중도보다는 아직 작지만 혜주는 넘어선 키. 날짜는 2017년 2월 21일. 그 옆에 혜주가 작게 '지훈 중학교 졸업'이라고 써놓은….

36..... 동_ 1층 거실 (밤)

현관으로 들어오는 혜주와 중도. 밤 12시 좀 넘었다. 실내계단 내려오는 여진.

혜주 (목 잠긴) …언니.

혜주, 눈시울 붉은 여진을 보니 다시 눈물이 나고.
여진, 혜주를 꼬옥 안고 토닥인다. 여진의 품 안에서 혜주, 눈물 흘린다.
한 걸음 뒤에서, 보고 있는 중도. 무거운 슬픔에 잠긴 세 사람.

37..... 동_ 윤서 방 (밤)

혜주, 이불 걷어차고 자는 윤서에게 이불 덮어주고 가만히 바라보다가 옆에 누워 윤서를 꼬옥 껴안는다.

윤서 (잠결에 칭얼) 엄마아 나 더워어…. (하지만 웃으며 혜주 품 파고드는)

5 혜주가 중도와 결혼한 2006년 7월 15일 이후부터 키를 재줬고, 지훈이(2001년생) 생일이 12월 28일이니까 생일날 포함해 1년에 2, 3번 정도씩 꾸준히 기록한 흔적. / 혜주와 키가 똑같아졌을 때도 특별히 표시가 있으면 좋을 것 같아요! 지훈이가 장난스럽게 '오예' 같은 낙서를 해놨다든지….

윤서, 다시 잠들고. 윤서 꼭 안고 눈물 참는 혜주.

38..... 동_ 부엌 (밤)

중도, 지쳤다. 찬장 하나씩 열어보는데 찾는 게 없다.
그때 부엌으로 들어오는 여진.

여진 여기서 뭐 해?

중도 …….

여진 (말 안 해도 뭘 찾는지 안다. 냉장고 열어 반쯤 남은 소주병 하나 꺼낸다) 이거 밖에 없어. 요리할 때 쓰던 거. (소주병을 싱크대에 놓고, 찬장 열면 소주잔 여러 개. 꺼내려고 손 뻗는데)

중도 같이 마실래?

여진 …….

여진, 소주잔 1개만 꺼내고 찬장 닫는다.
소주잔을 손에 쥔 채로 말 건네는 여진.

여진 …혜주 걱정해 지훈이 핸드폰 숨겼던 거면 그런 문자들은 좀 다 지워놓지 그랬어.

중도 …경찰이 핸드폰을 준 날, 걔가 이 집에 왔어. 그래서 혹시 몰라 안 지운 거야. 문자 전송이 안 된 게 있길래, 언젠가 걔한테 보여주게 될 때를 대비해서.

여진 ! 세상에, 걔가 그거 보면 상처받을 걸 계산하고 있었다는 거야?

중도 나는 뭐 마음이 편했는 줄 알아? 혜주가 걔한테 잘해주라고 할 때마다 내 속이 어땠는데! 지금까지 그 문자 안 보여준 것만 해도 난 이미 넘치도록 참고 배려한 거라고!

여진 …….

중도 난 내 입장에서 최선을 다했어. …단지… 혜주가 서랍을 열어볼 줄은 몰랐어. 서재 내 물건을 안 건드리는 사람이었으니까. 거기서 계산 미스가 난 것뿐이야.

여진 …그러니까. 숨길 거면 끝까지 제대로 숨겼어야지.

중도 (갑자기 목소리 높아지며) 그럼 어쩌라는 건데? 지금 이게 다 나 때문이라는 거야?

여진 (대답 대신 중도와 시선 마주하다가)

여진, 들고 있던 소주잔을 식탁 위에 탁, 올려놓고 바로 부엌을 나간다. 잠시 후, 복도 끝 여진의 방문이 닫히는 소리 작게 난다. (세게 닫는 것 아님)

중도 …….

39….. 동_ 여진의 방 (밤)

들어온 여진. 문을 닫고 기대선다.

여진 …….

40….. 중도 의원실_ 사무실 (밤)

새벽 1시 좀 넘었다. 혼자 야근 중인 우재. 저녁 6시쯤 중도에게 보낸 카톡('사모님은 좀 어떠세요?')에 중도의 답장이 방금 온 걸 보고 있다: 괜찮아

그때 바로 이어서 오는 두 번째 메시지: 걔가 집을 나갔어

우재 …….

41...... 혜주 집_ 외경 (오전)

42..... 동_ 대문 앞 (오전)

등교하는 윤서 배웅하러 나온 혜주와 중도(외출 차림새 아님).

윤서 아빠가 이 시간에 여기 있으니까 너~무 이상해.

중도 그래서, 싫어?

윤서 (중도에게 폴짝 안긴다) 아니이~! 그럴 리가! 너~~무 좋아. 아빠 근데 오늘 휴가야? 아빠 쉬는 거 첨 봐.

혜주 (멈칫)

중도 …….

혜주 …윤서야. 엄마 아빠 오늘… 오빠… 보러 갈 거야.

윤서 (멈칫했다가) …나도 가고 싶다….

혜주/중도 (본다) !

윤서 …담엔… 나도 같이 가. (진심) 나도… 오빠 보고 싶어.

혜주 (윤서 꼬옥 안으며) …그래. 다음에… 꼭 같이 가자.

중도 …….

혜주 (윤서 놓고) …늦겠다. 얼른 가.

윤서 …응. 엄마 아빠 학교 다녀오겠습니다아- (꾸벅)

중도 윤서 잘 갔다 와.

윤서 응~ 아빠 안뇨옹~ (가다가 뒤돌아 머리 위 두 팔 하트 만들고 간다)

혜주와 중도, 윤서에게 손 흔들어주고, 멀어지는 윤서 보며 서로에게 기대는.

43..... 찜질방_ 수면실 (오전)

잠 깨는 수빈. 습관적으로 머리맡으로 손 뻗어 더듬는데… 핸드폰이 잡히지 않는다.

수빈 (혼잣말) …아, 맞다… 내 핸드폰…. (짜증 어린 한숨)

44..... 화장품 매장_ 안 (오전)

수빈모, 카운터 정리 중인데. 구석에 둔 수빈의 핸드폰이 반짝거리자 시선 간다.
무음모드인데 전화가 오고 있어 액정화면에 불 들어오고 있다. (화면에 발신자명 보이지 않는다)

수빈모 (받는) 여보세요? 네. 수빈이 핸드폰 맞아요. 근데 누구세요? // (갑자기 화내는) 니가 수빈이 애 아빠니?? 응??

45..... 지훈 납골당_ 외경 (오전)

46..... 동_ 로비 (오전)

혜주와 중도(의원배지X), 지훈이 있는 쪽으로 걸어가고 있는데.
반대편에서 오던 납골당 직원(남, 50대), 중도를 알아보고 반갑게 인사한다.

납골당직원 (미소, 중도에게) 오늘은 같이 오셨네요- (하고 지나간다)

대답 대신 목례하는 중도. 혜주, 중도가 자주 왔었다는 건 전혀 몰랐다. 뭉클한….
혜주, 중도를 보면, 한 걸음 앞서 걸어가고 있는 중도의 뒷모습.

47..... 동_ 지훈 안치함 앞 (오전)

혜주와 중도. 혜주, 지훈의 사진을 바라본다.

혜주 담엔 꼭 밝은 얼굴로 오겠다고 했었는데…. (억지로 미소 지어보려고 하지만 안 되고 눈시울 붉어진다) …엄마가 약속 못 지켜서 미안해….

돌아서서 눈물 꾹꾹 눌러 참는 혜주. 중도, 지훈의 사진을 보며 깊은 한숨 내쉬는.

짧은 jump

지훈의 안치단 바로 옆, 경순의 안치단 열려 있고. 혜주, 유골함 옆에 세워둔 낡은 공책을 꺼낸다. 오래된 공책[6], 중도의 지청국민학교 그림일기다. (1학년 12반 37번)

혜주, 후루룩 넘기면 크레파스로 칠한 그림들과 삐뚤빼뚤한 글씨의 일기들.

중도, 혜주 곁에 서서 혜주가 넘겨보는 공책을 가만히 보고 있는데.

혜주, 넘기던 페이지 멈추면. 할머니와 엄마 아빠, 어린 아들 딸(총 5인)이 1층 집 앞마당에서 손잡고 나란히 서 있는 그림이다. 일기 내용은, '제목: 우리 가족 / 내용: 나는 커서 좋은 아빠가 되어 우리 가족과 행복하게 살 것이다.'[7]

혜주 ('좋은 아빠'를 물끄러미 보는데)

6 일기 공책이 너무 심각하게 망가지진 않았지만 표지(마분지 재질)와 내지가 변색되었고 약간의 구겨짐, 찢어진 모서리 약간, 실제본이 뜯어져 내지 몇 장이 덜렁거리는 정도. (너무 심각하게 파손된 상태면 혜주가 진즉에 수선하지 않은 게 이상할 것 같아서요) // 16회에 나올 장래희망 일기는 맨 마지막 쪽인데 페이지가 찢어져 뜯겨 있습니다. 이 신에서 혜주가 그 페이지까지는 넘기지 않습니다.

7 보라색 스탬프로 ㉢도장 찍어주세요.

중도 (자조적) 좋은 아빠… 완전히 실패해버렸어.

혜주 ……. (중도를 안고 위로한다) …아니야. 당신… 좋은 아빠였고… 지금도 그래…. 나는 당신이… 언제나 고맙고… 자랑스러워….

서로를 위로하며 슬픔을 삭이는 두 사람.

48..... 화장품 매장_ 안 (낮)

핸드폰 찾으러 온 수빈. 수빈모의 말을 듣고 깜짝 놀란.

수빈 뭐? 내 핸드폰을 누구 줬다고? 왜 남의 걸 아무한테나 막 줘!

수빈모 아무한테나 아니야! 전화 와서 받았더니 니 남자친구라던데!

수빈 !! 내 남자친구? (다급) 걔 어떻게 생겼는데? 어?

수빈모 몰라! 핸드폰은 다른 여자애가 와서 갖구 갔어! 니가 어제 다신 나 안 본다구, 그래서 친구 시킨 거 아니었어?

수빈 아, 그래도 왜 남의 핸드폰을! (하다가 퍼뜩) 아, 엄마 근데 그… 전화 온 남자애한테… 뭐 이상한 소리 안 했지?

수빈모 이상한 소리?

수빈 나… 임신한 거, 말 안 했지? 설마, 했어??

수빈모 (움찔했다가) 내가 미쳤니! 그게 뭐 자랑이라고!

수빈 (다행이지만 상황이 짜증난다) …하아, 일단 알았어. …….

수빈모 (수빈 눈치 보는데, 수빈은 머리가 복잡해 수빈모 표정 모르는) …….

49..... 기름집_ 문 앞 (낮)

과일 사서 온 혜주.

가게 문 열면, 기계 바쁘게 돌아가는 요란한 소리 들린다.

혜주, "할머니-" 하며 들어간다.

50..... 동_ 안 (낮)

귀순과 마주 앉은 혜주. 귀순이 타준 믹스커피(종이컵) 들고 있다.

귀순 (기계를 물끄러미 바라보며) 손녀가 죽었는데 할미란 사람이 안 드러눕고 나와서 일한다고 사람들이 수군수군대데요. 내 밥벌인 내가 해야 하고… 이렇게 몸을 바쁘게 움직여야 다른 생각이 안 드는데….

혜주 …….

귀순 (구석에 둔 손녀 영정사진[8] 본다) 올 봄인가, 우리 솔이가 그랬어요. 지가 알바해서 돈 많이 버니까 이제 가게 그만하라고요. 근데… 그때 가게 그만뒀으면 지금… 정말 못 견뎠을 것 같아요….

혜주 (귀순 손잡고) 손녀분, 좋은 곳으로 갔을 거예요….

귀순 고맙습니다, 사모님… 정말 고마워요…. 사모님같이 귀한 분이 우리 솔이 가는 길 보러 와주신 것도 그렇고… 의원님처럼 바쁘신 분이, 해도 지기 전에 빈소에 와주신 것도요….

혜주 (귀순 위로하며 넘겨듣다가 순간 뭔가 살짝 이상) …아, 남편이 그날 밤에 좀 많이 늦게//(갔었을걸요)

귀순 (O.L.) 아녀요~ 금배지 달고 오신 분을 제가 어떻게 잊어요. (하는데)

기름집단골(여) (문 열고 들어오며) 계세요- (둘을 보자) 아고, 손님 계셨구나.

귀순 (얼른 일어나며, 반갑게 맞이) 어, 아주 귀~한 손님이셔! 기름 다 됐어. (혜주에게 얼른) 잠깐만요, 사모님. (단골의 기름병 찾는데)

혜주 아니에요. 저 오늘은 이만 가볼게요.

51...... 승희 집_ 부부 침실 (낮)

승희 혼자 있다. 핸드폰을 보고 있는데… 차가운 얼굴.

8 리본은 뗀 액자.

강순홍(E) (7회 신56에서) 증인도 증거도 없는데 섣불리 터뜨렸다간 남중도한테 오히려 당해!

승희, 핸드폰으로 시선 내리면, 네이트판에서 글쓰기 버튼을 누른 상태다!
승희, 서늘한 얼굴로 제목 칸에 글을 입력하려는 손가락에서….

52..... 골프레슨장_ 안 (낮)

기영, 우편물을 보고 있다. 재외동포 체류기간[9](F4) 만료일 예고 통지문이다.

기영 …….

53..... 중도 의원실_ 회의실 (낮)

우재, 민석, 빛나, 자영, 강호. 도시락[10]으로 점심식사 시작하고 있다.
바빠서 구내식당도 못 내려가고 시켜 먹는 분위기.

자영 근데 우리 의원님, 괜찮으신 걸까요? 오늘 반차도 내시구….
민석 솔직히 아드님 일 있고 너무 빨리 복귀하신 것 같긴 해. 너무 멀쩡해 보이시는데, 그게 사실 말이 안 되잖아.
빛나 그죠. 사람이 너무 큰일을 겪으면 그땐 정신없이 지나가도 나중에 한번은 후폭풍이 오잖아요. 걱정이네요, 사모님도 그렇구… 에휴….

다들 한숨 쉬고 다시 밥 먹기 시작하는데.

9 현재 기영의 상황상 3년마다 비자(F4비자)를 갱신해야 합니다.
10 (비싼)본도시락 말고 한솥으로 해주세요.

우재의 핸드폰에 전화 온다. 우재, 액정 보면 박영수 기자다.

우재 (전화 받는) 네, 선배. (갑자기 얼굴 확 굳어서) 네?

일동 (수다 떨며 밥 먹다가 우재를 쳐다본다)

박영수기자(F) 그 죽은 의대생 피해자, 성매매 여성이었다고 인터넷에 떴던데?

우재 (통화, 전혀 몰랐다) !! 네?! 성…매매요??

54..... 책수선실_ 안 (낮)

집중해 일하고 있는 혜주. 힘을 쓰는(몸이 힘든) 작업들 컷컷컷. (일반 커터칼 아닌 큰 칼로 두꺼운 보드 자르기 / 프레스 안의 나무 보드들 옮기기 / 벽돌 문진들 옮겨 올려놓기 / 겉싸개 롤들 옮기기 등)

그러다 아주 두꺼운 보드지를 대형절단기(작두)로 자르려 한다. 힘을 주고 몸무게를 실어봐도 잘 되지 않아 콧등에 땀방울 맺히는데… 순간, 탁! 잘라져 두 동강 나는 보드지! 혜주, 힘주며 참고 있던 숨이 탁, 터져 나오며 그 순간 현실세계로 돌아온다.

혜주 …….

그때 혜주 시선에, 근처에 둔 가방이 넘어져 소지품(혜주 핸드폰, 지갑 등)이 좀 쏟아져 있는 것이 보인다. 혜주, 지친 한숨 내쉬며 다가가 소지품 담는데… 쏟아진 소지품 사이에 있는 빨간 플라스틱. 지훈의 핸드폰이다.

짧은 jump

혜주, 지훈 핸드폰의 사진첩 속 사진들을 끝에서부터 하나씩 앞으로 넘기고 있다.

지훈의 얼굴이 나온 사진은 없고. 풍경이나 음식 사진, 술 마시던 어질러진 테이블(혜주가 얻어줬던 오피스텔 거실과 술집, 음식점) 사진 같은 것만 계속 나온다.
그때 멈칫하는 혜주. 지훈이 카메라를 보며 환하게 웃는 얼굴 사진이다!
순간 감정 동요하는 혜주. 낯설기까지 한 지훈의 웃는 얼굴을 한참 보고 있다가…
떨리는 손가락으로 천천히 사진을 한 장 앞으로 넘기면…
이번엔 수빈이 활짝 웃는 사진이다. 한 장 더 앞으로 넘기면 또 수빈, 넘기면 또 수빈… 수빈의 다양한 사진들이 계속 나온다. (서로 다른 날들. 수빈이 카메라를 보며 표정 짓는 사진들도 있고, 지훈의 오피스텔이나 카페 등에서 생각에 잠겨 있거나 다른 누군가와 대화하는 수빈을 옆에서 몰래 찍은 듯한 사진들도 있다: 짝사랑 느낌)
계속 수빈 사진만 나오자 사진첩 닫는 혜주.
망설이다가 지훈 핸드폰의 카톡을 다시 열고, 수빈과의 대화창을 다시 연다.
'헤어지잔 소리 절대 하지 마'부터 천천히 다시 읽는 혜주. 마지막 메시지('죽어버릴거야') 옆에 떠 있는 전송실패 마크에 머무는 혜주의 시선. 마음 복잡한….

혜주 ……

55….. 중도 의원실_ 의원실 (낮)

중도, 돌아오자마자 앉을 새도 없이 빛나의 핸드폰 건네받아 남궁솔 성매매 폭로한 네이트판 글의 댓글을 보고 있다. 의대생 옹호 발언, 성매매 여성에 대한 인신공격[11]과 더불어 중도를 향한 비난 댓글('이제

11 지승규와 남궁솔의 실명이 오픈되진 않았지만 남궁솔의 대학, 학과라는 '카더라' 댓글 정도의 신상 털린 댓글은 있으면 좋겠습니다. // 성매매하면서 무슨 몰카 피해자 타령이냐는 댓글들 가득….

서야 말하는 거지만 그게 뉴스에서 공개 저격해 사람까지 죽일 일이었는지 모르겠다' 등)도 꽤 있다. (*그 의대생은 성범죄에 성매수까지 했던 거냐며 의대생을 비난하는 댓글도 몇 개 보인다)

중도 (빛나에게 핸드폰 돌려주며, 시니컬) 댓글들이 아주 환상적이네.

빛나 (중도 눈치 본다) …아무래도 자극적…이라서요. 지금까지 온전한 피해자로 여겨지던 여성이 사실은 성매매 여성이었다…라는 게… (얼른) 아, 물론 그렇다고 범죄 피해자라는 사실이 변하는 건 아니지만 아무래도 사람들 생각에 영향이 좀… 있는 게 현실…이니까요….

중도 (우재에게) 우리 형법 개정안 발의하려면 남궁솔이 필수 아니야? 근데 왜 이걸 몰랐어?

우재 …죄송합니다.

중도 (양복 재킷 벗더니 갑자기 소파에 세게 던지며 폭발) 뭐 하나 제대로 되는 게 없잖아!!

빛나, 깜짝 놀란다. 한 번도 이런 모습을 본 적이 없는. (우재는 상대적으로 침착)

중도, 짜증이 가득한데… (늑골이 순간 또 아파 한 손으로 누를 수도) 움찔해 있는 빛나와 눈 마주친다.

중도 …미안해요. 요새 이런저런 일이 좀 많아서. (재킷 집어 소파 등걸이에 잘 걸쳐놓는다)

빛나 (맞다, 사모님…) 어우, 아닙니다. …사모님은 좀 괜찮으세요…?

중도 …어. 괜찮아요. (우재와 빛나에게) 나 잠깐 생각할 시간 좀 줘.

우재 네.

우재와 빛나, 문 닫고 나간다.

중도, 어금니 꽉 깨물며 생각하기 시작하는.

56..... 동_ 사무실 (낮)

의원실에서 나온 우재, 자기 자리로 빠르게 걸어가 앉는다. (빛나도 조용히 착석)

눈치 보고 있던 자영, 핸드폰으로 조용히 카톡 쓴다. (민석, 빛나, 자영, 강호만 있고 우재는 없는 4인 단톡방. 모두 메시지를 즉시 읽어 숫자 3이 바로 사라진다)

자영 (메시지v.o.) 어뜩해요. ㅠㅠㅠㅠㅠㅠㅠㅠㅠㅠ

민석 (메시지v.o.) 큰일이네. 이렇게 판이 뒤집어지면 안 되는데….

자영 (메시지v.o.) 그래도 그 의대생 욕하는 사람들도 좀 있어요. 서령대 의대 성매수남이라고.

빛나 (메시지v.o.) 그래도 대부분은 남궁솔씨 인신공격이야.

자영, 카톡창에 'ㅠㅠ' 쓰고 우재를 슬쩍 보면. 우재, 차가운 얼굴로 뭔가 생각 중인.

57..... 책수선실_ 안 (낮)

혜주 옆에 있는 지훈의 핸드폰, 전화번호부 주소록에서 '수빈'을 검색한 화면이고. ('수빈'의 번호 검색결과. 여기서 번호를 보고 혜주가 자기 핸드폰에 저장한 것)

혜주, 자기 핸드폰을 보고 있는데… 카톡의 친구 목록이다. 새로 추가된 친구에 '김수빈' 있다! '김수빈'을 누르는 혜주. 수빈의 카톡 프로필 페이지가 열리는데, 수빈의 얼굴 사진이 프로필 사진이다.

수빈의 번호임을 확신하는 혜주. 프로필의 '통화하기' 누르면 010번호와 보이스톡, 페이스톡이 뜬다. 혜주, 그 010번호와 옆에 둔 지훈의 핸드폰 주소록에 저장되어 있는 수빈의 번호를 본다. 같은 번호다.

플래시백 3회 신44. 핸드폰 매장_ 앞 (낮)

혜주 너 잃어버린 핸드폰은 해지 잘한 거지? 누가 주워서 막 쓰면 큰일 나는데….

수빈 …네.

현재

혜주, 카톡의 010번호를 누른다. 긴장하는데… 전화 걸리고, 신호가 간다!

혜주 (수빈이 거짓말했구나…) …….

하지만 신호음만 한참 가다가 '지금은 전화를 받을 수 없어…' 나온다.
혜주, 카톡 메시지 2개 쓴다:

- 수빈아 나 지훈이 엄마야
- 이거 보면 연락 좀 해줘

하지만 사라지지 않는 '1'. 혜주, 괴롭다.

58..... 영산. 식당_ 외경 (밤)

저수지 근처, 경치 좋고 조용한 교외. 전원주택 풍의 카페(식당).

59..... 동_ 안 (밤)

승희 불러내 저녁식사 하는 기영. 식사 마악 시작하려는 참이다.
직원(여, 30)이 와인 따라주고 가면. 잠시 어색한 침묵.

승희 …뭘 이렇게 멀리까지 데리구 나와.

기영 너 귀국하고 우리 데이트 한번 못 했잖아.

승희 …….

그때 승희 핸드폰 울린다. 승희, 보면. '지승규 아버지'다!
승희, 순간 기영 눈치 살짝 보고. 얼른 표정 관리하고 핸드폰 쥐고 일어난다.

승희 나 잠깐만. (화장실 쪽으로 가며 목소리 낮춰 받는다) 네, 여보세요.

기영 (승희 뒷모습을 잠깐 봤다가 창밖 풍경으로 시선 옮기는데)

승희 (통화, 커진 목소리) 네?

기영 (깜짝 놀라 승희 보면)

승희 (통화, 당황해서) 저 아니에요! 제가 퍼뜨린 거 진짜 아니에요!

지승규부(F) 거짓말 마! 그 얘긴 당신한테만 했는데!! 지금 우리 애가 또 나쁜 소릴 듣잖아!!

승희 (통화) 아버님! 저 진짜 아니에요!!

지승규부(F) 내가 당신 반드시 고소할 거야!! (끊는다)

승희 (통화) 아버님!! 아버님!! (크게 당황)

기영 (다가와서) 왜 그래, 무슨 일인데??

승희 !!

60….. 강순홍 의원실_ 의원실 (밤)

강순홍과 형태.

강순홍 (만족스러운 미소) 잘했다, 아~주 잘했어!

형태 감사합니다.

61...... [형태 회상] 룸살롱_ 룸 안 (밤. 신30 보충)

고향동생 (하다가 갑자기 뭔가 생각났다) 아, 근데 형님. 걔 말입니다.

형태 누구?

고향동생 왜, 그, 한창 자주 보셨던, 상수역 오피스텔 여자애요. 그럼 걔도 보신 지 좀 되신 거죠?

형태 어. 근데 걔, 왜?

고향동생 걔, 죽었다던데요.

형태 뭐? 죽어? 왜?

고향동생 그, 남중도가 티비 나와서 막 공개 저격해서 자살한 의대생 있잖습니까. 그 의대생도 걔 손님이었는데, 걔 동영상을 찍어갖구 뿌린다고 협박해서 자살했다더라고요.

형태 !

고향 동생, 형태가 슬퍼하는 줄 착각하고 이런저런 말 하는데. ("그러고 보니 이것도 남중도랑 관련이 있네요. 아아, 우리 형님 마음 아프시죠. 걔 참 예뻐하셨는데…")

형태, 고향 동생 말은 귀에 안 들어오고, 이걸 어떻게 쓸지 좋은 생각이 있다!

62...... [현재] 강순홍 의원실_ 의원실 (밤)

형태 (만족)

강순홍 지금 남중도가 상당히 짜증나 있지 않겠냐. 그러니 지금이 그 부인 과거 일 들이밀면서 영산 땅 파던 거 그만두라고 할 타이밍이라는 거다.

형태 네.

강순홍 여론 돌아가는 거 하루 이틀만 더 기다렸다가 남중도랑 자리 만들어라.

형태 네.

그때 형태의 핸드폰 울린다.

형태 엇, 죄송합니다. (얼른 주머니에서 꺼내 끄려는데)

강순홍 (기분 좋다) 받아라. 괜찮다.

형태 예. (고개 돌리고 작게 받는) 어, 왜. // 뭐?? 뭐가 올라와??

63..... 편의점_ 취식대 (밤)

학원 끝난 윤서와 다솜. 각자 핸드폰 보며 핫바 먹고 있다.
윤서, 아이돌 동영상에 푹 빠져 손이나 발로 스텝 밟는 등 춤을 따라 하고 있는데.

다솜 (자기 핸드폰 보다가) …어? 야, 야. (윤서가 안 보자 툭 친다) 남윤서.

윤서 ? 왜? (겨우 고개 들고 보면)

다솜 방금 우리 반 단톡방에 하누리가 뭐 올렸는데, 이거,

64..... 의원회관_ 10층 엘리베이터 홀 (밤)

다솜(E) 너네 아빠 아니야?

퇴근하는 우재. 엘리베이터 기다리며 핸드폰 보고 있는데, 온라인 커뮤니티에 올라온 동영상[12]이다. 자극적인 제목('[영상] 서령대 의대 성매수남 애비한테 얻어맞는 국회의원 ㄷㄷㄷ'), 작성시간 30분 만에 20만이 넘은 조회수. 수천 개의 댓글.

인서트 광순대학교 부속병원_ 입원병실 앞 복도 (밤) (5회 신31 보충. 우재 시점)

12 멈춰 있는 동영상 섬네일은 중도가 지승규부에게 발로 차이는 장면이고, 글 본문의 동영상 아래에, 성매수남 아들을 따라 죽으려고 한 엄마를 문병 간 국회의원 남중도가 의대생 아버지에게 폭행당한 영상이라는 설명이 자극적으로 써 있다. (지승규와 지승규모를 함께 조롱하는 어조)

중도가 지승규부에게 맞고 있는 모습을 근처에서 촬영하는 우재. (몰래 찍는 느낌)

현재

우재, 댓글을 보면 다들 지승규 부모와 지승규를 맹비난하고 중도를 옹호하는 내용들이다[13]. 그때 엘리베이터 온다.

65..... 동_ 하행 엘리베이터 안 (밤)

우재 타고 지하 1층으로 내려가고 있는데, 7층에서 멈추더니 형태가 탄다.

우재 안녕하세요.

형태 (지하 1층 눌러져 있는 것 보고 닫힘버튼만 누른다) 영감님이 문병 가신 동영상 때문에 인터넷이 아주 난리네? 타이밍이 아주 퍼펙트했어?

우재 그 덕에 보좌관 성매매 뉴스가 묻혔죠. 그 뉴스 보고 혹시 '또' 형님이신가 걱정했거든요.

형태 (얼굴 구겨진다) !!

우재 십 년이면 강산도 변한다는데 설마 아직도 그런 이상한 데 드나드는 건 아니시죠?

형태 (발끈) 나한텐 신경 끄고 당신 영감님 쪽에 이상한 애 드나드는 거나 잘 관리하지?

형태, 그때 엘리베이터가 지하 1층에 도착해 문 열리자 바로 씩씩거리며 가는데.

13 범죄자 부모래도 어쨌든 문병까지 간 사람을 어떻게 저렇게 폭행하냐는 댓글과, 부모가 저러니 아들이 오피스텔이나 다녔다며 콩 심은 데 콩 나고 팥 심은 데 팥 난다는 댓글이 공감 1, 2순위.

우재, 형태가 뭔가 알고 있구나 한다!

66..... 동_ 지하주차장 (밤)

형태, 씩씩거리며 자기 차 쪽으로 가며 삐삑! 리모컨으로 문 여는데. 바로 근처, 실랑이하는 형태 또래 보좌관(남)과 20대 중반 비서(남) 대화가 들린다. (둘 다 국회직원 출입증을 목에 걸고 있다. 비서 차는 외제차)

형태또래보좌관 (격앙) 아니, 범퍼 살짝 긁은 게 무슨 오백만 원이야!

20대중반비서 싫으심, 보좌관이 술 먹고 국회에서 차 사고 냈다고 기자 부를까요?

형태, 혀 차며 운전석 문 열다가… 멈칫!

인서트 정대의 오피스텔_ 오피여성의 원룸 문 앞 복도 (밤. 3개월 전)

원룸에서 나오는 형태. 오피여성(20대, 앳된 얼굴), 문가에서 배웅한다.

오피여성 오빠, 잘 가요~

형태 (주머니에서 핸드폰 꺼내면서 나오는) 그래, 연락할게. (하다가 복도의 누군가와 부딪힌다!) 읏.

정대(E) 아이씨.

부딪힌 바람에 바닥에 떨어지는 형태의 핸드폰과 국회직원 출입증(카드형 목걸이. 같이 주머니에 들어 있던 것). 형태, 당황해 얼른 핸드폰과 출입증을 주우려는데. 출입증을 먼저 줍는 남자의 손. 형태, 보면, 정대다(초면인 사이). 그 옆, 오피여성의 옆방에서 문 열고 나오던 수빈과 예은(여, 20대 초) 있다. (정대도 그 방에서 나온)

정대 똑바로 좀 보고 다니세요. (출입증 주는데 '국회' 글자 보는!)

형태 (X되겠다! 얼른 낚아채듯 받으며 보면)

아직 문 열고 서 있던 오피여성과 형태를, 다 안다는 눈으로 쳐다보는 정대.
오피여성, 정대와 눈 마주치자 얼른 문 닫고. 형태, 고개 푹 숙이고 엘리베이터 쪽으로 뛰어가듯 간다. 정대와 수빈, 예은(원룸 문 닫고 나온다), 같은 엘리베이터 쪽으로 걸어가는데. 정대, 형태의 뒷모습 보며 뭔가 좋은 계획이 떠오른 미소 씨익.

인서트 정대의 오피스텔_ 지하주차장 (밤. 앞 인서트 직후)

차 빼다가 정대의 외제차와 접촉사고가 난 형태, 정대와 대화 중.

형태 (짜증) 아니, 와서 박은 건 당신인데 왜 내가 돈을 줘!

정대 싫으세요? 그럼 기자 한번 불러봐요? 국회직원이 오피 다닌다고?

형태 (짜증나지만 어쩔 수 없다) …알았어. 계좌 알려줘.

정대 진작에 그러시지! (옆 사람에게) 김수빈, 니 계좌로 받아줘.

그제야 화면에 들어오는 수빈(크게 내키는 얼굴은 아닌)! (옆에 예은도 있다)

수빈 (갑작스러운 말이지만 별생각 없이) 내 계좌? 어, 알았어. (형태에게 자기 핸드폰 내밀며) 번호 찍어주세요. 문자로 보낼게요.

67 ..... [현재] 의원회관_ 지하주차장, 주차한 형태의 차 안 (밤)

핸드폰으로 문자 메시지(나라은행 819-9285438-001-23 김수빈) 보고 있는 형태. 문자 보낸 010번호에 시선!

(E) (선행하는/ 물 끼얹는 소리) 촤악!!

귀순(E) (선행하는/ 물 끼얹는 소리에 바로 이어서) 당장 가!!

68..... 기름집_ 앞 (밤)

카메라맨과 취재 온 정경은 기자, 불 꺼진 기름집 앞에서 물벼락 맞아 쫄딱 젖었다.

바가지로 물 끼얹은 귀순, 크게 분노한.

귀순 !! 당장 가!! 당장 내 눈앞에서 사라지라고!!

정경은기자 (흔들리지 않는다) …할머니. 손녀분이 성노동자였다는 사실이 밝혀지면서 지금까지의 동정여론이 반대로 바뀌고//(있는데요)

귀순 기자면 사람을 이렇게 괴롭혀도 되는 거요?? 당장 썩 꺼지라고! (폭발해 바가지를 정경은 기자에게 집어던진다!)

정경은기자 (바가지 맞고 성질나는!) 할머니!

69..... 혜주 집_ 안방 (밤)

밤 10시쯤. 마악 귀가한 중도는 부부 욕실에 있고(손 씻는 물소리 정도 들리는).

혜주, 중도가 벗어놓은 양복 재킷과 넥타이를 옷장에 걸고 있다. (배지는 협탁 위)

그때, 중도 핸드폰에 전화 오는 소리(진동). 혜주, 액정 보면. '장우재 보좌관'.

혜주 (중도 핸드폰 들고 부부 욕실 문 노크) 자기, 우재씨 전화 와.

중도(E) (욕실 안에서, 양치하다가 칫솔 물고 말하는) 좀 받아볼래?

혜주 알았어- (전화 받는다) 여보세요. 아, 네, 안녕하세요. 남편 지금 씻고 있어서요. 급한 일이시면 바꿔드릴까요?

70 ..... 달리는 우재의 차 안 (밤)

신호등 빨간 불. 운전하는 우재, 핸즈프리로 통화 중이다.

우재 (통화) 아, 아닙니다. 내일 말씀드리겠습니다.

차창 밖으로 지금 정차해 있는 사거리 표지판 보이는데, 좌회전하면 '지청역'.

그때 우재의 눈에, 조수석 아래에 둔 종이 쇼핑백 하나가 보인다.

우재 (통화) 아, 사모님, 근데 혹시 제가 댁에 잠깐 들러도 될까요?

71 ...... 혜주 집_ 1층 거실 (밤)

혜주(앞치마) 있고. 우재, 종이 쇼핑백 하나 들고 들어온다.

우재 (들어오며) 늦은 시간에 죄송합니다.

혜주 아니에요. 얼른 집에 가셔서 쉬셔야 하는데 제가 괜히 들어오시라구….

우재 아닙니다. 냄새가 너무 맛있는데요? (쇼핑백 내민다) 아, 이거 전화로 말씀드린 거요.

혜주 (받아서 보면, 택배상자 하나 들어 있다)

우재 사모님 차 블랙박스랑 차에 있던 물건들 택배로 받은 겁니다. 의원님 드린다는 걸 계속 잊어버리고 싣고 다니다가 마침 근처여서 얼른 드리고만 가려고 했는데… 괜히 이 시간에 실례하게 되었네요.

혜주 아니에요. 감사해요.

그때 여진, 부엌에서 쟁반에 소주병 2개, 소주잔 2개 들고 나온다.

여진 (좀 데면데면하게 인사) 오셨어요.

우재 (친절 미소) 네. 안녕하셨어요.

여진 (쟁반을 혜주에게 건넨다) 여기. 찌개도 인제 끓어.

혜주 (받는다) 응. (서재로 들어가려는데)

띵동! 띵동띵동! 대문 초인종 요란하게 울린다. 씻고 실내계단으로 내려오던 중도를 포함해 모두 동시에 인터폰 쳐다보는!

72..... 동_ 대문 앞 (밤)

중도와 혜주, 우재 있고. 귀순, 분노에 차 중도에게 삿대질하고 있다.

귀순 어떻게 의원님이 거길 가요! 어떻게 거길 가실 수가 있어요!!

인서트 기름집_ 앞 (밤. 신68 보충)

정경은기자 남중도 의원이 그 의대생 어머니 문병 간 건 아세요?

귀순 (잘 못 들어서, 삿대질) 우리 의원님 욕하지 말고 당장 가!! (하다가 멈칫) …방금… 뭐요?

정경은기자 남중도 의원이! 그 의대생 어머니 문병을 갔다구요. 할머니는 지금 이용당하고 계신 거라니까요?

현재

귀순 내 손녀가 그 집 아들 땜에 죽었는데, 의원님은 그놈 부모가 그리 걱정됩디까?! 네?

중도 …….

우재 할머님//

귀순 (O.L.) 어떻게 이렇게 사람 뒤통수를 쳐요!! 아이고… 아이고, 내 새끼….

혜주 (눈물 난다) 할머니…. (일으키려는데)

귀순 (뿌리치며, 중도에게) 우리 솔이를 의원님 맘대로 이용한 거면, 나 절대로 가만 안 있습니다!!

귀순, 간다.

우재 (얼른 따라가며) 할머님!

혜주도 따라가려는데 중도가 혜주의 팔을 잡는다. 혜주, 중도를 보면.

중도 …당신은 집에 있어. (귀순과 우재를 따라간다)

혜주 (괴롭다) …….

73 ..... 기름집_ 앞 (밤)

귀순 따라온 중도와 우재.

중도 할머님, 제가 문병을 간 것에 다른 뜻은 전혀 없습니다. 저는 그저… 저도 아들을 잃은 마음을 알기에….

귀순 (분노) 변명하지 마세요! 이제 다 그만해요. 우리 솔이 그런 일 한 것도 모르고, 나는… 돈 많이 번다니까 기특하다 장하다… 그랬는데…. (운다)

중도/우재 …….

귀순 그런데 어떻게… 의원님까지 이렇게 내 뒤통수를 치세요… 가세요! 가서 다신 찾아오지 마세요!! (문 쾅 닫고 들어간다)

중도 (O.L.) 할머님!!

잠시 흐르는 침묵.

중도 (우재 책망 아니고, 자조적) …왜 이렇게 되는 일이 하나도 없지?

우재 …지승규 어머니 문병, 가시지 말라고 말씀드렸잖습니까.

중도 (본다)

우재 정치인의 행동 하나하나는 다 메시지입니다. 문병을 간 의원님 마음 같은 건 다시는 꺼내지 마십시오. 이유 여하를 막론하고, 사건 피해자 쪽이 불쾌하게 받아들였다면 의원님이 무조건 잘못하신 겁니다.

중도 (수긍) …알았어. …알아들었으니까 이제 그만 혼내.

우재 …….

중도 …….

74….. 혜주 집_ 2층 거실 → 2층 현관 (밤)

혜주, 우두커니 앉아 있다. 너무 심란하다. 그때 2층 현관문 소리 난다.

혜주 (기운 없지만) 윤서 왔니? (하면서 현관으로 가는데, 멈칫!)

귀가한 윤서, 현관에서 신발도 벗지 않고 서 있는데… 눈물이 글썽글썽.

혜주 ! 너 왜 그래! 어디 아파?

윤서 (울먹울먹) 엄마아….

혜주 (가슴 덜컥) 왜 그래, 윤서야! 너 혹시, 나쁜 사람 만났어?? (얼른 애를 살피려는데)

윤서 아니이… (울음 터진다) 엄마아, 아빠가아…

75….. 동_ 안방 (밤)

윤서(E) (넘어오는) 막… 맞았어….

스탠드 조명만 켜놨고. 중도가 맞는 문병 동영상 보고 있는 혜주. 충격이 크다.

아무 저항 없이 맞는 중도. 주변 사람들은 "어머 어떡해" 하면서 아무도 못 말리는. 동영상 속 지승규부가 "이 살인자!" 하고 소리 지르자 혜주, 더 이상 못 보겠다. 핸드폰 닫고 내려놓는다.

플래시백 8회 신64. 동_ 안방 (밤)

혜주 …당신이 이 일을 언론에서 더 키우지 않았으면 좋겠어. 그러니까 제발… 멈춰줘. 부탁이야.

플래시백 신72. 동_ 대문 앞 (밤)

귀순이 삿대질하며 난리치는데 변명 하나 없이 묵묵히 듣고만 있던 중도.

현재

혜주, 괴롭다. 그때 방문 열리고, 중도 들어온다.

혜주 (일어난다) …여보.

중도 (아무 일 없다는 듯 미소) 어, 안 잤어?

혜주 (순간 울컥) …미안해, 여보… 미안해… 당신이 무슨 일을 겪었는 줄도 모르고 나는… 당신한테… 미안해, 여보… 미안해….

중도 ! …….

혜주 (울면서 중도 얼굴 여기저기 만지며 살펴본다) 괜찮아? 왜 말 안 했어… 난 정말 몰랐어… 당신 매일 보면서 어떻게 몰랐지….

중도 (가만히 혜주 바라보다가) …괜찮아. 하나도 안 아팠고 나 진짜 괜찮아. (우는 혜주 눈물을 닦아주며) 울지 마. 나 진짜 괜찮다니까. (하며 혜주 안아주려는데… 늑골 통증이 찌잉!)

중도, 순간적으로 읔, 하는데. 순간 혜주, 가슴이 덜컥한다.

혜주 (중도가 늑골이 아프다는 걸 알아챘다) !! 지금 거기 아픈 거지?

중도 아, 아니야. 괜찮아. (하는데 다시 찌잉! 윽!)

혜주 ! (중도의 말이 전혀 귀에 들어오지 않는다) 어디 봐봐, 얼른!

중도, 혜주 팔 잡아보지만 혜주, 뿌리치고 다급히 중도 옷을 풀어 헤치는데… 멈칫.
핸들에 받힌 부분, 피멍이 가시고 있지만 보라색, 누런색 멍자국 선명하다.

중도 (혜주 표정 보자 난감, 얼른 옷 닫으며) 아, 괜찮다니까-

혜주 …!! (왈칵) …!

혜주, 눈물 쏟아지고. 중도를 보다가… 다가가 입 맞춘다.
중도, 조금 놀라지만 이내 혜주에 응답한다.
중도, 다시 늑골 통증이 느껴지지만 아픔 삼키고, 눈물범벅인 혜주를 안는다.

바닥에 떨어진 옷가지들. 협탁 위 스탠드 앞에 놓인 의원배지.
사랑을 나누는 중도 혹은 혜주가 의원배지를 건드려 바닥으로 떨어진다.

76..... 공원_ 공중전화 부스 (밤)

전화 걸고 있는 수빈. 신호음 가다가… 돈이 딸깍 내려간다! (정대가 받은 것)

수빈 (통화) …나야. 내 핸드폰 돌려줘.

77 ..... 룸살롱_ 룸 안 (밤)

수빈의 핸드폰으로 전화 받고 있는 정대.

정대 (통화, 씨익 미소) 안녕?

정대 옆에 형태 있고.

정대의 앞에 있는 형태의 핸드폰, 혜주의 집에서 나오던 수빈의 사진이 떠 있다!

78 ..... 혜주 집_ 안방 (밤)

서로를 안고 있는 중도와 혜주.

중도 욕먹어도 돌아서면 다 잊어. 그러니까 걱정하지 마.

혜주 (마음 아프다) 그래도 그걸 어떻게 다 잊어….

중도 …….

인서트 중도 회상. 주차한 중도의 차 안 (밤. 비) / 차창에 커튼 쳐 있어 시기, 주차 장소 불분명하게[14]

지훈[15] (분노로 이 꽉 깨물고, 정면 보며) …증오해.

현재

중도 …다 잊었어. 하나도… 기억 안 나.

14 이 장면에서는 보이지 않지만 이때 중도의 좌석 발치에 중도 후원회 이름이 작게 찍힌 검은색 장우산 하나 있습니다. 지훈이가 그 우산을 갖고 갑니다. (=2회 신14의 인서트에 나오는, 경찰이 입수한 고수부지 화장실 앞 CCTV 속 지훈이가 쓰고 있는 우산)

15 벽돌색 바람막이는 좌석 옆에 내려놓은 상태지만 이 인서트에서는 보이지 않습니다.

눈 마주치는 두 사람. 중도, 다시 혜주에 키스하고. 천천히 입 맞추는 부부. 그 위로,

중도(E) …사랑해. 의심하지 마.

혜주(E) 의심 안 해. 당신…

79 ..... [과거] 광순대학교 부속병원_ 일각 (밤. 5회 신31 직후)

혜주(E) (넘어오는) …진심.

걸어가는 중도의 뒷모습. 코너 돌면, 우재가 기다리고 있다.
그제야 보이는 중도의 앞모습. 옷과 머리 흐트러졌고 얼굴에도 작은 상처.

중도 (옷 털면서) 잘 찍었어? 혹시 모르니까 잘 보관해둬.

80 ..... [현재] 달리는 우재의 차 안 (밤)

신호등 빨간불로 차 잠시 멈춰 있고. 운전석의 우재, 핸드폰 사진첩에서 문병 동영상 파일(원본)을 삭제한다. 고개 들면, 신호등 다시 파란불. 우재, 차 출발한다.

81...... 혜주 집_ 안방 (밤)

불 꺼진 방. 잠든 혜주와 중도.
협탁 아래 바닥에 떨어져 있는 의원배지.

10회

불안(不安)

1....... 혜주 집_ 외경 (새벽)

2....... 동_ 안방 (새벽)

혜주, 잠에서 깬다. 커튼 밖에서 새벽빛이 어스름하게 들어오고.
탁상시계 보면 새벽 6시 3분. 혜주, 몸 일으킨다.
부부 욕실에서 샤워 물소리 작게 들리고. 혜주, 침대에서 내려오는데,

혜주 (뭔가를 밟았다) 아!

혜주, 찡그리며 얼른 스탠드 켜고 보면, 의원배지가 바닥에 떨어져 있다.
혜주, 배지를 집어 협탁 위에 올려두고 나가려고 방문 열다가 문득 돌아보면.
협탁에 둔 자기 핸드폰(충전 중)이 보인다.
혜주, 돌아와 핸드폰 집어 카톡 열고, 수빈과의 채팅창 열어보면…
'1'이 사라져 있다. 그러나 수빈의 답장은 없는.

혜주 …….

3....... 동_ 1층 현관 → 거실 (새벽)

신발 신는 중도. 혜주, 녹즙보틀 들고 기다리고 있는데. 중도가 신발 다 신고 혜주 쪽으로 돌아서자 문득, 배지를 달았는지 옷깃을 쳐다본다. (달았음)

중도 (그런 혜주를 보고) ? 왜? (자기 옷깃 쳐다본다) 뭐 묻었어?

혜주 어, 아니야. (녹즙보틀 내민다) 이거.

중도 (받는다) 고마워.

혜주 (가만히 중도 바라보다가 넥타이 다시 만져주고) 다친 데 다 나을 때까지 너

무 무리하지 마.

중도 다 나았어. 괜찮아.

혜주 (하지만 그런 중도가 안쓰럽고) …….

중도 참, 당신 차는 며칠 안에 올 거야. 근데 정말 중고차 괜찮아? 나는 정말로 새 차 사주려고 했었는데….

혜주 나는 중고차 좋아. 그리고 최 비서님 아버님 중고차 일 하시니까. 더 잘됐구.

중도 …그래, 알았어. 그럼 간다. (나가려고 돌아서려는데)

혜주 (중도를 꼬옥 안아준다) …잘 갔다 와.

중도 (혜주를 안는) 응. 다녀올게.

잠시 그대로 있는 두 사람. 서로를 힘주어 단단히 안는 손들.
이윽고 중도, 나간다. 혜주, 손 흔들고, 현관문 닫히면…
가라앉은 얼굴에서… 타이틀 IN.

4....... 기름집_ 앞 (새벽)

해는 마악 떴지만[1] 골목에 인적 하나 없이 조용하고. 기름집 문도 닫혀 있고 안은 깜깜한데. 중도의 차 와서 멈춘다. 중도, (안 마신) 녹즙과 가방은 두고 내린다.
차에서 내린 중도, 멈칫한다. 우재가 기다리고 있다.

우재 오셨습니까.

중도 …가끔 보면, 장보는 내 아내보다 나를 더 잘 아는 것 같아.

우재 (웃는) 그래야죠. 그런데 의원님은 아직 저를 잘 모르시는 것 같은데요?

1 2021년 기준 9월 22일의 서울 일출시각은 오전 6시 19분. 이 신의 현재 시각은 6시 35분 정도.

중도 (피식) 어. 여기 와 있을 줄 몰랐어.

그때 기름집 문 열리는 소리. 중도와 우재, 보면. 귀순이 나온다.
중도와 우재 둘 다 귀순이 나올 거라 예상 못 해 깜짝 놀란다.

중도 할머님.
귀순 …아침들 들고 가세요.

5....... 동_ 내실 안 (아침)

양은 밥상에는 아침에 한 따뜻한 반찬(계란말이, 두부부침/귀순도 아침에 두 사람이 올 거라 예상하고 있었던…)과 김치, 김, 밥과 콩나물국 두 그릇[2], 거의 비워져 있다. 중도는 마악 식사 마쳤고. 우재, 마지막 반찬과 밥 먹고 식사 끝낸다.

귀순 (컵에 물 따르며) 드세요.
중도 (얼른 두 손으로 컵 받는다) 예. 감사합니다.

우재도 컵 받아 물 마시고 내려놓으면. 잠시 침묵 흐른다.

중도 …할머님. (뭐라 더 말하려는데)
귀순 (바로) 아직 마음 다 풀린 거 아닙니다.
중도 …….
귀순 하지만 의원님 하시는 일에 이 노인네, 마음껏 이용하세요.
중도 !
귀순 …….

2 메뉴는 방금 만든 티가 날 것 같은 음식들로 골라봤는데 바꾸셔도 됩니다.

인서트 동 장소 (밤. 9회 신73 직후)

우재, 혼자 찾아와 냉랭한 귀순을 설득하고 있는.

우재 할머니 손녀분은 피해자인데도 가해자가 자살해버린 바람에 나쁜 소릴 들었잖습니까. 그래서 저희 의원님이 법을 바꾸려는 겁니다. 그러니 부디 노여움 풀어주세요… 네?

현재

중도 (우재가 밤에 남아서 설득했다니! 몰랐다)

우재 …….

귀순 대신 그놈의 법, 꼭 고쳐주세요. 꼭 고쳐서, 죄짓고 죽어버려도 세상 사람들이 그 죄 다 알고 벌 받게 해주세요!

중도 네! 꼭 그렇게 하겠습니다. 약속드립니다…!

우재 …….

6....... 사찰 납골당_ 외경 (낮)

7....... 동_ 안 (낮)

안치단 앞에 서 있는 여진과 혜주.

유골함, 생몰(2001.3.14 ~ 2005.9.22)과 '이채은' 이름 쓰여 있다. 유골함 옆에 작은 장난감 몇 개와 작은 액자 서너 개 있는데, 채은의 독사진들과 액자 하나만 여진과 채은이 함께 있는 사진(칼국수집 카운터에 있는 것과 같은 사진)이다.

여진 (말없이 채은 사진 보다가) 혜주야. 먼저 나가 있을래?

혜주 …응. 그럴게. (나간다)

여진 (다시 사진 보는) …….

8....... 중도 의원실_ 의원실 (낮)

중도, 우재, 민석, 빛나, 자영, 강호. 의원실 문은 열려 있고. 남궁솔 성매매 폭로로 인해 악화된 여론 대책회의[3]다. 민석의 앞에, 중도의 문병 동영상이 재생 정지된 상태로 떠 있는 민석의 핸드폰 있다.

민석 의원님이 문병 가셨다가 폭행당하시는 동영상이 퍼지면서 온라인에서 그 의대생을 향한 비난이 다시 올라오고 있긴 합니다. 하지만 남궁솔씨 성매매 이력 폭로 껀을 뒤집기엔 좀 부족합니다.

자영 네. 성매매 여성은 불법으로 동영상 촬영당하고 유포되어도 된다는 건데, 그게 무슨…. (한숨)

일동 …….

우재 법안 발의한 후에 터진 것보단 낫다고 생각하시죠.

보좌진즈 네. / 넵. / 그건 그래요.

빛나 그럼 일단 저희한테 도움이 될 만한 다른 사건을 찾아봐야겠죠? 가해자가 자살한 성범죄 사건으로요.

우재 이미 하나 있는 것 같은데요.

중도, 순간 우재를 쳐다보고. 우재, 중도를 마주 보는데. 그때,

강순홍(E) 어이쿠, 이런.

강순홍이다. (혼자 왔다. 보좌진들, 깜짝 놀라 "안녕하십니까." 하며 얼른 일어난다)

강순홍 (중도에게, 미소) 혹시 내가 방해가 되었습니까?

3 프린트한 회의 자료는 따로 없어도 될 것 같습니다. 그냥 각자 업무노트와 펜 정도만….

중도 !

9....... 사찰 납골당_ 건물 근처 일각 (낮)

납골당에서 나오는 혜주. 멈춰 서서 가방에서 핸드폰 꺼내는데, 납골당 건물로 걸어오던 남성(여진 전남편, 50/검은 양복/사람 좋아 보이는 인상)과 부딪혀 핸드폰이 바닥에 떨어진다.

여진전남편 어, 죄송합니다. (핸드폰 얼른 주워 내민다) 여기요.

혜주 아, 네. 감사합니다. (핸드폰 받는 순간 남성의 얼굴을 보는데) …!!

인서트 혜주 집_ 서재 (낮. 1, 2년 전)

청소하는 혜주. 쌓여 있는 자료들을 안 건드리려고 조심해서 손걸레로 책상이나 책장을 꼼꼼히 닦는데… 쌓여 있는 정부파일 더미를 실수로 살짝 건드려 파일 몇 개가 바닥에 떨어져 흩어진다. 혜주, 아이코, 하며 얼른 줍는데… 멈칫. 떨어진 정부파일 한 권(표지에 '이채은 (기타 자료)'라고 쓰여 있는)에서 스크랩 해둔 신문기사 몇 개가 혜주 발밑에 흩어져 있고, 뉴스 스크랩[4] 한 장에 클립으로 집혀 있는 사진 한 장도 빠져나와 있는데… 여진의 가족사진이다! (17, 8년 전: 여진, 채은, 여진 전남편. 나들이 사진. 모두 웃고 있는 행복한 가족)

혜주 !

혜주, 사진을 집어 들 때 사진과 함께 집혀 있는 신문 스크랩[5]의 기사 제목 보이고.

4 뉴스 기사의 보도일은 2005. 9. 23 (사건 다음 날)

5 큰 제목: '동반자살'하려 5살 딸 살해한 비정의 아버지 / 작은 제목: 사업실패 비관… 부인은 의식불명

혜주의 발밑에 흩어진 다른 신문기사들의 제목도 보인다[6].

혜주, 집어 든 사진을 보면… 사진 속 여진, 행복한 미소. 혜주의 시선, 채은을 안고 있는 남자에게 가는데…

현재

같은 사람이다!

혜주 !!

혜주, 놀라서 보면. 여진 전남편, 이미 걸어가고 있다.

납골당 건물 쪽이다!

혜주 (얼른 따라가며) 저기요!

여진전남편 네? (돌아보는데)

혜주 혹시 채은이… ('아빠'라는 말이 바로 나오질 않는데)

여진전남편 ('채은이' 소리에 얼굴 확! 굳고 날 서서 묻는) 누구시죠??

혜주 (맞구나!) !!

여진전남편 누구시냐구요!!

혜주 (여진이 나올까 조마조마, 입구 쪽 보며 남자 밀어낸다) 가세요!! 여길 대체 어떻게…! 가세요! 얼른요!!

여진전남편 아니, 대체 누구시냐고요!! (하는데)

여진(E) 니가 여길 어떻게 와!!

혜주 !!

여진전남편 !!

6 스크랩 해둔 기사 여러 개 중에 특히, 〈큰 제목: "'동반자살' 아닌 '자녀 살해 후 자살'로 불러야" / 소제목: '비속살해도 가중처벌하라' 헌법소원심판 청구한 남중도 변호사〉 뉴스 기사의 큰 제목이 잘 보이게 부탁드릴게요.

납골당에서 나오던 여진, 순식간에 달려와 전남편의 멱살을 잡듯 붙든다.

혜주 !! 언니!! 언니!! (여진을 떼내려는데 잘 안 되고)

여진 니가 지금 무슨 낯으로 여길 와!!

여진전남편 (켁켁대며) 이것 좀 놓고 얘기해, 놓고!

여진 (O.L.) 너는 7년이 아니라 70년을 감옥에서 썩어도 모자라!!

혜주 (O.L., 겨우 여진의 손 떼내는데) 언니….

여진 (혜주 밀치더니 전남편 손을 확 잡아 자기 목에 갖다 댄다) 그냥 나도 죽여! 죽이라고! 왜, 못 하겠어? 그땐 죽이려고 했잖아!

혜주 (여진의 사연을 알고 있어서 아무 말도 못 하는) …….

인서트 종합병원_ 중환자실 (낮밤 상관없음. 2005년 9월)

입원한 여진. 목에 졸린 손자국대로 피멍. 의식 없는데… 천천히 눈꺼풀 떨린다.

여진, 천천히 눈을 뜨는. 그러나 미동 없이 멍한.

여진(E) 자려고 채은이 옆에 누웠다 깼는데, 내 새끼가…

현재

여진 지 아빠 손에 죽었대…! 근데… 뭐? 동반자살? 이게 왜 자살이야!! 넌 그냥 살인범이야. 지 새끼 죽인 살인범이라고!!

여진전남편 …….

여진 너도 죽어.

여진전남편 !!

혜주 !!

여진 왜? 그때처럼 자식 죽여놓고 너는 무서워서 못 죽겠니? 응?? 그럼 내

가 죽여줄게! (전남편에게 달려드는)

여진전남편 (이성 잃고 소리치는) 그래! 죽여!! 죽여라!!

혜주 (여진 꽉 끌어안고) 언니! (전남편에게) 이러지 마세요! 그냥 가세요!!

여진 (몸부림치며) 이거 놔, 혜주야! (전남편에게) 그래! 내가 너 죽이고 나도 죽을게!! 어차피 나도 죽고 싶거든!! 살고 싶지가 않다고!!

혜주 (여진 꽉 붙들며) 언니이!! 제바알!!!

여진전남편 (O.L.) 그래!! 그럼 같이 죽음 되겠네!!

혜주 (O.L., 전남편에게 소리 지르는) 제발 좀 그만하라구요!!

여진전남편 (혜주에게) 누군데 남의 일에//(끼지 마시고)

혜주 가족이요!

여진전남편 뭐요?

여진 …!

혜주 언니 가족이라구요.

여진전남편 가족? 이 사람 형제가 없는//(데)

혜주 (O.L.) 저, 남중도 변호사 와이픕니다.

여진전남편 변호사? (깨닫고 움찔//중도의 이름을 아는) 아… 그때 그….

혜주 (서늘) 가세요.

여진전남편 …….

혜주 안 들리세요? 가라구요!! 가서 다신 찾아오지 마세요!!

10…… 중도 의원실_ 의원실 (낮)

중도와 강순홍. 의원실 문 닫혀 있고. 커피 잔(잔 받침까지) 두 개. (커피)

강순홍 우리 남 의원님 부인께서 제 처가와 그런 인연이 있으셨다니요. 세상 정말 좁지 않습니까?

중도 …제 아내 일과 의원님 처가의 땅투기 의혹을 거래하잔 말씀이십니까.

강순홍 그깟 시골 땅쪼가리 때문에 남 의원님이 귀한 시간을 낭비해서야 되겠습니까?

중도 ……….

11 …… 지청중학교_ 복도 (낮)

쉬는 시간. 단지바나나 우유 하나씩 먹으며 교실로 걸어가던 중의 윤서와 다솜.

다솜, 윤서에게서 무슨 이야기를 듣고 깜짝 놀라 멈춰 선다.

다솜 헐! 그 언니, 집 나갔다고오??

지나가던 학생들 서너 명, 윤서와 다솜을 쳐다본다.

윤서 야아! (주변 눈치 살피고) 조용히 말해….

다솜 어어, 미안…. (목소리 낮춰서) 그럼 애기는? 임신했다며.

윤서 아 몰라~ 지가 알아서 하겠지.

다솜 야아, 그래도 니 조칸데….

윤서 (질겁) 야! 조카는 무슨!

다솜 (움찔) 니 오빠 애면 조카 맞잖아.

윤서 (뭐라 반박하려다가 말문 막히고) …암튼, 너 이거, 절대 아무한테도 말하면 안 돼! 진짜 비밀이다?

다솜 …어. 알았어.

12…… 동_ 복도 → 윤서 교실 (낮)

교실 안으로 들어선 윤서와 다솜.

교실 뒷문에 있던 학생1, 2. 윤서와 다솜을 본다.

학생1(여) (핸드폰으로 뉴스 보고 떠들다가) 야야 남윤서! 그, 너네 아빠가 공개 저격해서 자살한 의대생 있잖아. 그 전여친이, 오피녀였대!

윤서 !!

다솜 (정색) 야, 무슨무슨 녀란 말 쓰지 마.

학생1 (무시) 뭐래. 암튼 야, 성매매 했으면서 무슨 불법촬영을 당했대? 진짜 노어이.

윤서 …그 언니 직업이 뭐였든, 동의 없이 동영상 찍고 뿌린 건 범죄 맞아.

학생2(여) (끼어들며) 성매매도 범죈데? 그니까 너네 아빠 그 여자 편들었다가 지금 졸지에 성매매 쉴드 친 꼴 된 거 아님?

윤서 (벌컥) 그게 무슨 성매매 쉴드야! 야, 그리고 막말로 뭐! 그 언니가 불륜 같은 거 저지른 것도 아니잖아!

다솜 ?!!!

학생1 엥? 뭔 솔? 성매매는 불법이고 불륜은 아닌데??

학생2 성매매는 범죄라니깐? 돈 주고 그 짓 하는 게 진짜 최악이지!

윤서 불륜이 더 최악이야. 불륜은 서로 마음까지 준 거잖아. 그리고 가족을 배신한 거고. 그러니까 진짜 레알 개극혐이지. (다솜 툭툭 치며) 그치, 그찮아~

다솜 ?!!

윤서는 다솜의 굳은 표정 눈치 못 채고 계속 자기주장. 학생1, "아 난 둘 다 진짜 개극혐이다~", 학생2, "성매매는 범죈데 훨 나쁘지. 무슨 밸런스 게임 하냐?" 등등.

13...... 달리는 서울행 시외버스_ 안 (낮)

나란히 앉아서 가고 있는 여진과 혜주. (창밖, 아직 교외 풍경)

각자 생각이 많은데… 여진, 창밖 바라보며 생각에 잠긴다.

인서트 **다세대주택(빌라)_ 여진의 집(반지하) 문 앞 (낮. 2007년 3월. 이른 아**

침)

채은이 생일(3/14)이라 여진(검은 옷, 아직은 겨울 겉옷), 작은 생일케이크 상자와 (안치단[7]에 넣을) 작은 인형, 장난감이 든 쇼핑백 들고 문 열고 나오다가 멈칫. 현관 앞에 큰 보온병과 작은 인형[8] 하나가 든 쇼핑백 있다.

짧은 jump

보온병 열어본 여진, 눈시울 붉어진다. 뜨거운 김이 올라오는 미역국이다. 바닥의 쇼핑백 안, 인형 위에 붙여놓은 메모종이:

채은이에게 전해주세요. 지훈이 엄마 드림

플래시백 신9. 사찰 납골당_ 건물 근처 일각 (낮)

여진전남편 (혜주에게) 누군데 남의 일에//(끼지 마시고)

혜주 가족이요!

여진전남편 뭐요?

여진 …!

혜주 언니 가족이라구요.

여진 (표정)

현재

여진, 혜주가 가만히 손을 잡아주는 인기척에 혜주 쪽으로 고개 돌리면.

7 안치단이 유리로 된 곳이라면 이 작은 인형, 장난감(과 더 많은 것들)이 현재 그 안에 있으면 좋겠습니다. 그런데 로케에 따라서 안치단이 불투명할 수도 있을 것 같은데(유골함이 안 보이는…) 그래도 상관없습니다.

8 안치단이 유리로 된 곳이면: 여기서 혜주가 준비한 선물인 인형은 포장지 대신 리본만 매놨거나 투명한 포장지면 좋을 것 같아요! 그리고 현재 그 선물도 안치단 안에 있고요. // 안치단 안이 보이지 않는 곳이라면 혜주의 인형 선물을 불투명 포장지로 해주셔도 됩니다.

혜주, 위로하듯 여진의 손을 잡아주고 있다. 눈 마주치는 두 사람.
여진, 눈물이 날 것 같아 다시 창밖으로 시선 돌리고.
혜주, 그런 여진을 보는….

14...... 편의점_ 안 (낮)

편의점 알바(여, 20), 삼각김밥 하나와 컵라면(작은 컵) 하나 바코드를 찍는다.

편의점알바 OOO원이요.

수빈, 파우치 열면 지폐 몇 장(15만 원 정도)과 동전.
지폐 꺼내다가… 멈추는 수빈.

수빈 (파우치 안, 얼마 안 되는 양의 돈을 보는) …….

인서트 공원_ 공중전화 부스 (밤. 9회 신76 보충)

정대와 통화하고 있는 수빈. 표정 굳은.

수빈 !! 뭐? 백만 원??
정대(F) 핸드폰 내가 사준 거잖아. 그니까 필요하면 나한테 백만 원 주고 사가라고. 오케이? (뚝 끊어지는)
수빈 (끊긴 전화에 대고) …야!!

15...... [현재] 칼국수집_ 문 앞 (낮)

수빈, 문 닫혀 있는 칼국수집 안을 힐끔거린다. 유리문 안으로 보이는 손님은 1명(40대 여성, 시장 상인/칼국수나 만두로 식사 중) 있고. 한가해 보이는데.

여진은 보이지 않는다. 수빈, 의아하다.

인서트 칼국수집_ 안 (낮. 3회 신45와 신46 사이)

칼국수와 만두 기다리는 혜주와 수빈, 마주 앉은. 겉절이와 수저, 물컵만 있다.

혜주 여진이 언니는 낮에 한 두세 시 정도까지만 일하고 퇴근해.

수빈 ? 여기 사장님이라면서요.

혜주 어, 맞는데… 언니 몸이 조금 약하구 그래서. 오후엔 저분(일하는 영선 쪽 눈짓)이 계셔.

현재

수빈, 유리문 안의 벽시계를 보면, 1시 20분 정도다. 그러나 여진은 보이지 않고…. 없나? 하고 가려는데, 안쪽 주방에서 나오는 여진(인 듯한…)과 눈이 마주친다!

수빈 …! (하는데)

여진이 아니라 영선이다! 유리문을 두고 눈이 마주쳐버린.
수빈, 순간 난감한데. 자리를 뜨고 싶은데 영선, 반갑게 얼른 나와 문을 연다.

영선 안녕- 왜 안 들어오고 그러고 있어? 아, 사장님? 오늘 없는데.

수빈 …왜요?

(E) (수빈 배고픈 꼬르륵 소리. 크다)

수빈 (민망하고 짜증나는데)

영선 (소리 듣고, 크게 웃는다) 아직 점심 안 먹었니?

16...... 동_ 안 (낮)

테이블에서 만두와 겉절이 먹고 있는 수빈.
영선, 수빈의 맞은편에 앉아 수다 떤다.
이미 여진의 사연을 나불나불 다 얘기한.

영선 아빠가 자식 죽이고 와이프 살인미수까지 했는데, 두 개 합해서 꼴랑 징역 7년이었대.

수빈 …….

손님 (단골손님 느낌, 카운터 앞에서) 영선아~ 여기 계산~

영선 (얼른 일어나 간다)

수빈, 여진의 사연을 들어 마음이 복잡하다. 그때 손님과 영선의 대화가 들린다.

영선 언니, 현금 있어? 카드기가 고장나갖구.

손님 (의심하는 것은 아닌) 또? 여진이 있을 땐 안 그러는데 자기 있을 땐 되게 자주 그러드라?

영선 (웃으며) 기계가 사람 가리나보지~

손님, 돈 내고(거스름돈 필요 없이 딱 맞는 액수), "그럼 간다~" 하고 나가고.
수빈, 만두를 먹으려는데… 멈칫. 영선이 받은 현금을 주머니에 스윽 넣는 걸 본!
(영선은 수빈이 본 것을 모르는)

수빈 !

17...... 지청역 사거리 (낮)

시외버스에서 내리는 혜주와 여진.

여진 그럼 난 오늘, 가게에서 늦게까지 있다가 들어갈게. 나 기다리지 마.

혜주 오늘 쉰다며.

여진 몸이라도 바빠야지.

혜주 (그 마음 알겠다) …그래. 그럼 밤에 봐- (돌아서고)

여진, 가는 혜주를 바라보다가 부른다.

여진 혜주야.

혜주 응? (돌아보면)

여진 …미안해.

혜주 (대꾸 대신 가만히 여진 바라보다가 다가온다) …언니.

여진 …….

혜주 (여진을 꼭 끌어안는다) 언니는 나한테… 가족이야. 그러니까… 미안하단 소리도… 아까 그런 소리도… 다신 하지 말고… 내 옆에 있어, 오래오래… 알겠지…?

여진 (울컥! 겨우 참는) …….

18…… 칼국수집_ 안 (낮)

수빈, 표정 굳었는데. 영선, 생글생글 웃으며 다시 수빈의 맞은편에 와서 앉는다.

영선 내가 어디까지 얘기했지? (하는데)

수빈 ……. (일어난다) 잘 먹었습니다. 안녕히 계세요…(하는데)

영선 얘!

수빈 네?

영선 돈 내고 가야지~

수빈 (영선이 들어와 먹고 가라고 해 공짜라고 생각했던…) 아, 네… 낼 거예요. (파우치 꺼낸다)

영선 (면박 주는) 우리 가게, 애들하고 임신한 사람들만 공짜야. (벽에 붙은 '어린이/임신부 무료' 종이)

수빈 (잠자코 돈을 꺼내는데)

여진(E) 영선아- 나 왔어-

수빈 !

영선 (깜짝 놀라서) 어머, 언니! 오늘 안 온다며!

여진이다. 여진도 수빈을 보고 놀란.

혜주(E) (선행하는) …남편이

19...... 기름집_ 안 (낮)

혜주 (좀 놀란) …아침에 왔었다고요?

귀순 네. 날 밝자마자요.

혜주 (하긴… 그럴 법하다) …아, 네….

잠시 침묵 흐르는데.

귀순 어젯밤엔요… 처음엔 화가 많이 났었는데…

인서트 동 장소 (밤. 9회 신73 직후)

핸드폰으로 중도의 문병 동영상 보여주는 우재. 내키지 않는 얼굴로 마지못해 보고 있는 귀순, 영상 속 중도가 맞자 순간 움찔, 놀란다. 그런 귀순을 보는 우재, 표정.

현재

귀순 죄지은 건 자기 아들인데… 의원님한테 어떻게 그렇게 당당하게 그래요….

혜주 …….

귀순 그래서 그 법, 꼭 고쳐질 수 있게 나를 마음껏 이용하시라고 했어요. 필요한 데 어디든 나서드리겠다구요.

혜주 ! (불안해진다, 주저하다가) 저, 할머니, 그런데… 사람들 앞에 나서시게 되면… 할머니랑 손녀분이… 안 좋은 소리를 들을 수도 있어요….

귀순 (결연한 눈빛) 알아요. 하지만 괜찮아요.

혜주 !

귀순 아니요, 아마도 안 괜찮겠지요. 하지만… 우리 솔이가 그렇게 갔는데 내가 아무것도 안 하고 있는 게 더 안 괜찮은 것 같아요.

혜주 …….

귀순 (결연) 죄짓고 죽어서 도망간 비겁한 놈을 끝까지 벌 받게 할 수만 있다면 나는 뭐든 할 거예요. 네. 뭐든 하고말고요.

혜주 (쉽사리 아무 말도 하지 못하는, 마음 복잡한) …….

20..... 지승규네 식당_ 앞 (낮)

'closed' 걸렸다. 불 꺼져 있는.

21...... 동_ 안 (낮)

가게 안쪽. 전등은 몇 개만 켰고. 지승규부를 찾아온 승희와 기영. 지승규부, 싸늘한 얼굴로 핸드폰을 승희에게 내민다. 액정화면, (9회 신55의) 네이트판 글 중 댓글란. 지승규를 성매수남이라고 비난하는 댓글들이 많이 보인다.

지승규부 이것 좀 봐요!! 또 우리 애 얘기 나오잖아요! 아이고, 내가 진짜…!

승희 …저 아니에요.

지승규부 그럼 누가 이런 걸 써요!! 내가 우리 아들이 그 여자앨 어떻게 만났는지 당신한테만 말했는데!

승희 저 진짜 아니에요.

기영 (승희 보는)

승희 저, 솔직히, 인터넷에 올리려고 했어요. 그 여자가 성매매 여성이라는 게 알려지면 비난을 받을 거고, 그럼 남중도한테 타격이 갈 테니까요!

지승규부/기영 !

승희 근데…

인서트 승희 집_ 부부 침실 (9회 신51 보충)

네이트판에 글 쓰려다가… 취소버튼 누르는 승희.

승희(E) 안 했어요.

현재

승희 그럼 아드님도 또 안 좋은 소릴 들을 텐데, 그럼 어머님 아버님 또 힘드실 것 같아서 그만뒀어요. 제가 그 마음 누구보다도 잘 아니까요.

기영 …….

지승규부 …….

승희 진짜로 저 아니에요. 믿어주세요.

침묵 흐른다. 지승규부, 승희의 얼굴과 호소에 마음 흔들려 누그러지는….

22….. 칼국수집_ 안 (낮)

손님은 없고. 여진과 수빈, 마주 앉아 있다. 영선, "나 화장실 좀-" 하고 밖으로 나간다. 잠시 정적 흐르는데.

여진 …얼마 줘?

수빈 …….

수빈, 대답 대신 카운터의 여진과 채은 사진에 잠시 시선. (여진은 모르는/ 혹은 수빈이 사진에 시선 주지 않고 화면에만 사진 잡히는) 돈을 받아내러 왔지만 기일 이야기를 들어서 좀 망설여지는.

여진 (수빈이 말을 안 하자) 왜. 돈 달라고 온 거 아니야?

수빈 …이백만 원만 주세요.

여진 ……. (핸드폰 열며) 계좌 알려줘.

23..... 지승규네 식당_ 근처, 주차한 기영의 차 앞 (낮)

(식당에서 나와) 걸어오는 승희와 기영.
좀 떨어져서 데면데면하게 걷는다.
주차한 차에 도착하고. 기영, 삐빅! 문 여는데.

승희 (차갑다) 나 볼일 좀 보고 버스 타고 갈게. 너 먼저 내려가.

승희, 핸드폰 연다. 전화번호부 열어 '이모부' 검색하는데.

기영 어디 가는데. …너 혹시… 재은이 찾아가는 건… 아니지?

승희 !! (얼굴 확 굳어서 핸드폰 닫고) 맞아. 김재은 찾아가서 사람들 다 보는 앞에서 넌 살인자라고 하려구.

기영 승희야!

승희 왜? 그러면 안 돼? 우리 가족은 김재은 거짓말 때문에 이렇게 힘들게 지내고 있는데! 걔는 잘나가는 국회의원 사모 돼서 잘 사는 꼴, 나 죽어도 못 봐!!

기영 !!

잠시 정적 흐른다.

승희 …기영아. 나는 니 가족인데…

인서트 **영산. 식당_ 건물 밖 야외주차장 일각 (밤. 9회 신59 직후)**

구석에 서서 언쟁하는 승희와 기영.

기영 그 글… 진짜 니가 쓴 거 아니야?

승희 기영아! (화나서 뭐라고 하려다가) …아니야. (슬프다)

기영 (믿어야 하나 말아야 하나… 승희를 마주 보는)

현재

승희 왜 너는… 나를… 못 믿어…?

기영 !

승희 …….

승희에게 큰 상처를 준 것을 깨닫는 기영. 미치겠다.

승희, 눈물 겨우 참으며 기영을 똑바로 보다가 돌아서 걸어가려는데….

기영 (승희 등 뒤에서) …우리, 호주 가자, 승희야.

승희 (멈칫! 돌아본다)

기영 (간절) 그냥 다 버리고 우리… 떠나버리자… 응?

승희　(울컥) !!

24..... 칼국수집_ 안 (낮)

송금한 여진, 핸드폰 내려놓는다. (은행 앱만 살짝 보이고 송금액은 보이지 않는다)

여진　보냈어.

수빈　네.

여진　다음부턴 찾아오지는 마. 그냥… 문자 해.

수빈　(대답 안 하고 일어난다)

수빈, 나가려고 인사도 없이 문 열려다가… 멈추고. 돌아본다.

수빈　…근데요. 저한테 미역국은 왜 끓여준 거예요?

여진　…….

수빈　한번 착한 척 해본 거예요? 아님 좀 봐달라, 그런 거예요? (여진의 대답을 기다리지만)

여진　(대답하지 않는다)

수빈　…네, 알겠습니다. 참, 근데 여기 주방 아줌마요. 아줌마 없을 때 맨날 카드기 고장났다고 하고 현금 받아서 자기가 챙겨요.

여진　?!

수빈　…믿는 사람한테 뒤통수 맞는 게 바로 이런 거예요. (나가려고 문 열고)

여진　!!

영선　(막 들어오다가 나가는 수빈과 마주치자) 어, 가니?

수빈　(무시하고 그냥 나가버린다)

여진, 혼란스러운 얼굴로 수빈 쪽을 봤다가 영선을 보면.

영선, ? 해서 여진을 보는.

25..... 책수선실_ 안 (낮)

재료 밑준비(커다란 한지 한 장을 자, 붓, 물을 이용해서 일정한 너비의 길고 얇은 띠지로 잘라내는 작업) 중인 혜주. 작업대 뒤에는 한지, 자, 연필, 작은 붓, 그리고 작은 물통이 있고, 미리 자른 띠지들이 옆에 수북이 쌓여 있는 풍경.
그때 작은 진동음 들린다. 일손 멈추고 핸드폰 쪽 보면, 전화 오는 중. 별로 받고 싶지 않지만 전화 끊기지 않는다. 혜주, 얕은 한숨 내쉬고 가서 핸드폰 집어 드는데… 액정화면에 뜬 이름, '김수빈'이다!

혜주 …!

26..... 중도 지역사무소_ 외경 (낮)

27..... 동_ 안 (낮)

'지청2동 행정복지센터 신축사업 주민설명회' 현수막. 중도[9], 우재, 운규, 성훈, 연우, 주민(남녀, 40~70대, 총 15명 정도. 태양상가 번영회장 포함). 설명회 막 마치는 중이다.

운규 (진행) 그럼 이상으로 지청2동 행정복지센터 신축사업 주민설명회를 마치겠습니다. 감사합니다.

일동 (박수)

주민들 일어나서 서로들 인사 나누고. 중도에게 와서 "의원님 고생 많

9 좀 가볍게 비즈니스 캐주얼로 입어도 좋을 것 같아요! 재킷에 배지만 달아주시면 됩니다.

으십니다." "빠른 신축 부탁드립니다." "예, 조속히 진행하겠습니다." 등등 인사 나누는데. (지역사무소에서는 운규가 우재보다 중도 밀접보필. 마당발 느낌으로 주민들과 인사)

번영회장 (중도에게 와서) 안녕하세요. 저…

중도 (바로) 안녕하세요, 태양상가 번영회 배경국 회장님. 잘 지내셨지요?

번영회장 (기억해주니 함박웃음) 네. 아이고 의원님, 이 센터 신축이 저희 주민들의 오랜 숙원이었는데 정말 감사합니다.

중도 제 공약이었는데 생각보다 시간이 걸렸습니다. 죄송합니다.

번영회장 아닙니다! 집안에 큰일 겪으시고 많이 힘드셨을 텐데… 감사합니다.

중도 …….

번영회장 의원님 저희 장모님 상 치를 때 조문 와주셔서 정말 감사했는데요. 저희 발인하고 의원님이 같은 곳에서 아드님 보내드리게 되셔서 제 마음이 정말 안 좋았습니다.

중도 …….

우재 (둘의 대화 듣고 있는) …….

번영회장 힘내세요.

중도 …네, 감사합니다.

28….. 정대 오피스텔_ 방 혹은 화장실 안 (낮)

정대, 수빈의 핸드폰을 보고 있다. 사진첩 속 사진인데… 혈액검사지[10]를 찍은 사진이다. 요리조리 사진을 확대해보는 정대. '튼튼산부인과'도 얼핏 보이고.

10 2회 신4의 혈액검사지와 동일한 서류지만 이 사진은 원본을 핸드폰 카메라로 촬영해둔 것이라 수빈이 볼펜으로 써놓은 '혈액검사지' 글자는 없고, 검사일이 다릅니다. (수빈이 혜주에게 보여준 인쇄본은 포토숍으로 날짜를 바꾼 것…) 이 사진 속 서류의 검사일은 2022-08-22. 수빈이 지갑 속에 넣어둔 조작본의 날짜는 2022-09-04.

정대 ……….

인서트 강남 바[11]_ 안 (밤. 지훈 사고일)

정대와 지훈. (지훈, 바람막이 옷을 옆에 뒀지만 이 신에서는 보이지 않음)

정대 (의심하며 묻는 것 아님) 남지훈, 너 근데 오늘 김수빈 봤냐?

지훈 수빈이? 아니. 왜?

정대 (짜증) 하루 종일 연락이 안 돼. 아, 뭐하는 거야….

인서트 룸살롱_ 룸 안 (밤. 9회 신77 보충)

형태 (자기 핸드폰으로 지훈의 집에서 나오는 수빈의 사진을 보여주며) 여기가 국회의원 남중도네 집이거든?

정대 (표정 굳지만 얼른 웃으며) 제가 국회의원을 어떻게 알아요~ 그리고 저 얘(수빈)랑 연락 안 한 지 한참 됐거든요?

인서트 정대 오피스텔_ 방 혹은 화장실 안 (오전)

수빈모와 통화하던 정대. (정대의 핸드폰은 최신형)

수빈모(F) 니가 수빈이 애 아빠니?? 응?? 니가 수빈이 임신한 애 아빠냐구우!!

정대 !

현재

거울 앞에서 머리 만지고 있는 정대[12]. 순해 보이게 만지는 중.

11 11회, 수빈과 정대가 만나는 곳과 같은 곳.

12 마약 투약하는 애가 아니라서 반팔 옷소매 등으로 팔이 깨끗하다는 게 보여도 괜찮을 것 같아요.

29..... [현재] 동_ 거실 (낮)

전망 좋은 레지던스(강남 전망). 정대, 외출 차림으로 방(화장실)에서 나오면. 수빈 또래 정대 친구1(남)과 예은, 배달음식 온 것 뜯고 있다(엽떡 등). 여기서 먹고 자는 듯 편한 옷차림들. (*12회까지 정대 이름 노출되지 않음)

예은 오빠 어디 나가?

정대친구1 어디 가냐?

정대 (대꾸 없이) 다 먹으면 좀 치워놔라~ (나간다)

30..... 카페_ 안 (낮)

혜주, 정대를 기다리고 있다. (옆에, 가지고 온 작은 쇼핑백[13] 하나 있다: 접어서 제일 위에 넣어놓은 티셔츠 때문에 다른 내용물들 잘 안 보임)

인서트 **책수선실_ 안 (낮. 신25 보충)**

혜주 (액정의 '김수빈' 보고 얼른 받는) 여보세요, 수빈아! // (상대방 말 듣고 멈칫하는데) …누구… 네? 지훈이… 친구요? (지훈이 이름을 듣자 순간 동요하는!!)

현재정대(E) 안녕하세요.

현재

혜주, 보면. 정대 왔다.

13 수빈이 두고 간 것들: 반팔 티 한 장(면 티인데 혜주가 다림질해서 곱게 접어놨으면 좋겠습니다), 양말 두 켤레, 팬티 하나, 반쯤 남은 클렌징 오일. 쓰던 트러블패치 정도.

정대 (공손) 지훈이… 어머니시죠?

짧은 jump

마주 앉은 혜주와 정대. 커피 한 잔씩. 정대, 순하고 공손한 태도.

정대 제가 외국에서 공부 중이었는데 중요한 일이 있어서… 지훈이 장례 다 끝나고서야 한국에 왔어요. 죄송합니다.

혜주 …괜찮아요. 그런데… 수빈이 핸드폰은 어떻게 가지고 있었던 거예요?

정대 아, 제가 한국 와서 수빈이를 만났는데요. 잠깐만 갖고 있으라고 주더니 그 후론 지금까지 계속 연락이 안 돼요.

혜주 …아, 그렇구나….

정대 (혜주 떠보는) 근데, 수빈이가… 지훈이랑 사귀었…던 건… 아시죠?

혜주 …네.

정대 (고민하는 듯) 저, 제가 이거 말씀드리는 게 잘하는 건지 모르겠는데… 수빈이가, 지훈이… 애길… 가졌다고 하더라고요. (혜주 눈치 살핀다)

혜주 …네. …알아요. …수빈이한테 들었어요?

정대 (지훈이 애 맞구나! 하지만 티 안 내고) 네. 그날 자기 임신했다고 하고 갑자기 잠수를 타버리니까… 저는 지훈이 사고난 후라서… 얘가 혹시 잘못된 선택을 한 거 아닌가 걱정하고 있었는데 그래도 아줌마 댁에서 있었다고 하니 너무 다행이네요. 근데 지금은 또 어딜 간 거지….

혜주 …….

정대 (흠…) …저, 근데 이런 거 여쭤보긴 좀 그렇긴 한데요….

혜주 (보면)

정대 수빈이 집 나가고 나서 혹시 돈이나 귀중품 없어진 건 없으세요?

혜주 …네?

정대 사실 수빈이가 도벽도 있고… 별로 좋은 애가 아니거든요.

혜주 !

정대 저도 한때 안 좋은 무리에 빠져 있었는데… 그게 다 김수빈 때문이었어요. 그랬다가 정신 차리고 유학 간 거구요. 그래서 지훈이가 김수빈이랑 사귄다고 했을 때 제가 엄청 말렸었는데….

혜주 (혼란스럽다!)

31...... 동_ 밖 (낮)

헤어지는 혜주(쇼핑백 들고 있다)와 정대.

혜주 오늘… 시간 내줘서 고마워요.

정대 아닙니다.

혜주 근데… 저기, 혹시… 수빈이랑 연락 닿으면, 전화 한 번 줬음 좋겠다고 좀 전해줄래요?

정대 네. 근데… 제가 아무리 잘 말해도 수빈이가 연락… 안 드릴 수도 있어요….

혜주 …그래요. 그래도 혹시 연락 닿으면….

정대 네. 그러겠습니다. 그럼 안녕히 가세요. (꾸벅)

혜주 잘 가요.

가는 정대. 바라보는 혜주. 마음이 힘들다.
걸어가는 정대, 순둥순둥했던 표정 사라지고 서늘해지는.

정대 (혼잣말) 남지훈 애는 확정인데. 재밌네.

32..... 혜주 집_ 안방 (낮)

돌아온 혜주, 지쳤다. 닫은 방문에 기대서는데… 문득, 화장대에 시선 머문다.

정대(E) (신30에서) 사실 수빈이가 도벽도 있고… 별로 좋은 애가 아니거든요.

혜주 …….

혜주, 망설이다가 화장대 서랍 열면, 작은 보석함. 혜주, 보석함을 꺼내려다가… 말고. 서랍 탁, 닫는다. 수빈이를 의심하면 안 되는데… 이런 자신이 한심한.

그러나 혜주, 다시 서랍 열고. 보석함 열면… 귀걸이 대여섯 개와 목걸이 두세 개, 브로치 한두 개, (경순에게 물려받은 촌스러운 비취, 호박 같은) 알반지 2개 정도 있다. 모두 제자리에 가지런히 정리되어 있는 모습.

혜주, 수빈을 의심한 자신이 한심하다. 보석함 닫고. 서랍에 넣고 그대로 쪼그려 앉아 한숨 쉰다.

33..... 부동산_ 안 (낮)

주택가의 부동산(여진의 가게 근처다). 여진, 부동산 사장(여, 50대).

여진 가게 권리금 못 받아도 되니까 좀 빨리 부탁드릴게요. 그리고 혹시… 다른 데 부동산 아시는 데 있으세요?

부동산사장 아, 가게 다시 하시게요? 어느 동네?

여진 …그냥… 여기서 먼 데 아무 데나요. 가게 아니고… 집이요.

34..... 시내 도로변 (밤)

정차해 있는 중도의 차.

35..... 정차한 중도의 차 안 (밤)

뒷좌석 중도와 우재. 운전석에 두섭 없다.

우재 김수빈은 저희가 찾지 않아도 알아서 찾아올 겁니다. 그런 애들 패턴

이 뻔해요. 와서 협박하면서 돈 달라는 거죠.

중도 …협박?

우재 임신한 걸로요. 그거 말고 걔가 협박할 게 '또' 있습니까?

중도 (사실… 있다. 하지만 우재가 모른다고 생각하는) …있겠어?

우재 …네. …아무튼 김수빈이 인터넷에 임신 얘기를 퍼뜨린다고 해도 충분히 미담으로 포장 가능합니다. 지훈이가 지금 없기… 때문에 더 그렇게 될 거구요.

중도 …….

우재 그러니 그 문젠 걱정 안 하셔도 됩니다. 다른 게 안 터지면 되죠.

중도 …다른 거?

우재 …뭐… 약이라던가… 여러 가지가 있을 수'도' 있겠죠.

중도 (우재 보면)

우재 지훈이가 필로폰을 갖고 있었는데 지훈이 사망으로 공소권 없음 처리돼 수사를 안 했죠. 그래서 왜 지훈이가 그걸 갖고 있었는지 그런 것… 모르잖습니까.

중도 …그래. …잠깐 잊고 있었어. 내 아들이… 그런… 애였단 걸.

잠시 침묵 흐른다. 그때, 중도의 핸드폰에 전화 온다(진동).
중도, 꺼내 보는데….

중도 …?

중도, 전화 오고 있는 핸드폰 액정화면을 우재에게 보여준다.
발신인, 기영이다.
우재, 중도를 쳐다보고. 중도, 전화 받는다.

중도 (통화) 네, 남중도입니다. 네. 안녕하세요, 선생님. 네. // (말 듣고, 좀 놀

랐지만) 아, 네…. (우재를 쳐다본다)

우재 ?

36..... 승희 집_ 차고, 주차한 기영의 차 안 (밤)

유신과 기영의 차 주차되어 있고. 기영, 운전석에 앉아 통화 중이다. (승희 없다)

기영 (통화) 네, 제가 저희 장모님과 강순홍 의원의 땅투기 증거를 드리고 싶습니다.

37..... 정차한 중도의 차 안 (밤)

중도 (통화) !

38..... 승희 집_ 부부 침실 (밤)

들어오는 기영. 승희, 등 돌리고 누워 있는데 자는 듯하다.
기영, 승희의 뒷모습을 물끄러미 바라보는.

인서트 **지승규네 식당_ 근처, 주차한 기영의 차 앞 (낮. 신23 + 보충)**

기영 (승희 등 뒤에서) …우리, 호주 가자, 승희야.

승희 (멈칫! 돌아본다)

기영 (간절) 그냥 다 버리고 우리… 떠나버리자… 응?

승희 (울컥) !!

기영, 승희의 대답을 간절히 기다리는데….

승희 …미안해.

기영 !

승희 …나는… 엄마 혼자 두곤… 못 떠나.

기영 !! (절망스럽다…)

현재

기영 (자기 결혼반지를 본다. 마음이 복잡하다) …….

39….. 의원회관_ 의원차량 승하차장 (밤)

강순홍의 차, 대기 중. 강순홍의 수행비서, 운전석에서 나와 기다리고 있고.

그때 중도의 차 들어와 멈추고 중도와 우재 내리는데.

의원회관에서 강순홍과 형태 나오다 마주친다. (수행비서, 바로 뒷좌석 문을 연다)

강순홍 어이쿠, 남 의원님. 이 시간에 다시 들어오십니까. (차에 타려는데)

중도 강순홍 최고위원님.

강순홍 ?

40….. 시내 공중전화 (밤)

수빈, 공중전화로 자기 핸드폰에 전화 걸고 있다.

수빈 (통화, 조심스럽게) 오빠.

41…… 정대 오피스텔_ 방 혹은 거실 (밤)

정대, 누워서 TV(음소거) 예능프로 보고 있다가 통화 중. (통화 도중, 샤워가운 걸친 예은이 거실로 나오는 모습 보인다. 동거하는 느낌)

정대 (수빈 핸드폰으로 통화, 상냥하다) 백만 원 벌써 구한 거야? 능력 좋네~ //

그래, 그럼 내일 X시에 재익이 형네 빠에서 봐. 어. 그래~ (끊는다)

42..... 시내 공중전화 (밤)

전화 끊은 수빈. 상냥한 정대가 어딘지 좀 불안하다.

43..... 정대 오피스텔_ 방 혹은 거실 (밤)

전화 끊은 정대, 수빈의 핸드폰 화면을 보면, 지훈과 수빈의 카톡창을 보고 있었던.

지훈: 헤어지잔 소리 절대 하지 마

지훈: 왜 자꾸 그래

지훈: 너 진짜 죽고 싶어??

보이스톡 통화 0:21 (지훈이 수빈에게 걸었고 통화 됨)

정대 (혼잣말) 남지훈 이 새낀 임신시키고 차이고 알아서 뒤지고. 안 뒤졌어도 나한테 뒤졌겠지만 어쨌든 애도요, 애도….

44..... 혜주 집_ 외경 (밤)

중도(E) (선행하는) 지훈이… 친구?

45..... 동_ 안방 (밤)

자정 가까운 시각. 중도, 귀가해 겉옷 벗어 걸다가 혜주 말 듣고 반응하는.

중도 지훈이 친굴 만났다고?

중도의 반가워하지 않는 반응에 조금 멈칫하는 혜주. 괜히 말했나 싶은….

혜주 …어.

중도 어떻게 알고?

혜주 (자세히 얘기하고 싶지 않다) …연락이 와서.

중도 당신한테? …만나서 무슨 얘기 했는데.

혜주 …그냥… 지훈이 얘기….

중도 …걔… 다시는 만나지 말고 연락도 하지 마. …당신 걱정돼.

혜주 뭐가 걱정돼. 지훈이 친군데….

중도 (혜주와 가만히 시선 맞추며) 걔가 지훈이 친구니까 걱정되는 거야.

혜주 …….

중도 …여보, 지훈이 마약… 나는… 그거, 김수빈 꺼라고 생각해.

혜주 ! 여보. 수빈이 마약검사 음성이었어.

중도 약 파는 애들은 대부분 투약은 안 해. 그냥 돈만 벌지. 그러니까 여보. 김수빈… 잊어.

혜주 (눈동자 흔들리는)

중도 (그런 혜주 가만히 보다가) …당신이 걔한테 마음 많이 준 거 아는데… 그런 애하고 더 얽히면 안 돼. 당신이 '또' 다칠까봐 걱정돼서 그래. 아기는… 당신 말대로… 걔가 어떻게 결정하든 우리가 어떻게 할 수는 없는 거고. 그냥… 다 잊자.

혜주 …….

중도 …솔직히…

인서트 주차한 중도의 차 안 (낮. 2회 신15와 신16 사이)

(경찰서장이 간 후) 혼자 지훈과 수빈의 카톡 대화를 보고 있는 중도의 얼굴. (9회 신24의 두 번째 인서트-오열-의 직전)

지훈: 헤어지잔 소리 절대 하지 마

지훈: 왜 자꾸 그래

지훈: 너 진짜 죽고 싶어??

보이스톡 통화 0:21 (지훈이 수빈에게 걸었고 통화 됨)

지훈: 죽어버릴거야

현재중도(E) 걔 때문에 지훈이가…

현재

중도 그런… 선택을 한 거잖아. 나는 다른 걸 다 떠나서 그 생각만 하면… 도저히 더는 걔를 못 보겠어.

혜주 (지훈의 자살을 생각하니 감정 북받치지만 누르고) 나도 그 문자들 생각하면… 마음이 너무 아프지만… 지훈이… ('자살'이라는 단어를 입에 못 올리는…) 그 일이… 수빈이가 잘못해서 일어난 건 아니잖아….

중도 이성적으로 생각하면야 그렇지만, 내 아들 일이니까! 내 마음이 그렇지가 않다고! 내 마음속에서 지훈이는, 김수빈이 죽인 거나 다름없다고!

혜주 (중도를 가만히 보는) …….

중도 (혜주 보다가 뭘 실수했는지 깨닫는다) …오해하지 마. 내 말은, 당신 옛날 일 얘기가 아니라…

혜주 알아.

중도 …….

혜주, 북받치는 감정을 누른다.

혜주 …여보… 나는… 수빈이가…

플래시백 9회 신54. 책수선실_ 안 (낮)

'죽어버릴거야' 옆의 전송실패 표시를 보는 혜주의 마음 복잡한 얼굴.

현재혜주(E) 못 받은… 그 마지막 문자…

현재

혜주 (울지 않으려고 애쓰며 천천히) 영원히… 몰랐으면 좋겠어….

중도 …….

혜주 아무도 의도하지 않은… 불행한 사고를… 나처럼… 자기 탓이라고… 생각… 안 했으면 좋겠어….

침묵 흐른다.

혜주 그러니까 여보. 혹시라도 수빈이가 연락 오면… 그 마지막 문자 얘긴 하지 말아줘. 부탁이야…. (간절한 눈빛으로 중도 본다)

중도 …….

혜주 (간절) 당신 수빈이 원망스러운 마음 알지만… 응?

중도 …알았어. …걔가 나한테 연락할 일이야 없겠지만.

혜주 …고마워.

잠시 흐르는 침묵. 혜주, 마음이 복잡한데.

중도 그런데 여보.

혜주 (보면)

중도 진승희씨 이모부 강순홍 의원이 알게 됐어. 당신이… 내 아내라는 걸.

혜주 !! 뭐?

중도 강순홍 의원의 폭로는 일단 막았어. 최기영씨가 알려준 땅투기 증거로.

인서트 의원회관_ 의원차량 승하차장, 정차한 강순홍의 차 안 (밤. 신39 직후)

뒷좌석에 나란히 앉아 있는 중도와 강순홍. (운전석 비어 있다)

중도 영산 양천리의 박 사장이 일을 참 잘하더군요?

강순홍 !!

중도 하지만 이제 곧 총선인데, 서로 피곤해질 일 만들면 저희 둘 다 손해 아니겠습니까.

강순홍 !! …그렇지요. 우리 남 의원님, 참 시원시원하십니다! 하하하….

중도 (미소) …….

현재

중도 하지만… 당신 그 일… 우리가 먼저 공개하자.

혜주 (혼란스러운!) ?! 폭로… 막았다며. 근데 왜….

중도 나는 최기영씨, 안 믿으니까.

혜주 !

중도 오늘 나한테 준 증거는 제대로 된 거였지만, 난 그 사람 안 믿어. 강순홍 의원과 짜고 내 뒤통수치는 걸 수도 있어.

혜주 기영이는 그럴 사람 아니야.

중도 (단호) 그럴 사람이 아니라는 건 없어.

혜주 …….

중도 설사 최기영씨가 정말 우리 편이라고 해도 그 집엔 진승희씨도 있고 그 어머니도 있어. 그러니 당신 일은 언젠가는 반드시 터질 거야. … 저쪽이 터뜨리기 전에 우리가 먼저 공개해서 치고 나가야 돼.

잠시 침묵 흐른다. 혜주, 무슨 말을 어떻게 해야 할지 모르겠다.

혜주 (말 고르고 천천히) 당신은… 내가 뭘 두려워하는지 몰라. 나 때문에 누

가 죽었단 소릴 듣는 게 얼마나 고통스러운지//(당신은 절대로 몰라)

중도　(O.L.) 내가 왜 몰라. …그 의대생, 내가 죽였다잖아.

혜주　!

잠시 침묵 흐른다.

중도　…당신 과거 오픈하는 건, 당신이 동의하고 허락할 때까지 기다릴게. 당신이 정말 안 되겠다고 하면, 우리가 자진해서 먼저 공개하는 일은 없을 거야.

혜주　…….

중도　하지만… 저번에 말한 그 법안을 추진하는 데에… 당신의 그 일이 큰 도움이 될 거야.

혜주, 뭐라고 말해야 할지 모르겠다. 생각만 해도 두렵고, 한편으로는 중도가 왜 이렇게 말하는지를 알겠어서 더욱 심란하다. 혜주, 겉옷 집어 든다.

혜주　잠깐만… 좀 걷고 올게.

중도　(혜주 마음 안다) …밤에 쌀쌀해. 조금만 걷고 들어와.

혜주　…….

46….. 동_ 대문 앞 (밤)

혜주, 막상 나오니 어디로 가야 할지 모르겠다. 답답하다. 밤하늘 올려다보는.

47….. 우진석 의원실_ 의원실 (밤)

진석과 경민.

경민 아까 지나가다 언뜻 듣기로 남중도 의원실 막내 비서 하는 말이, 그 문병 동영상이 퍼진 타이밍이 너무 좋았다고 하던데요. 그게 진짜 일반 시민이 촬영해 제보한 거라고 생각하는 게 참… 순진했습니다.

진석 …순진한 게 아니라 자기가 모시는 의원에 대한 신뢰… 아니겠어?

경민 …당대표님도 남 의원을 신뢰하십니까?

진석 여의도와 제일 어울리지 않는 단어를 어떻게 잘도 골랐네?

경민 그럼 팔 년 전에 남 의원의 무엇을 보고 발탁하신 겁니까?

진석, 대답 대신 틀어져 있는 TV(아주 작은 볼륨)로 시선 옮기면, 중도의 인터뷰가 나오고 있다. (1회 신23 직후 의원실에서 진행한 인터뷰. 화면의 프로그램 타이틀: SBC 스페셜. 부제: 긴급진단! 증가하는 부모의 자녀 살해)

중도 (자막: 국회의원 · 2006년 비속살해 가중처벌 도입 헌법소원심판 청구 변호사/인터뷰 대사가 자막으로 함께 뜬다) 현행법상 자녀가 부모를 살해하는 존속살해 범죄는 패륜으로 여겨지며 무겁게 가중처벌하고 있습니다. 반면 자신의 자녀 및 자손을 살해하는 비속살해는 별도의 가중처벌 규정이 없어 일반 살인죄가 적용, 상대적으로 적은 형량을 받고 있습니다. 그래서 지난 2006년에, 비속살해도 가중처벌하라는 내용의 헌법소원 심판을 청구했었습니다.

화면 바뀌며 2006년의 시민 인터뷰 나오는데.[14]

진석 저때 남 의원이 청구했던 헌법소원심판 기억나?

경민 네. 헌법재판소에서 각하되면서 결과적으론 아무것도 얻은 게 없었

14 시민1(30대 여성) 인터뷰. 1, 2살 정도 아기를 안고 인터뷰하는 그림이면 좋을 것 같습니다. 자막: 염지연 (33, 주부 / 2006년 '채은이 사건' 헌법소원심판 청구 당시 인터뷰) 인터뷰 대사: 똑같이 가중처벌해야죠. 이번 헌법소원을 계기로 법이 꼭 바뀌면 좋겠어요.

죠. 좀 시끄럽긴 했었지만요.

진석 정말 아무것도 얻은 게 없다고 생각해?

경민 네?

진석 방금 나보고, 남중도의 뭘 보고 발탁을 했느냐고 묻지 않았어?

경민 (아…)

TV 화면, 2006년 당시 헌법소원심판 청구를 위해 길거리 시민 서명 받는 테이블(길거리, 서명 운동하는 봉사자 5, 6명, 서명하는 시민들 그림/계절은 여름) 장면 위, 2달간 50만 명이 법 개정에 지지 서명했다는 자막.

48..... 칼국수집_ 앞 (밤)

불 꺼진 동네. 칼국수집만 불빛 새어 나오고 있다.

칼국수집 안, 혼술하는 여진이 보인다.

혜주 (가게로 다가가다가 멈칫) …어. 우재씨.

우재 어, 안녕하세요, 사모님.

우재, 시장 반대편에서 칼국수집으로 오다가 혜주를 보고 좀 놀란.

49..... 동_ 안 (밤)

테이블 위, 여진이 마시던 소주병(빈 병 1개)과 술 따른 잔 1개. 안주 없고. 서서 대화 나누는 혜주와 우재, 여진(취하지 않음).

여진 (우재에게) 여긴 어떻게….

우재 아, 그게… 오늘이 채은이… 기일이잖습니까.

혜주 (채은이 기일을 챙기다니!) !

우재 그래서 혹시 여기 계실까 해서 퇴근길에 잠깐 와봤습니다. 그러느라 아무것도 못 들고 왔네요.

혜주 (빈 병 봤다) 아, 제가 사올게요. (나가려는데)

여진 아니야, 됐어. 사오지 마. 이것(소주잔)만 다 마시고 들어가려고 했어.

혜주 …그래, 그럼. 천천히 마셔.

50..... 동_ 문밖 (밤)

문에 종이 하나 붙어 있다. '주방직원 구함 / 오전 11시~오후 8시 근무'

51...... 동_ 안 (밤)

혜주, 여진, 우재. 같이 앉아 있다. 셋 다 별말 없고. 여진 소주는 한두 모금 정도 남아 있다.

혜주 (우재에게) 헌법소원 때… 우재씨가 방송국에서 기사화시키는 데 정말 애 많이 쓰셨다고 들었어요.

우재 아닙니다. 다 의원님이 하신 거고 저는 그냥 조금만 도운 겁니다. 애초에 의원님이 도와달라고 말씀 안 하셨으면 보도할 생각도 못 했을 겁니다.

여진 …….

혜주 …….

우재 그러고 보면… 의원님 그때 그렇게 애쓰시는 모습을 안 봤으면 제가 지금 이렇게 여의도에서 구르고 있진 않을 텐데요. (웃는)

여진 …….

혜주 (가만히 우재 보다가) 우재씨는… 아니 장 보좌관님은 어떻게 저희 남편을 그렇게 신뢰하시는지… 가끔은 좀 신기…해요. 저희 남편 따라서 안정적인 직장도 그만두신 거잖아요.

우재 (보면)

여진 …….

혜주 아니, 물론 남편은 좋은 사람이지만… 두 사람은… 남이잖아요.

우재 …저는, 의원님이 완벽한 분이라고 생각하진 않습니다.

혜주 (보면)

우재 가끔은 어이없는 실수를 하실 때도 있죠. 물론 그래서 인간적이시긴 하지만… 어쨌든 정치인이시니까 자꾸 잔소리를 해드리게 되죠. 하지만 한 번 하신 실수는 반복 안 하시니까… 괜찮습니다.

여진 …….

혜주 …….

우재 제가 예전에 기자생활을 하면서,

인서트 중도 의원실_ 사무실 (밤)

벽시계 새벽 3시 넘었다. 사무실 불 한두 개만 켜져 있고, 보좌진들 자리는 모두 비어 있다. 열려 있는 의원실 문 안 보이면, 환한 불빛 아래 자료들 산더미같이 쌓아놓고, 셔츠 팔 걷어붙이고 자료 살피며 열정적으로 이야기 나누는 중도와 우재.

카메라, 우재의 책상으로 빠지면, 책상 파티션 한쪽 구석, 우재가 책상에 앉아 일하다 고개를 들면 볼 수 있는 위치에 붙어 있는, 약간 낡은 중도의 옛날 명함[15].

"세상의 약자를 위해 싸우겠습니다"

남중도 법률사무소

변호사 남 중 도

15 대한변호사협회 로고(금박)가 들어간 소박한 디자인. 한쪽 모서리가 살짝 접혔던 티가 나도 좋을 것 같습니다. 받은 지 16년 이상 된 명함입니다. 명함 밑단의 주소: 서울특별시 신양구 지청2동 294-1 건일빌딩 4층 403호 (우: 122-899) 전화) 02-7731-0814 팩스) 02-7731-8941 헨드폰) 010(중도 번호) 이메일) 중도 이메일주소

현재우재(E) 때로는 세상에 진실을 알리는 것 이상으로 무언가를 해야 할 필요가 있다고 느꼈을 때가 있었습니다. 그때 마침 의원님이 제게 도움을 청하셨구요. 그런 의원님을 보면서 제가 뭘 해야 하는지, 또 앞으로 뭘 하고 싶은지 느꼈습니다. …저는 운 좋게도, 제가 꿈꾸던 것과 같은 세상을 만들고 싶어 하는 분을 만난 거죠.

현재

우재 의원님은 세상을 올바른 방향으로 이끌어갈 의지와 능력을 가지셨고, 저는 그런 의원님을 신뢰하는 겁니다.

혜주 …….

우재 말씀하신 대로 의원님과 저는… 남이죠. 하지만 의원님을 저만큼 신뢰하시는 사모님도, 의원님과 처음엔 남이셨잖습니까? (미소)

혜주 …….

우재 그리고 두 분(혜주와 여진)도 남남으로 만나셨지만 지금은 가족이시잖아요. …누구보다도 서로를 신뢰하고 아끼시는.

여진 …….

잠시 정적. 그때 어디선가 핸드폰 전화 오는 진동음 들린다.
혜주, 주머니에서 핸드폰 꺼내 보면, 중도의 전화가 오고 있다.

52….. 동_ 밖 (밤)

나와서 중도와 통화하고 있는 혜주.

중도(F) 어디야? 데리러 갈게.

혜주 (통화) …아니야. 여진이 언니랑 있어. 걱정하지 마. 금방 들어갈게. 윤서는? 아직? 알았어. 어. (끊는다)

혜주, 아까 의견 충돌이 있었는데도 걱정되어 전화해준 중도가 고맙기도 하고.
마음이 여러모로 복잡하다. 전화 끊고도 바로 들어가지 않고 생각에 잠기는….

53..... 동_ 안 (밤)

여진과 우재 둘만 있다. 침묵 흐르는데.

여진 하실 말씀 있어서 오신 거죠?

인서트 **동 장소 (밤. 비 / 8회 신22의 보충신 중 발췌)**

우재 하지 마세요.

현재

여진 …….

우재 (시선 마주하다가, 미소) 저 진짜로 기일이라서 얼굴 뵈러 온 건데요.

여진 (우재 시선 피하지 않는) …….

54..... 동_ 밖 (밤)

혜주, 들어가려는데 우재 나온다.

혜주 가시게요?

우재 네. 먼저 들어가 보겠습니다.

55..... 동_ 안 (밤)

문밖에서 우재와 혜주의 인사 나누는 소리 들린다. (혜주: 네, 그럼 멀리 안 나갈게요. 조심히 가세요. // 우재: 네-)

여진 ……. (소주잔에 남은 소주 한두 모금을 물끄러미 바라보는)

56..... 혜주 집_ 마당 (밤)

외부계단을 통해 2층 현관으로 총총 올라가는 윤서(책가방).

57..... 동_ 2층 현관 (밤)

윤서 (도어록 열고 들어오면서) 엄마~ 나 왔어~ (하며 신발 벗고 들어오는데)

중도(E) (2층 거실에서) 윤서 왔어?

윤서 (중도가 현관 쪽으로 나오자) 어, 아빠?!!

58..... 동_ 2층 거실 (밤)

중도, 간식(하루견과나 미니젤리)의 비닐포장을 뜯어 윤서에 건넨다.

윤서 땡큐. (하나 입에 넣으려다가 중도에게 내민다) 아빠도 먹을래?

중도 괜찮아. 양치했어.

윤서 (애교) 음~ 그래도 먹어~ (됐다는 중도 입에 막 넣어주고 까르르)

중도 (웃고)

윤서, 다시 간식 냠냠 먹고. 그런 윤서를 사랑스럽게 보는 중도인데.

윤서 (좀 주저하다가) …아빠 근데에…

중도 응?

윤서 그 언닌 왜 갑자기 집을 나간 거야? (불안하다, 자세 고쳐 앉으며) 그 언니가 남지훈 애 임신했다고 막 소문내고 그러면 어떡해? 그럼 아빠한테 피해 가는 거지! 그치!

중도 (가만히 윤서 바라보다가) 지금까지 아빠가 윤서 걱정시킨 적 있었어?

윤서 (고개 젓는) …아니.

중도 그럼 아빠 믿고. 윤서는 그냥 공부 열심히 하고 자기 할 일 하면 돼.

윤서 …알았어. (가만히 중도 마주 보다가 진지하게) 근데 아빠.

중도 응?

윤서 방금… 완전 꼰대 같았어! (까르르 터진다)

중도 으악, 꼰대애?? (웃는)

윤서, "아빠아…." 하며 중도 품 파고들며 안기고. 중도, 웃으며 윤서를 꼬옥 안아준다. 그러나 윤서, 어딘지 좀 슬퍼지는 얼굴…. (중도는 모르는)

59..... 동_ 윤서 방 (밤)

책상 앞에 서 있는 윤서. 책상의 메모보드를 물끄러미 보고 있는데… 붙여놓은 가족사진(지훈의 중학교 졸업식 사진) 속 지훈의 얼굴에 시선 머문다.

인서트 신양장례식장_ 빈소 밖 복도 (밤. 지훈 사망 직후)

벤치에 앉아 있는 윤서(1회 신61의 의상). 옆에 방금 구입한 상복(검은 한복)이 비닐포장째 놓여 있고. 울어 눈 빨갛고. 충격이 커 멍하니 앉아 있는데.

혜주(1회 신61의 의상), 울어 부은 눈으로 윤서에 다가와 말 건넨다.

혜주 윤서야. 엄마가… 오빠 사진이 별로 없어서… 너는 좀 있니?

윤서 ? …사진은 왜…?

인서트 신양장례식장_ 지훈 빈소 (낮)

막 빈소가 차려져 조문 시작 직전이라 아무도 없고 고요하다.

윤서(상복), 지훈의 영정사진 앞에 혼자 서 있다.

윤서 (지훈 바라보며 혼잣말) 우리 다 슬프게 만드니까… 좋냐. (눈물 주르륵 흐르자 안 슬프다는 듯 손등으로 훔치고, 그러나 다시 흐르는 눈물)

영정사진 속 지훈의 얼굴에서,

현재

같은 사진인, 메모보드의 사진 속 지훈의 얼굴로 겹쳐진다.
윤서의 슬픈 얼굴.

60…… 찜질방_ 탈의실 (밤)

수빈, 찜질복으로 갈아입으려고 상의 벗으려 위로 올리는데 아랫배의 JD 타투 보인다. 타투를 잠시 물끄러미 바라보는 수빈.

61…… 칼국수집_ 안 (밤)

혜주와 여진. 여진, 아직 술 한 모금 정도 남아 있다.
혜주, 중도가 자신의 과거를 공개하자고 했단 얘기를 한 직후다.

혜주 윤서 아빠 말대로 그 일이 공개되는 건 시간문제일지도 몰라. 하지만 나는… 너무 무서워.

여진 왜. 진흙탕 싸움에서 니 남편이 질 것 같아서? 니 남편 못 믿어?

혜주 …아니. 믿지. …근데… 그래서 무서운 거야.

여진 (보면)

혜주 …내가 들을 온갖 소리들도 두렵지만…

플래시백 8회 신62. 혜주 집_ 안방 (밤)

혜주 그 의대생은 정말 큰 잘못한 거 맞아. 하지만 그 집 엄마, 아들 악플 보고 괴로워서 죽으려고 한 거라는데….

플래시백 8회 신15. 카페_ 안 (저녁)

기영 장모님… 정신적으로 너무 불안정하셔서 승희가 늘 조마조마해하거든….

현재

혜주 그 집 가족들이 또 잘못되기라도 하면… 어떡해….

여진 …….

잠시 침묵 흐른다.

혜주 …어떤 게 맞는 걸까…? 나나 그 집 가족들이 힘들어지더라도… 그렇게 해서 법안이 통과될 수 있다면… 그게 맞는 걸까…? 더 많은 사람들을… 위한 거니까…?

여진 …….

고민하는 혜주. 여전히 불안하긴 하지만… 고개 들고, 여진을 본다.
여진과 시선 마주하는 혜주의 얼굴 위로,

혜주(E) (선행하는) …영산 그 일…

62..... 혜주 집_ 서재 (밤)

서재에 중도가 일하던 흔적 있고. 귀가 직후 바로 들어와 대화 나누는 혜주.

혜주 …공개해.

중도 !

혜주 당신이 추진하는 법안에 도움이 된다고 하니까… 하라는 거야. 하지만 나는… 그 이상으로 사람들 앞에 나서고 싶진 않아. 그건… 약속해 줘. (다시 생각만 해도 괴롭다) …….

중도 …….

중도, 물끄러미 혜주를 바라보다가 혜주를 껴안는다.

중도 (혜주의 머리와 등 쓰다듬으며) 그럴게. 어려운 결심 해줘서 고마워.

혜주 (마음 복잡한 얼굴)

중도 …미안해. 당신 마음고생 시켜서.

중도, 포옹 풀고. 혜주 눈을 한참 바라보다가… 입 맞춘다. (진한 키스 아니고 입술만 꾹…) 소중하고 또 소중하다는 듯이.

중도 나를… 믿어. 무슨 일이 생기더라도 당신은 내가 보호해.

혜주 …믿고 있어. 의심하지… 않아.

중도 (다시 혜주를 안는다) …사랑해.

불안한 듯 중도의 등을 안는 혜주.
서서히 힘 들어가서 꽉 잡는 혜주의 손.
혜주의, 애써 마음 다잡으려 하지만 불안함이 서린 얼굴….

63..... 동_ 실내계단 → 1층 현관 (오전)

혜주, 계단 내려와 현관으로 간다. 수선실 가는 편한 복장. 에코백.

64..... 동_ 마당 (오전)

1층 현관에서 나오는 혜주. 대문으로 걸어간다. 택배기사용 아이스박스에 채울 간식거리들도 들고 있다.

65..... 동_ 대문 앞 (오전)

혜주, 대문 열고 나가는데… 순간,

혜주 !

파파박!! 카메라 플래시가 요란하게 터져 눈을 뜰 수가 없다. 그와 동시에 들려오는 소란스러운 목소리들. ("나온다, 나온다!" "나왔다!" 등등)
혜주, 눈부셔 순간적으로 눈을 감았다가 겨우 뜨는데….

혜주 !!

20명이 넘는 기자들(신문사, 방송사)이 대문 앞에 기다리고 있다가 순식간에 혜주를 둘러싼다!

정경은기자 (마이크 들이대며) 김혜주씨! 이십 년 전에 사람을 죽였다는 게 사실입니까??

혜주 !!!

얼어붙은 혜주의 얼굴 위로,

중도(E) (신62에서) 나를… 믿어. 무슨 일이 생기더라도 당신은 내가 보호해.

혜주 (얼어붙은!)

11회

악몽(惡夢)

1....... 혜주 집_ 마당 (오전. 10회 신64)

1층 현관에서 나오는 혜주. 대문으로 걸어간다. 에코백과 택배기사용 아이스박스에 채울 간식거리를 들고 있다.

2....... 동_ 대문 앞 (오전. 10회 신65 + 보충)

혜주, 대문 열고 나가는데… 순간,

혜주 !

파파박!! 카메라 플래시가 요란하게 터져 눈을 뜰 수가 없다. 그와 동시에 들려오는 소란스러운 목소리들. (“나온다, 나온다!” “나왔다!” 등등)
혜주, 눈부셔 순간적으로 눈을 감았다가 겨우 뜨는데….

혜주 !!

20명이 넘는 기자들(신문사, 방송사)이 대문 앞에 기다리고 있다가 순식간에 혜주를 둘러싼다!

정경은기자 (마이크 들이대며) 김혜주씨! 이십 년 전에 사람을 죽였다는 게 사실입니까??

혜주 !!!

YBS기자(남, 30대) (마이크 들이대며) 대답해주세요! 사실입니까? 대답해주세요!

혜주 (아니라고 말하고 싶지만 입이 떨어지지 않는다!)

혜주를 둘러싼 기자들, 서로 밀치며 마이크 들이댄다. 번쩍이는 카메라 플래시와 고성의 질문 세례[1] 속, 얼어붙은 혜주의 얼굴에서…

3....... 동_ 안방 (새벽)

혜주 …!!

잠에서 깨는 혜주. 식은땀. 잠시 멍했다가 꿈이었음을 깨닫고 안도의 한숨 내쉰다.
고요한 공기. 혜주, 옆을 보면. 침대 옆자리는 비어 있고, 부부 욕실에서 샤워하는 물소리만 작게 들리고 있다. (탁상시계 새벽 6시 5분)

혜주 …….

타이틀 IN.

4....... 지류사_ 안 (낮)

종이 사러 온 혜주. 직원과 대화 나누며 종이 고르는 모습 컷컷컷.

5....... 지청역 사거리 (낮)

버스에서 종이 롤들 들고 내리는 혜주. 근처에 중도의 지역사무소 보이고(혜주가 쳐다보는 것은 아닌). 혜주, 걸어가는데, 반대편에서 오던 누군가를 보고 멈칫.

혜주 …어. 안녕…하세요.

민석이다! 그런데 민석, 자영과 손잡고 걸어오다가 혜주를 보고 화들짝 놀라 자영의 손 놓고, 사색이 되어 얼른 인사한다.

1 대답해주세요! 사실입니까? / 왜 죽였습니까? / 남중도 의원도 알고 있습니까? / 왜 지금까지 숨기고 있었나요! / 이름도 그래서 개명한 겁니까? / 유족에게 미안함을 느끼고 있습니까? / 피해자와 어떤 관계였나요! 등등.

민석 어! 사모님!!

자영 (혜주를 못 알아봤다가 민석의 '사모님' 소리에 동반 사색이 되는!)

6....... 동네 카페_ 안 (낮)

커피 주문하는 혜주와 민석, 자영. 민석과 자영, 어색하고 난감해 죽겠다.

민석 (혜주에게) 그럼 감사히 잘 마시겠습니다. (주문하는) 뜨아 여섯 잔 테이크아웃이요.

점원(여, 20대) (입력하는) 네.

혜주 (조심스럽게) 저… 혹시 한 잔은 커피 아닌 걸로…. (민석과 눈 마주치면) 아, 남편이 커피를 잘 안 마셔서요.

자영 (주제넘은 아는 체는 아닌) 아, 의원님 요새는 커피 드세요.

혜주 아… 네, 그럼 다 커피로//(주세요)

민석 (O.L., 신속 눈치, 얼른 점원에게) 아, 아니요, 한 잔은 티로 주세요.

짧은 jump

테이블에서 기다리는 혜주, 민석, 자영. 진동벨 갖고 기다린다. 어색어색한. (앉아서 마시고 가려는 분위기 아니다)

민석 (어색해서 아무 말 대잔치 느낌) 아, 저희는 아침에 그, 기름집 할머니 아시죠. 법안 때문에 잠깐 뵈러 갔다가요, 의원님 오전에 신양구청 공청회 가셨는데 지역사무소로 오시기로 해서요.

혜주 …네.

말 끊기고. 어색한데.

민석 그동안 마음고생… 많이 하셨죠?

혜주 네? (지훈 얘긴가 싶어서) 아… 네… 그래도 아이 장례 때 많이 도와주셔서… 감사했습니다.

민석 아, 아니요, 사모님. 예전에 그… 영산… 자살… 사건이요.

혜주 (그걸 이 사람도 안다고? 좀 당황해서) 아, 네… 그… 일이요….

민석 큰 결단 해주셔서 정말 감사합니다.

자영 네, 저희 김빛나 비서관님이 어제 오후 내내 사모님 사건 입장문 작성했는데 정말! 영혼을 갈아 넣었습니다!

혜주 (뭐라고 답해야 할지 좀 애매) 네… 감사…해요. (하다가 멈칫) …어, 근데… 어제… 오후…요?

자영 네? 네. 어제 오후에요.

7....... [인서트] 중도 의원실_ 의원실 (낮. 10회 신10 직후)

다시 모인 우재, 민석, 빛나, 자영, 강호.
심각한 분위기로 중도의 말을 기다리는데.
중도, 우재를 쳐다본다. 우재, 중도와 눈 마주치고.

중도 (모두에게) 강순홍 의원이 폭로하기 전에 우리가 먼저 공개합시다.

빛나 (조심스러운) 사모님 괜찮으시겠어요…? 파장이 클 텐데요.

중도 예상했던 일이라 아내도 이미 동의했습니다. 공개 시기만 보고 있었는데. (빛나에게) 입장문 초안 작성 부탁해요.

8....... [현재] 동네 카페_ 안 (낮)

혜주 …!

플래시백 10회 신45. 혜주 집_ 안방 (밤)

중도 …당신 과거 오픈하는 건, 당신이 동의하고 허락할 때까지 기다릴게. 당신이 정말 안 되겠다고 하면, 우리가 자진해서 먼저 공개하는 일은 없을 거야.

현재

애써 침착하려는 혜주. 하지만 혼란스럽다.

플래시백 10회 신62. 혜주 집_ 서재 (밤. 편집)

혜주 …영산 그 일… 공개해.

중도 !

중도, 물끄러미 혜주를 바라보다가 혜주를 껴안는다.

중도 그럴게. 어려운 결심 해줘서 고마워.

혜주 (마음 복잡한 얼굴)

중도 …미안해. 당신 마음고생 시켜서.

현재

민석 (혜주의 혼란 전혀 눈치 못 채고) 저희가 정말로 최선을 다하겠습니다.

자영 네! 열심히 하겠습니다!

애써 침착하려는 혜주. 하지만 혼란스러운데… 그때,

중도(E) 여보-

혜주 !

들어온 중도, 혜주에게 바로 직진해 온다.

민석/자영 (얼른 일어나며) 오셨습니까. / 오셨어요~

중도 (민석과 자영에게) 어. (혜주에게, 반가움 가득) 당신 여기 있다고 해서. (종이 롤들 보고) 종이 사러 갔었어?

미소 띤 중도를 보는 혜주의, 표정 관리하려 하지만 잘 안 되는 얼굴.
그때 진동벨 드르륵 울린다.

자영 (얼른 일어나며) 제가 갈게요.

민석 어, 같이 가. (자영과 얼른 카운터로 간다)

혜주 …여보.

중도 응? 왜?

혜주 (화나서 따지는 톤은 아닌) 방금 비서관님한테 들었는데… 내 영산 일… 공개하기로 한 거. …어제 낮에… 이미… 결정 내려놓고 나서 밤에 나한테 물어본 거야?

중도 …!

혜주 ! 정말…이야…?

잠시 침묵.
혜주, 제발 오해라고 해주길 바라면서 중도의 대답을 기다리는데….

중도 …어. 맞아.

혜주 !!

그때 민석과 자영이 커피 캐리어와 쿠키 쇼핑백(혹은 조각케이크 상자) 들고 온다.

중도 (둘을 보자 아무 일 없다는 듯) 먼저 올라가 있어요. 잠깐만 얘기 좀 하고 갈게요.

민석 (분위기 전혀 눈치 못 채고) 네! (혜주에게) 사모님 커피 감사합니다. (꾸벅 하고 가려다가 얼른 티백 택 나와 있는 종이컵 하나 중도 앞에 내려놓고) 아, 요거 의원님 꺼 티요. 그럼 먼저 가보겠습니다. (꾸벅)

민석과 자영 가면. 정적 흐른다.
혜주, 대체 무슨 말을 어떻게 해야 하지 싶은데….

중도 솔직히 말할게. 맞아. 어제 낮에 결정한 거 맞아.

혜주 …….

중도 어제 말했듯이… 강순홍 의원은 침묵하기로 했지만 진승희씨나 그 어머니가 당신 그 일을 폭로하는 건 시간문제야. 하지만 당신이 잘못하지 않은 일이라고 해도 일단 터지면 지저분해지니, 그쪽에서 먼저 터뜨리기 전에 우리가 선제적 대응을 해야 돼. 그래서 준비를 미리 시작한 것뿐이야.

혜주 …그런 것… '뿐'이라니. 나한테 먼저 물어봤어야지.

중도 그래서 상의했잖아.

혜주 그래, 상의했지. 그런데 다 정해놓고서 나한테 상의한 거잖아. 미리 다 준비해놓고서 왜 그렇게 물어본 건데?

중도 …….

혜주 내가 끝까지 허락 안 했으면? 그냥 밀어붙이려고 했어?

중도 아니.

혜주 …….

중도 밀어붙일 수도 있었겠지만, 당신을 존중하니까, 제안하듯 물어본 거야. 당신이 공개를 허락해줄 거라고 생각했으니까.

혜주 …여보. 난 지금 뭐라고 해야 할지 모르겠어. 다른 일도 아니고… 그 일은… 내가 어제 얼마나 고민하다가 결정한 건데….

중도 미안해. 내가 잘못했어. 언제 터질지 모르는 일이니까 최대한 빨리 준

비를 해놓으려다가… 내가 너무 성급했어. …미안해.

혜주 ……….

중도 ……….

혜주, 화도 나지만 마음이 너무 혼란스럽다. 막 화를 내기도 애매한….

9……. 중도 지역사무소_ 문 앞 복도 → 안 (낮)

혜주와 헤어져 들어가는 중도. 굳은 표정으로 계단 올라왔다가(혹은 엘리베이터에서 내려서 오다가) 문 앞에서 잠시 멈추고 굳은 얼굴 지운다.

중도 (문 열고 들어가며) 안녕하십니까-

운규, 성훈, 연우, 민석, 자영. 커피와 쿠키(케이크). 수다 떨고 있다가 얼른 일어난다.

운규 의원님 오셨습니까-

성훈/연우 (운규와 동시에) 안녕하십니까.

운규 (웃으며) 데이트하셔서 그런가 얼굴이 유난히 피셨는데요?

중도 하하, 티 나나요? …저 오늘 일정이 빡빡해서, 회의 얼른 하시죠.

일동 네. / 넵. (각자의 커피 컵 들고 일어서면)

연우 (보니까 중도는 음료가 없다) 의원님 차 좀 드릴까요?

중도 아, 그럼 커피 좀 부탁해요. 고마워요. (회의실로 들어가면)

일동, 따라 들어가고. 연우, 커피메이커에서 커피 따른다. (커피 잔과 잔 받침)

10…… 카페_ 안 (낮)

중도가 떠난 테이블. 혼자 앉아 있는 혜주. 마음이 복잡하다.
테이블 위, 중도가 손도 안 댄 종이컵 하나만 덩그러니 있다. 매달려 있는 티백 택.

11 ...... 영산 시내. 달리는 유신의 차 안 (낮)

박 기사 운전. 뒷좌석의 유신, 핸드폰으로 통화 중이다.

유신 (통화) 네?? 형부, 뭐라고요? 그 사람이 박 사장 얘길 했다고요??

12...... 강순홍 의원실_ 의원실 + 달리는 유신의 차 안 (낮. 교차)

유신과 핸드폰으로 통화 중인 강순홍.

강순홍 (통화, 짜증) 그렇다니깐.

플래시백 10회 신45의 인서트. 의원회관_ 의원차량 승하차장, 정차한 강순홍의 차 안 (밤)

중도 영산 양천리의 박 사장이 일을 참 잘하더군요?

강순홍 !!

현재

유신 아니, 대체 박 사장을 어떻게 안대요??

강순홍 (통화) 그거야 모르지!

유신 !! 그럼 어떡해요, 이제??

강순홍 (통화) 이 껀은 내가 알아서 할 테니까 처제는 당분간 몸 좀 사리고//

유신 (O.L. 안달복달해 말 자르는) 몸만 사린다고 돼요?! 이러다 우리, 큰일 나는 거 아니에요?!

강순홍 (통화, 짜증) 이거 문제되면 제일 곤란해지는 건 처제가 아니라 나야!

지금 총선이 코앞인데!!

유신 (통화) 저도 큰일 나요!! 아니, 형부만 믿고 있으라더니 지금 박 사장을 안다면서요! 그럼 같이 대책을 강구해야 할 거 아니에요?! 그 남 뭐시기 입을 어떻게 막을 건데요?!

강순홍 (통화, 버럭) 거, 잘 알지도 못하면 조용히나 있어, 그냥! 남중도 부인이 승호 죽게 한 옛날 그 영산 여자앤 거 몰라?!

13...... 영산. 독일부동산_ 앞 (낮)

부동산 앞에 도착한 유신의 차. 유신, 통화하며 차에서 내리다가 그대로 멈춘.

유신 (통화) …네?!! …형부, 방금 뭐라고….

강순홍(F) 남중도 부인이, 승호 죽게 만든 그 여자애라고!!

유신 (통화) !! …김재은…이요…??

14...... 책수선실_ 안 (낮)

종이 롤은 사 가지고 온 그대로 작업대 위에 있고. (정리 안 한. 가방도 그냥 옆에 둔)

그냥 가만히 앉아 있는 혜주. 마음이 너무 복잡하다.

그러다 정신 차리자 싶어 자리에서 일어나서 종이 롤 정리하려는데, 구석에 둔 택배봉투가 눈에 들어온다. (8회 신76의 프린트포토 봉투. 9회에서 책손님에게 사진 주려고 갖고 왔던 것)

혜주 …….

혜주, 봉투 집어서 안에 든 것 꺼내 보면… 지훈이 사진들 한 뭉치다. (맨 뒤에 수빈의 사진 1장 있지만 여기에선 잘 보이지 않음)

짧은 jump

혜주, 핸드폰으로 어딘가(지훈이 외삼촌)에 전화한다. 혜주의 앞에, 포장한 지훈의 사진 있다. 책수선 포장지로 포장해서 가름끈으로 한 바퀴 둘렀고, 사진들 제일 뒤에는 사진 크기의 두꺼운 하드보드지도 한 장 대서 구겨짐을 방지한 정성스런 포장.

혜주 (통화, 좀 어색하고 긴장) 여보세요. 네, 안녕하세요. 외삼촌님. 저… 서울에 지훈이… ('엄마'라는 말이 나오지 않아 말끝 흐리는데, 상대방이 뭔가 말하자) 네. 그동안 안녕하셨지요? 어머님도 건강하시구요? 네… 저… 택배를 하나 보내드리려고 하는데 제가 갖고 있는 주소가 맞는지 해서 연락드렸어요.

15…… 우체국 혹은 우편취급국_ 외경 (낮)

간판: 서울 지청동 우체국.

16…… 동_ 안 (낮)

혜주, 지훈이 사진을 넣은 갈색 서류봉투[2] 들고 창구로 가면서 프린트포토 봉투(택배송장 뗀)를 비닐 분리수거 휴지통에 넣는데… 한두 걸음 멀어져가다가 퍼뜩 뭔가를 깨닫고 다시 휴지통에서 프린트포토 봉투 꺼낸다.

혜주, 프린트포토 봉투 열면… 수빈의 사진 1장 들어 있다.

수빈의 사진을 꺼내는 혜주. 어떻게 하지 하다가 가방에 그냥 넣고. 프린트포토 봉투는 다시 버리고 창구로 간다.

2 택배 송장의 '보내는 사람'은 혜주 대신 중도 이름. 집 주소. 핸드폰 번호만 혜주 번호. // 받는 사람: 경북 상주시 양춘면 소담길36 정수철 님 (우편번호 37059)

17...... 영산. 골프레슨장_ 안 (낮)

매장 로비. 승희, 골프장 직원1(여, 30대 중반/중간관리자)과 대화 중이다. 옆에서 신규회원1, 2(30대 커플), 레슨 등록 서류 작성 중.

승희 서울 본사에 갔다구요?

골프장직원1 네. 점장님 뵙기로 하신 거예요?

승희 (들은 게 없다, 좀 의아) 아, 아뇨. 그냥 지나가다가 들렀어요.

18...... 책수선실_ 안 (낮)

혜주, (종이 롤은 정리했고) 파손된 책의 표지에 붙어 있는 종이(면지)를 손과 송곳을 이용해 뜯어 제거하고 있는데, 핸드폰에 전화 오는 진동음 들린다.

가방 안에서 들리는 소리. 혜주, 가방에서 핸드폰 꺼내는데… 기영의 전화다.

19...... 달리는 기영의 차 안 (낮)

운전하며 핸즈프리로 혜주와 통화하는 기영.

기영 (통화) 어, 혜주야. 잘 있었지? 나 지금 서울 가는 길인데…

20..... 책수선실_ 안 (낮)

기영(F) 혹시… 잠깐 만날 수 있을까?

혜주 (통화) …그래.

21...... 중도 의원실_ 사무실 (낮)

빛나와 우재, 강호.

강호는 자리에서 영수증 붙이고 있고. 빛나, 일하는 중.

우재, 자리에서 가방 챙겨 일어난다.

우재 저 지역사무소 좀 다녀오겠습니다.

빛나 아, 최기영씨 만나시는 거죠?

우재 네. 여의도는 혹시 강순홍 의원 마주칠까봐요.

빛나 그러게요. 근데 저 사실 최기영씨 좀 걱정돼요.

우재 뭐가요?

빛나 땅투기 증거 넘겨주는 거, 물론 정의로운 일이지만 사실 와이프와 처가를 배신? 했다고 해야 하나… 그렇잖아요. 진승희씨가 이거 알면 배신감이 엄청날 텐데….

우재 …….

빛나 최기영씨가 비밀 지켜달라고 한 거 봐선 이혼할 생각은 아닌 것 같은데… 이게 만약 저랑 제 남편 일이라고 생각하면 일의 옳고 그름을 떠나서 좀… 불안불안하거든요. 세상에 영원히 감출 수 있는 완벽한 비밀이란 건 없는데….

우재 …있을 겁니다.

빛나 네?

우재 완벽한 비밀이란 거요. …있을 겁니다.

빛나 ?? 아아, 네, 물론 저희는 절대적으로 최기영씨 비밀 지켜드려야죠!

우재 …네. 그럼 이따 봬요. (나간다)

빛나/강호 네, 다녀오세요~ / 다녀오십시오!

22 ..... 책수선실_ 안 (낮)

마주 앉은 혜주와 기영. 수선실 커피메이커에서 따른 커피 두 잔.

기영 …미안해.

혜주 (보면)

기영 …….

플래시백 8회 신15. 카페_ 안 (저녁. 해당 신 편집)

기영 …승호 일 말이야… 사과… 해줄 수 있을까?

혜주 …!

기영 니가 잘못한 일이 아니라 해도… 자식 잃고 가족 잃고 남은 사람들의 고통… 너도… 잘 알잖아….

혜주 (눈동자 흔들리는)

현재

기영 그때 내가 했던 말들이 너한테… 많이 상처였을 것 같아. 미안해. 나한테 승희는 너무 소중한 사람이라서… 감정이 앞섰던 것 같다.

혜주 …….

기영 내가 니 남편 돕기로 한 것도 실은 다 승희를 위해서야. 나는 승희가… 장모님의 민낯을 똑바로 직시했으면 좋겠어. 그게 승희를 위한 일 같아서… 나 혼자 저지른 일이야.

혜주 …혹시라도 승희가 알게 되면… 상처받지 않을까?

기영 …받겠지. 하지만 나로선 어쩔 수 없는 선택이었어. 나도 지쳤지만 승희는 더 많이 지쳤어. 나는 승희가… 장모님의 그늘에서 벗어나서 조금이라도 행복해졌으면 좋겠어.

혜주 …….

기영 그래서 도박을 한 거야. 이 일이 끝나면… 어떻게든 변해 있겠지. 그게 어떤 모습일진 몰라도… 지금하고 똑같지만 않으면 돼.

플래시백 10회 신45. 혜주 집_ 안방 (밤. 편집)

중도 나는 최기영씨, 안 믿으니까.

혜주 !

중도 강순홍 의원과 짜고 내 뒤통수치는 걸 수도 있어.

혜주 기영이는 그럴 사람 아니야.

중도 (단호) 그럴 사람이 아니라는 건 없어.

혜주 (순간 표정)

현재

혜주 …기영아. 나는… 너를 믿어. 그러니까… 다… 잘…될 거야.

기영 (가만히 바라보다가 미소) …고마워.

혜주 (마주 보는) …….

23..... 국회의사당_ 야외 일각 (낮)

국회의사당 본관에서 나와 의원회관으로 걸어가는 진석과 경민(둘 다 가방 없이).

산책 나온 국회어린이집 아이들 7~8명(4, 5세/형광색 단체조끼[3]), 인솔교사 3명(전원 여, 20대 중반~30대 중반)과 스쳐 지나가는데.

남아(E) (반가운) 어!! 티비에 나오는 할머니다!!

진석 (걸음 멈추고 보면)

남아 (진석을 가리키며 크게 외치는) 우리 엄마 아빠가 맨날 욕하는 할머니!!!

인솔교사들("어머, 문교야!")과 경민 당황하는데 웃음 터지는 진석. 남아에게 다가간다.

진석 (눈높이 맞추며, 웃음기) 엄마 아빠가 할머니 보고 뭐라고 하시는데?

남아 (순진무구) 일은 안 하고 맨날 밥그릇 싸움만 한대요!

3 〈국회어린이집〉 02-XXX-XXXX (전화번호)

진석 ……….

남아 저가 저번에 식탁에서 누나랑 싸워서 밥그릇 쏟았는데요, 그래서 이제 엄마가 식판에 밥 준다요? 할머니도 싸우지 말고 식판 쓰세요!

진석, 웃으며 남아를 귀엽다는 듯 쓰다듬고. 인솔교사들, 아이들 데리고 간다.
아이들 가면, 진석의 얼굴에서 웃음기 가시고 생각이 많아지는….

24….. 의원회관_ 상행 엘리베이터 안 (낮)

진석과 경민. 1층에서 타서 8층으로 올라가는 중. 진석, 생각이 많은 얼굴로 엘리베이터 안의 모니터 속 단신 뉴스(텍스트)에 시선 머물고 있다.

경민 (진석이 물어봐서 대답하는) 이번 국회의 법안 처리율은 현재까지 약 28%로 역대 최저입니다.

진석 ……….

엘리베이터 8층에 멈춰 문 열린다.
진석과 경민 내리면, 진석이 보고 있던 모니터 속 뉴스 중, '법사위 계류 법안 1000개 육박… 여야 정쟁에 발목 잡힌 민생법안'.

〈어제 정치 주요 뉴스〉
국회의원 10명 중 8명 재산 늘어… 1위는 1931억 임상길
현역 국회의원 96%, 성범죄 예방교육 미이수하고도 과태료 안 내
법사위 계류 법안 1000개 육박… 여야 정쟁에 발목 잡힌 민생법안
이민재 전 대한당 당대표 "내년 총선 출마 안 해" 5선 도전설 일축
'국가 암테이터 활용' 백성민·조재익·유광희 국회의원 토론회 개최

25..... 책수선실_ 건물 근처 골목, 달리는 유신의 차 (낮)

운전석 유신(운전 능숙하지 않음), 여기저기 골목을 살펴보며 서행하고 있다.

유신 (혼잣말) 동네에 복덕방이 왜 하나도 없어? 주솔 물어봐야 되는데!

그때 차 멈추는 유신! 저 앞에… 주차된 차 앞에 서서 이야기 나누는 남녀가 보이는데, 남자… 기영이다! (혜주는 돌아서 있어 뒷모습. 누군지 알아보지 못함)

유신 !! 뭐야? 재가 지금 왜 여깄어?

26..... 동_ 건물 근처 골목, 주차한 기영의 차 앞 (낮)

주차한 기영의 차 앞에서 이야기 나누는 혜주와 기영.

혜주 그럼… 조심해서 가.

기영 그래. (뾰북! 차 문 열고 타려다가 갑자기 어떤 생각, 혼자 피식 웃는)

혜주 (웃는 것 보고) ? 왜?

기영 (웃으며) 아니, 갑자기 옛날 생각이 나서. 나 옛날에 너 진짜 많이 좋아했었다?

혜주 (미소) …사실 나도 그때 너 좋아했어.

기영 (웃음 터진다) 아, 진짜? 그럼 그때 내 고백 왜 거절했어?

혜주 (살짝 장난스럽게) 승희가 너 좋아했잖아.

기영 …아. (웃는) 맞다. 그래서 그랬구나.

27..... 동_ 건물 근처 골목, 주차한 기영의 차 근처 (낮)

차 얼른 세우고 내리는 유신. (신26의 대화는 듣지 못한)

유신 (기영을 보며 혼잣말) 여기서 뭐하고 있는 거야? (하는데) …!!

살짝 돌아서는 혜주. 유신, 혜주의 얼굴을 본다!

유신 !!! 김재은…?!

유신, 당장 둘 앞에 나서려는데! 멈칫. 대화가 들린다.

혜주 참, 그 영산 땅투기 껀… 우리 남편 도와주기로 한 거… 고마워.

유신 !!

혜주 너도 정말 큰 결심//(한 건데 잘될 거야)

유신(E) 야!!

혜주와 기영, 소스라치게 놀라서 보면, 유신이다!!

혜주 (유신을 알아보고 소스라치게 놀라 뒷걸음질 치는) !!

기영 !! 어머니…!

유신 (기영에게 잡아먹을 듯) 야!! 남중도한테 박 사장 찌른 거, 너였어?!!

기영 !!!

혜주 (얼어붙어 있는데)

유신 (기영에게) 니가 어떻게 내 뒤통술 이렇게 쳐! 내가 해준 게 얼만데!!! (난리치다가 혜주와 눈 딱 마주치자 혜주에게 달려든다!) 너!! 김재은!!! (혜주 뺨 때린다!!)

혜주 !!

유신 우리 아들 죽이고 도망가면 내가 너 영영 못 찾을 줄 알았니?? 응??

기영 어머니!! 이러지 마세요!! (유신을 말리는데)

혜주 (완전히 얼어붙었고)

유신　(기영에게) 이거 봐!! 니가 어떻게 저년이랑 붙어서 내 뒤통수를 쳐!!!

기영　그런 거 아니에요, 어머니! 혜주야, 넌 들어가!! 얼른!!

유신　(O.L.) 아니긴 뭐가 아니야!! 내가 다 봤는데!! 내 아들 죽인 년이랑 같이 나 엿먹일 생각하니까 좋디?!!

기영　(폭발해 고함) 그런 거 아니라고요!!!

기영의 고함에 깜짝 놀라는 유신. 몸싸움하듯 달려들던 것 멈춘다.
잠시 흐르는 정적.

유신　(기영과 혜주를 노려보며) …내가, 너네 둘 다 절대로 가만 안 놔둬.

유신, 자기 차로 가 탄다. 바로 떠나는 유신의 차!
혜주, 아직도 얼어붙어 숨만 겨우 쉬면서 서 있는데.

기영　(얼른 자기 차에 타며) 혜주야, 다시 연락할게!

기영의 차, 바로 유신의 차를 뒤쫓아간다. 유신과 기영이 사라지자 혜주, 그제야 휘청. 옆에 어딘가에 겨우 기대선다. 창백해진 얼굴, 붉게 손자국 난 뺨.

28….. 칵테일 바_ 안 (낮)

마주 앉은 수빈과 정대.

수빈　(조심스럽게) …오빠. 내 핸드폰 돌려줘.

정대　(싱글싱글, 다정) 수빈아. 오랜만에 만났는데 뭐가 그렇게 급해.

수빈　…부탁이야. 핸드폰 돌려줘.

정대　아, 알았어. 근데 돈은. 가져왔어?

수빈 핸드폰 주면 톡으로 보낼게.

정대 (가만히 수빈 쳐다보다가 핸드폰 내민다) 그래. 자, 여기.

수빈 …고마워.

수빈, 핸드폰 여는데, 잠금 걸려 있고. 비밀번호나 지문으로 연다.
수빈, 카톡 열고 송금하는데. (정대 프로필[4] 찾아 카카오뱅크로 바로 송금하는데 정대 이름은 화면에 노출되지 않는다)

정대 근데 그 핸드폰에 뭐 중요한 거라도 들어 있냐? 백만 원이면 그냥 새 걸 사지, 왜 굳이?

수빈 ! (아무렇지 않은 척, 송금하면서) 그냥 쓰던 거 쓰는 게 편하잖아. (송금 끝, 핸드폰 내려놓으며) 보냈어.

정대의 핸드폰이 까똑! 울린다. 정대, 핸드폰 집어서 돈 받기 누른다.

정대 땡큐. (별 얘기 아니라는 듯 툭,) 참, 나 어제 남지훈 엄마 만났다?

수빈 !! 지훈이네 엄마…? 어떻게…?

정대 아, 니 핸드폰에 010번호로 전화 오길래

인서트 핸드폰 사설수리소_ 가게 앞 (낮)

'핸드폰 잠금 해제 / 전기종 가능' 쓰여 있는 가게 앞에 서 있는 정대.
방금 가게에서 나와 서 있는. (락 풀어서 나온) 수빈의 핸드폰 들고 있는데 정대가 보고 있는 것, 혜주가 수빈에게 보낸 카톡들이다.
정대, 피식 웃더니 혜주('등록되지 않은 친구' 상태)를 차단하고 혜주가

4 수빈이의 카톡 화면이 보여야 한다면, 첫 화면인 친구 목록에 즐겨찾기로 되어 있는 사람이 정대 1명뿐. 그러나 저장한 이름이 정대가 아닌 '오빠'. 정대의 카톡 프로필 사진은 허세 느낌의 본인 사진.

보낸 메시지들을 전부 삭제한다. (혹은 채팅창 목록[5]에서 혜주와의 채팅창 '나가기'. 혜주가 메시지 보낸 것을 수빈이 모르게 하려는 목적) 그리고 최근통화목록에 들어가서 혜주 번호를 차단한다.

현재정대(E) 넌가 해서 받아봤거든. 근데 남지훈네 엄마더라고.

현재

수빈 (혜주가 무슨 얘길 했을까 불안하지만 티 내지 않으려 애쓰는데)

정대 (수빈의 동요 읽었지만 아무것도 모른다는 듯) 근데 너, 남지훈네 집에 있었다며?

수빈 !!

29..... 책수선실_ 안 (낮)

들어온 혜주. 문 꼭 잠근 것 확인하고, 문에 기대서는데… 다리에 힘이 없다.

그대로 스르르 무너지듯 쪼그려 앉아 진정하려 애쓰는 혜주. 맞은 뺨이 뜨겁다.

작업대 위, 널브러져 있는 뜯어낸 면지 자투리들. (파괴적인 느낌)

30..... 동_ 근처 골목길, 달리는 유신의 차 안 (낮)

유신, 운전하면서 한 손으로 핸드폰 연다. 손이 덜덜 떨린다.

승희에 전화 거는 유신. (운전석 앞쪽으로, 골목 끝에 큰길 보인다)

31...... 승희 집_ 현관 (낮)

5 수빈의 카톡 채팅창 목록이 보인다면 혜주의 채팅창 제외하고 액정화면에 보이는 것은 전부 패션, 뷰티 브랜드 광고채널들. 읽지 않은 메시지 231개.

집에 들어오는 승희.

승희 (들어오며) 엄마~ 나 왔어~ (조용하자) 엄마~ (역시 조용하자 혼잣말) 어디 나갔나? (하는데 핸드폰 전화 온다)

승희, 핸드폰 꺼내 보면 유신이다.

승희 (전화 받는) 어, 엄마. // (어디야?)

유신(F) (O.L., 흥분) 승희야, 너 당장//(이혼해!)

(F) (O.L., 핸드폰 너머에서, 브레이크 끼익! 소리와 차량 충돌 사고 소리!)

승희 (통화) ?!! 여보세요? 엄마?? 엄마아!!!!!

32..... 책수선실_ 근처 골목길, 달리는 기영의 차 안 (낮)

급하게 유신의 뒤를 따라가는 기영(운전석), (큰길과 이어지는) 골목길로 꺾는데!

기영 !!

급히 차 세우는 기영. 차창 앞, 유신의 차 사고현장이 보인다!
골목을 빠져나가 큰길로 나가려던 유신의 차가, 큰길에서 골목으로 들어오던 차와 충돌한 현장. 유신의 차 운전석 쪽이 받혔고(유리도 좀 깨진). 사람들 모여든다.

기영 !! (내려 뛰어간다) 어머니!!

33..... 칵테일 바_ 안 (낮)

정대 근데 웬 남지훈? 너 걔네 집에서 살 정도로 둘이 친했냐?

수빈 !!

플래시백 9회 신48. 화장품 매장_ 안 (낮)

수빈 나… 임신한 거, 말 안 했지? 설마, 했어??

수빈모 내가 미쳤니! 그게 뭐 자랑이라고!

현재

수빈, 불안한 얼굴로 정대를 보지만, 정대, 아무것도 모르는 듯한 얼굴.

수빈 …남지훈 집 잘살잖아. 걔 아빠도 이미지 좋은 국회의원이고. 그래서 간 거야. 뭐라도 좀 뜯어낼 게 있을까 해서.

정대 아하. 그래서 뭐 좀 뜯어냈냐?

수빈 …아니. 집에 돈 없더라.

정대 그치? 남지훈 그때 사고친 것도 집에서 합의금 겨우 마련했을걸?

수빈 …….

정대 암튼 근데, 아줌마가 너 불쌍해서 먹여주고 재워주고 했는데 말도 없이 사라졌다고 짜증내던데?

수빈 …!

정대 그래도 걱정 마. 너랑 연락한단 소린 안 했어. 뭐 관심도 없어 보였지만….

수빈 (반신반의) 아줌마가… 정말 그래?

정대 …어. 국회의원 부인인데 뻔하잖아. 너한테 왜 잘해줬겠냐? 다 지 남편 미담 같은 거 만들려고 그런 거지. 선거 얼마 안 남았잖아.

수빈 (믿을 순 없는데… 진짜 같다…)

정대 아 참 이거.

정대, 뭔가를 건네는데. 보면, (10회 신30의) 작은 쇼핑백이다.

정대 아줌마가 너 주래.

인서트 카페_ 밖 (낮. 10회 신31 + 보충)

정대 그럼 안녕히 가세요. (꾸벅)

혜주 잘 가요.

걸어가는 정대, 순둥순둥했던 표정 사라지고 서늘해지는.

정대 (혼잣말) 남지훈 애는 확정인데. 재밌네. (하는데)

혜주(E) 아, 저기요!

정대 ? (돌아보는)

혜주, 정대에게 쇼핑백 내민다.

혜주 이거, 수빈이가 우리 집에 두고 간 건데… 혹시 수빈이 만나면 좀 전해줄래요? 쓰던 것들이라 필요할 것 같아서….

정대 …네. (받는다)

현재정대(E) 니가 두고 간 짐이라던데,

현재

정대 이거 찾아간다고 집에 '절대' 안 왔음 좋겠대.

수빈 !

정대 (피식) 다신 얽히지 말잔 소리 아니냐?

수빈 (상처받은) …….

수빈, 눈물 날 것 같지만 겨우 참는다.

그 모습 놓치지 않는 정대, 내색 않는.

34..... 책수선실_ 안 (낮)

혜주, 떨리는 손으로 핸드폰 연다. 중도에게 알려야 한다.

35..... 중도 지역사무소_ 회의실 (낮)

유리창 너머로 사무실에서 일하는 운규, 성훈, 연우 모습 보이고.
회의실 안의 중도와 우재. 중도와 우재 앞에 다 마신 빈 커피 잔.
중도, 걸고 있던 전화 끊으며 핸드폰을 테이블에 내려놓는다. 액정에 떠 있는 전화 상대방 이름, 기영이다. (3번째 전화 건 것, 모두 통화 안 됨)

중도 (불쾌) 연락두절.

우재 …….

중도 ……. (핸드폰 집어 들며 일어난다) 갈까?

우재 네. (일어나는데)

중도의 핸드폰에 전화 온다! (벨소리)
중도, 기영인가 싶어 보는데… 혜주다.

중도 ? (아까 다퉜는데 뭘까… 게다가 우재가 있어 바로 받게 안 되는데…)

우재 (왜 안 받지?) 최기영씹니까?

중도 …아니야. (받는다) 어, 여보. 무슨 일이야? // …뭐? 이유신씨를 만났다고?? 언제??

우재 ?!

36..... 책수선실_ 안 + 중도 지역사무소_ 회의실 (낮. 교차)

혜주 (통화) 방금… 내가 당신 부인인 것도 알고… 기영이가 당신 만나려고 한 것도 알고 갔어….

중도 (통화) !!

혜주 (통화) 그래서 전화한 거야… 문제될 것 같아서… 당신 곤란한 일 생길까봐….

중도 (통화) …알았어. …당신 많이 놀랐겠다.

혜주 (통화, 순간 울컥하지만 참는) …나는 괜찮아….

중도 (통화) …이 일은 내가 정리할게. 걱정하지 마. 나 믿지?

혜주 (통화) …응….

37..... 중도 지역사무소_ 회의실 (낮)

중도 (통화) 지금 어디야? // 그럼 오늘은 집에 일찍 들어가고. 혹시 또 찾아오면 나한테 바로 전화해. // 그리고 여보. 아까 일은…(까지 말했다가 우재 의식되어 한 번 쳐다보고) …미안해. …어. 그럼 집에 얼른 가. 어. (끊고 우재에게) …이유신이 다 알았다고 그러네.

우재 괜찮습니다. 저희가 좀 서두르면 되죠.

중도 …….

38..... 책수선실_ 안 (낮)

전화 끊은 혜주. 마음이 불안하다.

39..... 칵테일 바_ 안 (낮)

종업원(남, 30), 테이블에 독한 양주 두 잔 놓고 간다.

정대 (여유롭게 권하는) 한 잔은 니 꺼야. (수빈 앞으로 한 잔 밀면)

수빈 …난 괜찮아. 오빠 마셔. (다시 정대 쪽으로 미는데)

정대 왜. 약이라도 탔을까봐? (장난치듯) 야아, 내가 그런 양아친 아니잖아?

수빈 …….

수빈, 잔 들면. 정대, 살짝 부딪히고 원샷.

수빈, 망설이다 원샷. 독해서 기침 콜록. 정대, 그런 수빈을 흠… 하며 보고 있는데. 수빈과 눈 마주치자 생긋 웃는다.

잠시 침묵 흐른다. 수빈, 떨리지만… 마음 다잡고 용기 낸다.

수빈 …오빠.

정대 응?

수빈 (용기 내어) …우리, …헤어지자. (긴장해 대답 기다리는데)

정대 (가볍게) 그래.

수빈 …!

정대 (씨익 웃으며 수빈 보는)

40….. 다온 산부인과_ 건물 외경 (낮)

41…… 동_ 3층 엘리베이터 홀 (낮)

여진, 엘리베이터 기다리고 있다. 여진의 뒤로, 피부과 엑스배너 옆에 '안영인 정신의학과' 간판. 여진, 접은 처방전 종이[6] 들고 있는데, 의료기관 명칭: 안영인 정신의학과. 내려오는 엘리베이터 멈추고. 문 열린다. 여진, 타는데… 지수가 있다.

지수 어머, 안녕하세요.

여진 (멈칫) …안녕하세요. (처방전 종이를 몸 뒤로 하는)

42….. 동_ 하행 엘리베이터 안 (낮)

6 질병분류기호부터 보이지 않도록 종이 끝단을 질병분류기호 줄을 덮게 반으로 접어서 줬습니다. 그래서 약 이름이 안 보이지만 필요하다면 수면제 종류로.

(1층과 지하층 눌러져 있고) 엘리베이터 안에 붙여놓은 층별 안내에 '다온 산부인과' 있다. (정신과보다 위층)

여진, 지수를 마주친 게 좀 불편한데. 지수, 친근하게 말 붙이는.

지수　참, 저번에 병원 오셨을 때 너무 오랜만에 봬서 몰라봤어요.

여진　(순간 표정 살짝 흔들리지만 다잡는데)

지수　그날 많이 놀라셨죠. 같이 오신 환자분 복통이 좀 심하셨어서.

여진　……. (주저하다가) 저 근데요. 그날 병원에서 뵌 거… 그때 부탁드린 대로 다른 사람들한테는 말하지 말아주세요. 네…?

지수　아, 네! 그럼요!

여진　네. 감사해요. (하지만 좀 불안한 얼굴)

43….. 동_ 건물 앞 (낮)

(지수는 지하주차장으로 갔고) 혼자 나온 여진. 부동산에 전화 중.

여진　(통화) 네, 저 칼국수집인데요. 가게 내놓은 거, 빨리 좀 안 될까요?

44….. 칵테일 바_ 밖 → 골목 혹은 거리 (낮)

혼자 나오는 수빈. 불안한 얼굴. 혹시 정대가 쫓아올까 불안해 자꾸 뒤를 돌아보면서 걸어간다. 거의 뛰듯이 점점 빨라지는 발걸음.

길모퉁이 돌면, 숨차서 멈춰 서고. 들고 있는 쇼핑백을 본다. (제일 위에 넣어둔 티셔츠 말고 다른 내용물은 보이지 않는다)

수빈　…….

45….. 동_ 안 (낮)

혼자 남아 있는 정대. 누군가와 핸드폰 통화 중이다.

정대　(통화) 어, 이제 그 계좌 쓰지 말라고. 다른 계좌 줄게. 어. 어- (끊는다)

그때 재익(남, 30대 초반/친한 형, 바 주인) 다가온다. 근처에서 대화를 다 들은.

재익　야, 너 방금 개랑 헤어진 거야?

정대　음, 헤어지이…긴 헤어졌는데.

재익　? 근데?

정대　(뒤통수 만지며, 쎄하게) 뒤통수에 혹이 났어. 형, 나 이거 한 잔 더 줘요.

재익이 가면. 정대, 수빈이 비우고 간 양주잔을 본다.

정대　(혼잣말) …얘는 지운 건가? (흠…) 뭐… 그래도 확실하게. (다시 핸드폰 집어 들고 어딘가에 전화 건다) 어, 예은아. 너 어디 좀 갔다 와라.

46..... 의원회관_ 외경 (낮)

47..... 동_ 법제사법위원회 회의실. 본관 406호 앞 복도 (낮)

'법제사법위원회 회의실' 명패. 회의실 문 닫혀 있다.

48..... 동_ 법제사법위원회 회의실 안 (낮)

중도, 진석, 강순홍 포함한 대한당과 보국보민당, 무소속 국회의원 총 17명(여성 4~5명)과 법사위원장, 법사위 전문위원 3명(남2, 여1), 정부 각종 부처에서 불려온 고위직들 3~4명, 서기 2명, 영상녹화원 등. 배석해 있는 보좌관들 사이에 우재, 형태, 경민도 있다.
이수민 의원을 공격하고 있는 보국당 의원들. 살벌하게 고성이 오가며 소란스럽다.

보국당의원1 (이수민 의원에게, 삿대질하며) 법 안 지켜요? 뭐하고 있는 거예요!

보국당의원2 (이수민 의원에게) 법사위에서 법을 안 지키나!!

보국당의원3 (동시에) 맞습니다!

이수민의원 (보국당 의원들과 거의 동시에) 위원장님, 의사진행 발언 주세요!

위원장 잠깐만요, 법사위 위원님들은 손을 들고 발언권을 얻어서 발언해주시고요.//(회의 진행에 협조 부탁드립니다)

이수민의원 (O.L.) 아니, 위원장님, 듣자 하니까 하도 어이가 없어서 그래요!

위원장 (땀 삘삘) 다시 한번 간곡하게 제가 당부드리겠습니다. 회의 진행에 협조해주시기 바랍니다.

강순홍 (아랑곳 않고, 이수민 의원에게 고성) 이수민 의원은 좀 조용히 좀 해!

이수민의원 (발끈해서) 지금 저한테 반말하셨어요?

진석 (O.L., 참다가) 강순홍 의원님! 반말 사과하세요!

강순홍 사과합니다. (위원장에게) 위원장님, 저희는 반대합니다!

진석 강순홍 의원님. 상정된 법안에 의문이 있으시면 저희하고 토론하시고 질의를 하세요! 대한당 법안들만 가지고 계속 말꼬리 잡지 마시구요!

강순홍 말꼬리라니요. (한심하다는 듯) 우리를 설득을 못 해놓고, 그럼 좀 인정하고 가야지 그걸 말꼬리 잡는다고 그러네, 하 나 참. (들으라는 혼잣말) 쯧쯧, 내가 차라리 우리 집 개하고 말을 하지.

진석 (막말 들었다) 지금 개라고 하셨습니까?

순간 싸해지는 공기. 잠시 정적 흐르는데.

중도 강순홍 의원님. 여기는 국회입니다.

강순홍 …….

중도 의원님이 밖에서 술 먹고 하시는 얘기하고, 여기 국회에서 정식으로 회의하면서 대화할 수 있는 이야기는 좀 구분할 줄 알아야 하지 않겠습니까?

강순홍 …….

진석 …….

중도 방금 하신 막말 사과하십시오.

강순홍 …사과합니다.

진석 …….

49..... 나라은행_ 창구 (낮)

은행직원(여, 30)이 있는 창구. 수빈, ATM카드 재발급 받으려고 왔다.

수빈 저 카드 재발급 하려구요.

50..... 동_ ATM기계 앞 (낮)

수빈, 놀란 얼굴로 ATM기계의 화면 보고 있다. 20만 원을 출금했는데 화면에 보이는 '거래 후 잔액'이 130만 원이다.

수빈 (혼잣말) 백삼십?

플래시백 10회 신22. 칼국수집_ 안 (낮)

수빈 …이백만 원만 주세요.

여진 ……. (핸드폰 열며) 계좌 알려줘.

현재/짧은 jump

ATM기계로 통장 거래내역을 보고 있는 수빈. 입출금 내역이 많다. (가장 최근 내역은 '카카오페이7' 출금 100만 원, 그 바로 전은 '현여진' 입금 250만 원)

7 수빈이가 나라은행계좌에서 정대의 카카오뱅크로 '직접' 송금한 것이 아니기 때문에 통장에는 '카카오페이'라고 뜹니다(출금 / 1,000,000 / 카카오페이) : 수빈이는 (ATM카드가 있는) 나라은행과 카카오페이를 연동시켜놨을 것이고, 카카오페이를 이용해 정대에게 송금한 것이라서요.

수빈, 여진이 입금한 250만 원에 잠시 시선 머물고.

수빈 …….

수빈, 그 아래로 시선 내리면, 입출금 내역이 많다. 일주일에 한두 번씩, 40만 원~200만 원의 금액이 실명 아닌 단어들[8]로 입금되었고 바로바로 ATM에서 전액 출금된.

수빈 (의아하다) 뭐지…? (하는데 떠오르는 기억!)

플래시백 9회 신66의 인서트. 정대의 오피스텔_ 지하주차장 (밤)

차 빼다가 정대의 외제차와 접촉사고가 난 형태, 정대와 대화 중.

형태 (짜증) 아니, 와서 박은 건 당신인데 왜 내가 돈을 줘!

정대 싫으세요? 그럼 기자 한번 불러봐요? 국회직원이 오피 다닌다고?

형태 (짜증나지만 어쩔 수 없다) …알았어. 계좌 알려줘.

정대 진작에 그러시지! (옆 사람에게) 김수빈, 니 계좌로 받아줘.

수빈 (갑작스러운 말이지만 별생각 없이) 내 계좌? 어, 알았어. (형태에게 자기 핸드폰 내밀며) 번호 찍어주세요. 문자로 보낼게요.

인서트 칵테일 바_ 안 (밤. 앞의 플래시백 직후)

정대, 수빈, 예은과 또래 친구들 3명(모두 남자). 술 마시고 놀고 있는데.

정대 (핸드폰 확인하더니 수빈에게) 수빈아, 너 현금카드 좀 줘.

수빈 내 카드?

8 코코 // 7329 // 어름 // 밀가루값 // 땡땡 // 401

정대 어. 아까 그거 돈 찾게.

현재

수빈 (입출금 내역들을 납득, 얕은 한숨 쉬며 혼잣말) …많이도 했다.

수빈, 종료하고 ATM카드 빼서 나간다.

51...... 정순의료원_ 응급실 안 (낮)

유신, 의식 없이 베드에 있다. 차 유리가 깨져 다친 얼굴 상처들(이마에 찢어져 봉합한 반창고 1~2개, 퀘맬 정도는 아니지만 피 났다가 굳은 상처들도 살짝), 멍 1, 2군데 들었다.

유신의 곁에서 초조하게 기다리는 기영, 핸드폰 꺼내 보면… 중도의 부재중 전화(3) 있다. 어떻게 해야 하나 너무 마음이 복잡한데….

승희(E) 엄마!!

기영 승희야!

승희 (눈물범벅) 엄마, 엄마!! (유신의 팔을 잡는데 유신이 의식 없자 눈물 쏟아진다, 기영에게/오면서 전화로 얘기 듣고 왔다) CT 찍었어? 뇌에 타박상이면 심각한 거 아니야? 의사가 뭐래? 수술하래?

기영 아니. 다행히 심각하진 않으시고, 입원해서 며칠 안정 좀 취하시면 된대. 의식도 곧 찾으실 거라니까 너무 걱정하지 마.

승희 (왈칵 눈물) 아, 다행이다….

기영 (승희를 안고 토닥토닥)

승희 나 진짜 이해가 안 돼. 엄마가 왜 운전을 해서 서울에? 박 기사님 말이, 부동산에 갔는데 갑자기 무슨 전활 받더니 자기가 운전하겠다고 그랬다는데…. 운전 잘하지도 못하면서, 왜? 무슨 볼일이 있어서?

기영 (대답 못 하는) …….

승희 엄마까지 잘못되면 나 진짜… 못 살아…. 아빠도 승호도 없고, 나한텐 엄마밖에 없어…. (우는)

기영 (토닥이는) 울지 마… 장모님 금방 괜찮아지실 거야…. 울지 마… 응…?

기영에 안겨 우는 승희. 그런 승희를 위로하고 있지만 마음 복잡한 기영.

52..... 의원회관_ 외경 (밤)

53..... 동_ 법제사법위원회 회의실. 본관 406호 (밤)

회의 끝나고 있다. 다들 피곤해 보인다. (벽시계 보인다면 밤 10시 30분 정도)

위원장 이상으로 오늘 회의 안건을 모두 심사했습니다. 오늘 늦게까지 안건을 심사하신 위원님들, 수고 많이 하셨습니다. 보좌진과 수석전문위원을 비롯한 위원회 직원, 속기사 여러분들도 수고 많이 하셨습니다. 산회를 선포합니다.

회의 참석자들, 서로 "수고하셨습니다." 인사 나누며 자리를 뜨기 시작한다. 강순홍, 심기 불편한 얼굴로 중도를 힐끔 쏘아보고 일어나며 핸드폰 꺼내 회의 중 온 연락들 확인하는데. 형태, 다가온다.

형태 의원님, 차량 1층에서 대기 중입니다.

강순홍, 카톡 보면서 고개만 끄덕. 자리 뜨지 않고 그 자리에 서서 카톡 답장[9]하는데.

9 "집사람"이 보낸 카톡("오늘 유신이하고 통화했어요? 그 땅 문제 빨리 좀 해결해줘봐요." // 강순

이수민 의원의 목소리[10] 들린다. (이수민 의원 목소리가 좀 큰 편인)

이수민의원(E) 근데 남 의원님 이번에 대표발의 준비하시는 형법 개정안이요.

강순홍 ?

강순홍, 힐끔 보면. 이수민 의원, 중도에게 다가가 이야기 나누고 있다.

이수민의원 (중도와 회의실을 나가면서) 저도 공동발의 서명은 했지만 사실 법사위 통과가 쉽진 않을 텐데요. 복안이 있으신 거죠?

중도와 이수민 의원, 회의실 나가면서 대화 계속 나누고. 강순홍, 둘의 대화 듣는다.

이수민의원 다음번 회의에 상정하시는 거죠?

중도 네. 아마도요.

중도와 이수민 의원, 회의실에서 나가버려 더 이상 대화 들리지 않는다. (우재와 이수민 의원의 보좌관(여, 30대 중반)도 따라 나간다)

강순홍 …형태야. 남중도가 대표발의한다는 저 법안이 뭔지 좀 알아봐라.

형태 네!

54….. 중도 의원실_ 의원실 (밤)

홍이 쓰고 있는 답장 "아침에 통화했어. 좀 기다려보라니깐")

10 아래 대화 전에는: 이수민 의원 "남 의원님 오늘 수고 많으셨어요." // 중도 "의원님도 수고 많으셨습니다." 정도 인사 나누고. (더 필요 시, 이수민 의원 "이번 주나 다음 주 정도에 차담이나 식사 한번 하실까요?" "네. 좋습니다.")

마악 들어온 중도와 우재. (다른 보좌진들은 모두 퇴근한 후라 의원실 문 닫지 않고 들어온다) 중도, "아, 피곤해." 정도 말하며 답답해 넥타이 느슨하게 잡아당기며 앉는데, 우재와 눈 마주친다.

중도 (할 말 있냐는) …왜?

우재 …다음번 법사위에 법안 상정하실 것 생각하시면 오늘 회의 때 조금 참으시는 게 좋았을 뻔했습니다.

중도 …그러려고 노력은 했지. …그나저나 최기영이는 아직까지 연락이 없는 걸 보면…//

그때 중도의 핸드폰에 전화 온다(진동). 중도, 꺼내 보는데… 기영이다.

중도 (액정에 뜬 기영의 이름을 우재에게 보여주며) 양반은 못 되는군. (스피커폰 통화 켜고 핸드폰을 테이블에 올려놓으며) 네, 최기영 선생님.

55..... 정순의료원_ 일각 (밤)

기영 (통화) 의원님, 오늘 뵙기로 해놓고 연락을 못 드려서 정말 죄송합니다. 사정이 좀 있었습니다.

56..... 중도 의원실_ 의원실 + 정순의료원_ 일각 (밤. 교차)

중도 (통화) 장모님과 선생님께서 낮에 제 아내를 만나셨다고 들었습니다.

기영 (통화) ! …네. 그래서 연락드렸습니다. …제가 땅투기 관련 자료 드리기로 한 것… 다시 생각을 해봐야 할 것 같습니다.

중도 ! (우재 쳐다보고)

우재 (중도 본다) …….

중도 (통화) 왜 마음을 바꾸신 건지 여쭤보고 싶은데요.

기영 (통화, 망설이다가) 장모님이 혜주를 만난 직후에 차 사고가 나셨습니다.

중도/우재　(좀 놀란)

기영　(통화) 이 얘긴 혜주… 아니, 부인께는 알리지 말아주세요. 오늘 이미 많이 놀랐을 거라서요.

중도　(통화, 혜주 걱정하는 기영의 말에 살짝 표정 굳은) …일단 알겠습니다. 장모님 쾌유하시길 바라고요, 다시 연락드리겠습니다.

기영　(통화) 네. 감사합니다. (끊는다)

57..... 중도 의원실_ 의원실 (밤)

중도　(전화 끊어진 핸드폰 집어 들며, 혼잣말처럼) …혜주 걱정은 제가 알아서 하겠습니다, 최기영씨.

우재　…….

중도　말만 재고지, 증거 안 주겠다는 건데. (우재 본다)

중도와 우재, 굳이 말로 하지 않아도 같은 생각이다.

우재　(핸드폰 꺼내며) …잠시만요.

우재, '언론정보03 길나희 후남일보'에게 전화 건다[11].

우재　(통화) 어이, 길나희 기자님! 밤늦게 미안. 잘 지내지? 첫째는 이제 학교 다니겠다? 어, 나 뭐 좀 하나만 부탁하자. 너 신양경찰서 출입하는 후배 있지? 오늘 신양구… 아마 지청동? 차 사고 접수된 게 있을 텐데 어느 병원으로 갔는지 해서. 응, 이름이….

58..... 정순의료원_ 유신의 병실 안 (밤)

11　전화번호부 주소록 검색하는 장면이 필요하다면 '나희'라고 검색, 길나희만 나옵니다.

1인실. 잠들어 있는 유신. 곁에 걱정스레 앉아 있는 승희. 기영, 조용히 들어온다.

승희 (문소리에 돌아본다) 김 실장님이랑 통화했어?

기영 (중도와 통화한 거지만…) 응. 매장 걱정 말고 간호 잘 해드리라네.

승희 …그래. …오늘 여기 병원에 너라도 일찍 도착해서 다행이야. 본사 갔다가 연락받고 여기로 바로 온 거지?

기영 응? 어어….

기영, 거짓말이라 마음이 불편한데. 승희, 아무 의심 없다.
걱정 가득한 얼굴로 유신의 손을 꼭 잡는 승희를 보는 기영.

59..... 혜주 집_ 안방 (밤)

탁상시계 시각 자정 조금 전이다.
마악 귀가한 중도, 혜주와 이야기 나누는.

중도 …최기영씨 말이야. 증거 주기로 한 거, 다시 생각해보겠대.

혜주 !!

잠시 침묵 흐른다.

혜주 그럼 이제… 어떡해…? 승희네 어머니가 내가 누군지 알아버렸는데….

중도 …티비… 나가자.

혜주 …! 티비…?

중도 어. 티비 나가서… 당신 옛날 그 일 말하자.

혜주 (불안, 주저) 여보, 난 티비는… 너무….

중도 지금 시간도 없고, 당신 일 공개하기에 티비만큼 효과적인 매체도 없어. 그런데 당신 일을 당사자 없이 나 혼자 나가서 밝히는 건 아무래도 진정성이 떨어져. 남편이어도 나는 제3자니까.

혜주 …….

중도 옛날 그 일, 수사가 안 되어서 당신이 거짓말 안 했다는 증거가 없잖아. 그러니까 사람들이 믿게 하려면 더더욱 당사자가 직접 나서야 돼.

혜주 …….

중도 내가 옆에 같이 있을게. 그러니까 너무 무서워하지 마.

잠시 침묵 흐른다.

혜주 …미안해. 난 그렇게까진 못 하겠어.

중도 여보.

혜주 너무 무서워. 그 일을 밝히고 난 다음의 후폭풍도 이미 두려운데… 티비에 나가서 말을 해야 한다니, 그건 정말 못 하겠어. 그냥 당신이 보도자료 써서 배포하면 안 되는 거야?

중도 말했잖아. 아무 증거가 없으니까 진정성으로 호소해야 하는데, 그러려면 당신이 얼굴을 드러내야 된다고.

혜주 …당신 혹시 이것도… 이미 다 정해두고 나한테 통보하는 건 아니지?

중도 !!

혜주 설마 그런 거야?

중도 (목소리 높아져서) 혜주야!!

혜주 어제는 티비 이런 얘기까진 없었잖아, 응?

중도 오늘 갑자기 상황이 바뀌었으니까! 정말로 그런 거 아니야!! (하는데)

윤서(E) 싸우지 마아….

혜주와 중도, 놀라서 보면. 안방 문 열려 있고(윤서가 연), 윤서다.

윤서, 방금 귀가한 복장. 책가방도 메고 있는데. 눈물 글썽글썽.

혜주 …어, 윤서 왔어? (다가가는데)

윤서 (다투는 부모가 낯설어 좀 겁먹은) 엄마 아빠 요새 왜 자꾸 싸워?

혜주/중도 !

혜주 윤서야, 엄마 아빠 싸운 거 아니구//

중도 (O.L., 부드럽게) 여보. (혜주 본다)

혜주, 중도를 본다. 중도가 무슨 생각인지 알겠다.
윤서에게 혜주 이야기를 하자는.
혜주도 그렇게 생각한다. 더 이상 윤서 모르게 진행할 수는 없는….

혜주 (결심하고) …윤서야. …엄마가…

윤서 …응?

혜주 …윤서한테… 할 얘기가 있어….

60..... 동_ 2층 거실 (밤)

혜주, 중도, 윤서. 혜주가 진승호 일에 대해 이야기한 직후다.
펑펑 울어서 눈과 코가 빨간 윤서, 손에는 구깃구깃 크리넥스.
혜주도 눈가가 붉다.

윤서 (코 훌쩍, 그러나 단호하게) 엄마. 티비 출연해.

혜주 (보면)

윤서 옛날 그 일, 엄마가 잘못한 거 아니잖아.

혜주 (울컥) …!

윤서 그러니까 티비 나가서 당당하게 다 얘기해. 그럼 아빠가 법안 꼭 통과 시켜줄 거야. 그치 아빠. 그럴 거지이?

중도 …응.

혜주 …….

윤서 그 법안이 통과되어도 엄마 일에는 적용이 안 된댔지? 그래도 엄마가 용기 내서 티비에 나가고 아빠가 열심히 국회에서 싸워서 법 바꿔주면, 미래에 또 생기는 엄마 같은 사람들을 도울 수 있는 거잖아.

혜주 …….

윤서 그 과정에서 엄마가 걱정하는 것들, 이해해. 하지만 (단호하게) 더 큰 걸 위해서는 어쩔 수 없잖아.

혜주 (순간 표정) …!

윤서 엄마. (혜주 꼭 껴안는다, 다시 눈물 난다) 엄마한텐 아빠도 있지만… 나도 있어. 그러니까 엄마, 힘내.

혜주 (다시 눈시울 붉어진다)

윤서 엄마, 사랑해….

우는 윤서. 마음 복잡한 혜주의 얼굴. 둘을 보는 중도.

61...... 동_ 실내계단 아래 (밤)

1층. 2층에서 혜주, 중도, 윤서가 나눈 대화를 다 들은 여진.

여진 …….

62..... 찜질방_ 탈의실 (밤)

로커 앞 수빈(환복 전), 로커에 에코백 집어넣고, 쇼핑백을 넣으려다가 쇼핑백 안에 든 것들을 꺼내 본다. 티셔츠, 속옷, 양말, 클렌징오일과 트러블패치인데… 티셔츠는 다림질까지 해서 잘 접어놨고. 양말과 속옷도 곱게 접어 지퍼백에 가지런히 넣었고, 화장품들도 지퍼백에 담아 넣어놓은. (신경 써서 잘 담아준 느낌이 물씬 난다)

수빈 …….

그때 옆에서 찜질방 손님인 모녀의 대화 들린다. 이미 환복하고 로커 닫고 있는 찜질방 딸(여, 22)과 찜질방 엄마(여, 40대 중반).

찜질방딸 엄마, 근데 요새 새언니한테 왜케 잘해줘? 맨날 흉보더니~ 질투 나~

찜질방엄마 걔가 예뻐서 잘해주는 줄 아니? 내 손줄 품었으니까 잘해주는 거지~ 저번처럼 유산이라도 하면 어떡해. 나 손주 봐야 하는데. (딸과 간다)

수빈 …….

수빈, 물건들을 다시 쇼핑백에 거칠게 쑤셔 넣고 쇼핑백째 로커 안에 팍! 넣는다.

63….. 정순의료원_ 건물 바깥 일각 (밤)

기영과 우재. 기영, 우재가 불러서 나왔다. 우재의 연락에 좀 놀란.

기영 여긴 어떻게 아시고….

우재 장모님은 좀 괜찮으십니까?

기영 …네.

우재 다행이네요. 아직 깨어나시지 못한 것 같아서 걱정했습니다.

기영 …네? (어떻게 그걸 알지?)

우재 (놀랐구나?) 최기영씨가 저희 쪽에 증거를 제공하기로 하신 걸 이유신씨가 아셨는데 아직까지 조용한 걸 보면… 자연스러운 추측이죠.

기영 (이 사람 보통 사람이 아니구나…)

우재 …본론만 말씀드리겠습니다. 땅투기 증거 제공하시는 걸 다시 생각해 보신다구요. 부인께서 지금 어머니가 다치셨는데 이 일까지 알게 되면 충격이 클까봐 그러신 건가요?

기영 …!

우재 그럼 이 일을 저희가 진승희씨께 직접 알려드리면… 정말 큰일 나겠군요?

기영 !!

우재 그럼 연락 주세요. 제가 성격이 급해서 시간을 많이는 못 드립니다.

64..... 찜질방_ 수면실 (밤)

수빈, 모로 누워 핸드폰으로 부동산 보고 있다. 반지하방 사진인데 500/25(관리비5). 한숨만 나온다. 다른 방 넘겨봐도 비슷한 수준.

수빈, 부동산 닫고 알바 검색해보기 시작한다.

핸드폰에 집중한 수빈의 뒤, 잠든 손님들(20대 여 2명 일행, 30대 커플, 60대 여 2명 일행, 40대 남성 1명) 있다.

수빈, 핸드폰 내려놓고 눈 감는다. 잠을 청하는. 그런데 40대 남성(수빈과 떨어진 곳에 누워 있다), 잠들지 않았다. 눈 뜨고 수빈 쪽을 스윽 보는 눈길.

65..... 정순의료원_ 주차장 (밤)

우재, 주차해놓은 차 향해 뾰복! 리모컨 누르고 다가가는데. 주차하고 이쪽으로 걸어오는 문상객 남녀(40대 중반, 중도 또래/검은 옷)가 통화하는 소리가 들린다.

문상객남성 (통화, 침통) 어, 그니깐… 왜 젊은 애가 술을 먹고 한강에 들어가….

우재를 스쳐 지나가는 문상객 남녀. (전화통화 이어지는: "야, 우리가 이 나이에 자녀상 조문을 상상이나 해봤냐? 어, 암튼 나 지금 도착해서 와이프랑 주차하고 들어가는 길이야. 너는 몇 시쯤 올 것 같아?" 등등)

우재 …….

66..... 찜질방_ 수면실 (밤)

모로 누워 자는 수빈. 그런데 뭔가 이상하다.

잠에서 깨는데… 그때 바로 흠칫.

수빈의 바로 뒤에 바싹 붙은 40대 남성의 손이 수빈의 허리에 스윽, 올라온!

수빈 (순간 얼어붙는데) …!

수빈, 입이 떨어지지 않는데! 그때,

40대여성(E) (날카로운) 지금 뭐하는 거예요!!!

수빈, 그 소리에 얼른 피하며 일어나면. 수면실로 들어오던 40대 여성(혜주와 비슷한 외모), 40대 남성을 보고 소리 지른. 사람들 다 일어나 '뭐야?' 하며 보고 있고.

40대 남성, 움찔하며 일어난다.

40대여성 당신 지금 뭐하는 거야!!

40대남성 내가 뭘!!

40대여성 (수빈 가리키며) 내가 다 봤어요!! 아가씨, 이 사람이 만졌죠?

40대남성 내가 만지긴 뭘 만져!!

40대여성 (아랑곳 않고 수빈에게 가까이 와서 살펴보며, 걱정) 괜찮아요? 지금 이 사람이, 아가씨 뜻하고 상관없이 만진 거 맞죠?

수빈 …!! (떠오르는 기억이 있다)

플래시백 2회 신27. 혜주 집_ 지훈의 방 (밤)

혜주 (조심스레) 혹시 우리 지훈이가… 혹시… 수빈씨가 원치 않는데… 혹시… 그런 건지….

현재

수빈 !! (순간 울컥하지만 누르며 40대 여성에게) …제 일은 제가 알아서 할게요.

40대여성 (당황) 네?

수빈, 바로 40대 남성을 노려보다가… 갑자기 핸드폰을 남성에게 집어 던진다!

수빈 야!!!

핸드폰 피하는 40대 남성! 바닥에 떨어져 굴러가는 수빈의 핸드폰.
놀라 움찔하며 수빈을 쳐다보는 사람들.

수빈 …나 건드리지 마. 그럼 죽여버릴 거야!!

67 ..... 혜주 집_ 안방 (밤)

자려고 누운 혜주와 중도. 혜주, 중도에게 등 돌리고 창 쪽으로 모로 누워 있다.

혜주 (등 돌린 채) …티비는… 생각할 시간을 좀 줘.

중도 …그래.

혜주 …하지만 내가 안 나간다고 해도 이해해줘.

중도 …어. …여보, 아까 당신이 한 말 말이야. …티비는 정말로… 미리 정해놓고 물어본 거 아니야.

혜주 …알았어. 당신 말… 믿어볼게.

중도 ('믿어'가 아닌 '믿어볼게'… 혜주의 돌린 등을 바라보는) …….

혜주 (심란) …….

68….. 모텔_ 안 (밤)

저렴한 모텔. 구석에 팽개쳐져 있는 수빈의 에코백.

쓰레기통 앞에 서 있는 수빈. 쇼핑백째 거꾸로 들고 내용물을 탈탈 털어 버린다!

빈 쇼핑백까지 탁, 버리고는 핸드폰 사진첩 여는데… 금이 쫙 간, 깨진 액정화면[12].

온통 지훈의 사진 혹은 같이 찍은 사진들(섬네일)이다.

사진들을 한 번에 쭉 선택하고 망설임 없이 삭제 버튼 누르는 수빈의 서늘한 얼굴.

69….. 달리는 우재의 차 안 (오전)

운전 중인 우재, 차량 라디오 볼륨 키운다. 중도, 진석 라디오[13] 생방 출연 중[14]. (차량시계 보인다면 오전 8시 31분)

진행자(여/E) 이제 약 6개월 후면 총선인데요.

70….. 라디오 방송국_ 스튜디오 (오전)

12 이 이후 수빈의 핸드폰 액정은 계속 깨진 상태.

13 심각한 정치 뉴스 프로그램이 아니고 조금 캐주얼한 토크쇼 느낌.

14 아래 대사 전의 대사가 필요하다면: 진행자 "여의도 이야기, 오늘 1, 2부에 걸쳐서 차례로 들어보고 있습니다. 1부에 보국보민당 유광희 최고위원, 이치환 국회의원 먼저 만나보셨구요. 지금 2부에 대한당의 우진석 당대표, 남중도 국회의원 모셨습니다. 안녕하세요." // 진석 "네. 안녕하세요.", 중도 "안녕하십니까."

중도, 진석, 진행자(여).

진행자 얼마 전 부인의 차량 뺑소니 사망사고 때문에 탈당한 고지섭 의원 일도 그렇고, 과연 대한당 내에서 집안 단속이 잘 되고 있는 것이냐, 총선 앞두고 당의 기강에 문제가 있는 것 아니냐, 이런 말들이 있거든요. 우진석 당대표님, 어떻게 생각하십니까?

진석 당에서는 고지섭 의원의 일을 감싸줄 생각은 전혀 없었습니다. 그래서 고 의원이 바로 탈당했지만 의원직 사퇴를 압박했던 것입니다.

중도 (웃으며) 그리고 집안 단속이라 하시니… 며칠 전 성매매 현장에서 적발된 보좌관이 보국보민당 중진 의원실 소속이었습니다. 하지만 보국보민당과 해당 보좌관을 채용했던 의원 모두 쉬쉬하며 아직 아무런 징계를 내리지 않고 있습니다.

진행자 (웃으며) 네. 그럼 이번 총선에서는//(하다가) …아, 그런데 지금 실시간 문자로, 남중도 의원은 내로남불 아니냐, 하는 청취자 의견들이 들어오고 있어요.

71...... 달리는 우재의 차 안 (오전)

우재 (인상 쓴다) …….

72..... 라디오 방송국_ 스튜디오 (오전)

진행자 껄끄러우시겠지만 한 말씀 하신다면요.

중도 …저의 집안에서 일어났던 모든 불미스러운 일들에 대해서 다시 한번 송구하다는 말씀 드립니다. 다시는 그런 일이… 없을 겁니다.

73..... 달리는 우재의 차 안 (오전)

우재 …….

진석(E) 대한민국 정치의 개혁을 위해 당 내부부터 철저히 단속해 거짓과 위

선을 절대 용납하지 않겠다, 이것이 이번 총선을 준비하는 대한당의 각오입니다. (이어진다[15])

차창 밖, 가까워져오는 국회의사당 보인다.

74 ..... 라디오 방송국_ 지하주차장 (오전)

건물 엘리베이터 홀에서 지하주차장으로 나온 중도(혼자), 진석(경민 수행). 진석과 경민, 바로 앞에 대기 중인 차를 타고 떠나고.

배웅한 중도, 옆에 있는 자기 차로 다가가면, 운전석에 있던 두섭이 차문 연다.

중도, 타려는데… 핸드폰에 전화가 온다.

75 ..... 지훈 납골당_ 안 (오전)

꽃다발 들고 온 혜주, 지훈의 안치함 앞에 있는 싱싱한 흰 국화 한 송이를 본다.

플래시백 9회 신46. 동_ 로비 (오전)

납골당 직원, 중도를 알아보고 반갑게 인사한다.

납골당직원 (미소, 중도에게) 오늘은 같이 오셨네요- (하고 지나간다)

대답 대신 목례하는 중도. 혜주, 중도가 자주 왔었다는 건 전혀 몰랐다. 뭉클한….

15 (여분 멘트이기 때문에 선명하게 들리지 않아도 괜찮습니다) 진행자: 네. 당대표님 임기가 내년 총선 직후까지죠? // 진석: 네. 내년 5월까지입니다. // 진행자: 대한당은 당대표 연임 제한 규정이 없잖아요. 그럼 다음 당권까지 염두에 두고 계실까요? // 진석: 일단은 4월 총선에서 승리하는 것이 저의 최우선 당면과제이자 현재 유일한 목표입니다.

현재

혜주 (중도가 왔었구나…) …….

혜주, 꽃다발 내려놓고 고개 들면, 안치함 안에 둔 지훈의 중학교 졸업사진 액자가 보인다. 혜주, 사진 속 혜주, 중도, 지훈, 윤서의 행복한 얼굴을 물끄러미 보는데…
가방 속 핸드폰에 전화 오는 소리 들린다(진동음).
핸드폰 꺼내 보는데… 중도다.
혜주, 좀 의아하다. 중도가 전화하는 일은 극히 드문.

76 ..... 동_ 밖 (오전)

나와서 전화 받는 혜주. 건물 밖이지만 장소가 장소니만큼 작은 목소리로 받는.

혜주 (통화) 어, 여보, 왜? 무슨 일 있어? // (크게 놀라서) …뭐?? 뭐라고??
중도(F) 지훈이가… 성폭행을… 했어.
혜주 !!!

77 ..... 중도 의원실_ 의원실 (오전)

의원실 문 닫혀 있고. 혜주와 통화 중인 중도.

중도 (통화) …그래서… 곧 기자회견을 할 거야.

78 ..... 지훈 납골당_ 밖 (오전)

혜주 (통화, 다급) !! …여보!! 잠깐만, 여보!! 지금 그게 무슨 말이야!! 지훈이가?!! 누구를!!!

79 ..... 국회의사당 혹은 의원회관_ 정문 (오전)

안에서 걸어 나오는 수빈. 서늘한 얼굴. 바뀐 느낌의 겉모습(헤어나 의상 등).

80 ..... [과거] 튼튼산부인과_ 진료실 (낮. 8월)

여자 의사(40대/사투리 억양)와 수빈. 8월 책상달력. 수빈, 한여름 옷.

수빈 …성폭행… 당했어요.

12회

현실(現實)

1....... 지훈 납골당_ 외경 (오전)

서울 외곽 분위기 물씬 난다. (국회의사당에서 상당히 먼 느낌)

2....... 동_ 안 (오전. 11회 신75)

지훈의 안치함 안의 가족사진을 물끄러미 보고 있는 혜주, 가방 속 핸드폰에 전화 오는 진동소리 듣는다.

핸드폰을 꺼내 보면, 중도의 전화가 오고 있다. 혜주, 좀 의아한.

3....... 동_ 밖 + 중도 의원실_ 의원실 (오전 / 교차 / *11회 엔딩과 대사 조금 다름)

나와서 전화 받는 혜주. 건물 밖이지만 장소가 장소니만큼 작은 목소리로 받는.

혜주 (통화) 어, 여보, 왜? 무슨 일 있어?

중도(F) (가라앉은 목소리) …여보.

혜주 (통화, 뭔가 심상치 않음을 느낀다) 왜. 무슨 일인데. …응?

중도(F) 놀라지 말고 들어. …지훈이가… 성폭행을 했어.

혜주 (통화, 순간 크게 놀라서) …뭐?? 뭐라고?? 성…폭행?

의원실 문 닫혀 있고. 혜주와 통화 중인 중도.

중도 …….

혜주 (통화, 다급) !! …여보!! 잠깐만, 여보!! 여보!!!! 지금 그게 무슨 말이야!! 지훈이가?!! 누구를!!! 누굴 그랬다고!!!

중도(F) …….

혜주 (통화) 여보!! 나 지금 당신 얘길 하나도 이해 못 하겠어!!

중도(F) …….

혜주 (통화, 중도의 침묵이 무섭게까지 느껴진다) 여보!!!!!

중도 (통화) …김수빈.

혜주 (통화) !!

중도 (통화) 김수빈이 협박했어. 자기가 당했고… 폭로하겠다고.

혜주 !!

중도 (통화) …그래서… 11시에 기자회견을 할 거야. 걔가 폭로하기 전에. 먼저.

혜주 !!

혜주, 휘청한다. 손에서 핸드폰 미끄러져 떨어지고.
하얗게 질린 혜주의 얼굴.
혜주, 떨리는 손으로 핸드폰을 급하게 주워 다시 귀에 댄다.

혜주 (통화) 여보!! 기자회견 하지 말고 나 좀 기다려줘!!! 제발!!!

중도(F) …미안해.

혜주 (통화) !! 여보!!!

그러나 아무 소리 들리지 않고. 혜주, 핸드폰을 귀에서 떼보면, 끊긴 전화. (핸드폰의 시계, 오전 10:03이다)

혜주 !!!

4……. 중도 의원실_ 사무실 (오전)

닫힌 의원실 문. 우재, 자기 자리에 굳은 얼굴로 있고.
민석, 빛나, 자영, 강호는 각자의 자리에서 4명만 있는 카톡방에서 이야기 중. 메시지 올리면 모두 바로 읽어 숫자 3이 바로 사라진다. 모두

당혹과 충격에 휩싸인[1].

빛나(E) (메시지 v.o.) 근데 어떻게 남궁솔씨에 사모님 옛날 일에 아드님까지… 어떻게 죄다 성범죄예요. ㅠㅠㅠ

민석(E) (잠깐 생각하고, 메시지 쓰는 v.o.) 잠실야구장 만원 관중이 2만5천 명인데 우리나라 1년 성범죄 건수가 3만이에요.

민석(E) (다음 메시지 v.o.) 그럼 매일 80건이 넘는단 얘기니까 꼭 남의 얘기만은 아니죠//(까지 썼는데)

그때 의원실 문 열린다. 모두 얼른 핸드폰 내려놓고 자리에서 일어난다. 우재도 일어나고. 사무실로 나온 중도, 굳은 얼굴.

중도 …열한 시에, 기자회견 하겠습니다. (*현재 시각 10시 05분)

일동 !!

우재 …….

5……. 지훈 납골당_ 밖 (오전)

창백한 혜주, 귀에 댄 핸드폰에서 '지금은 전화를 받을 수 없어…' 나오자 귀에서 뗀다. 핸드폰 액정화면에 떠 있는 '남편'. (중도에게 전화 걸고 있었던 것/중도 핸드폰의 전원은 꺼져 있지 않음)

혜주, 다급히 중도와의 카톡창을 열어 메시지 3개 쓴다[2]. 마음이 다급하고 손이 떨려 오타가 나지만 수정할 정신이 없다.

1 이미 채팅방에 올라간 카톡 메시지는 '민석: 미치겠네 진짜 // 빛나: 그러니까 의원님 아드님이 성폭행을 했다는 거죠?' 정도.

2 이 메시지 직전의 마지막 대화(하루 전)-중도: 이유신씨 쪽은 아무 걱정하지 말고 / 중도: 무슨 일 있으면 바로 전화해 (낮에, 11회 신37의 통화 직후 보낸 시간대) / 혜주: 그럴게 고마워 (바로 답장) / 중도: 나 지금 집 거의 다 왔어 (밤 11:45) / 혜주: 답장 없음

여보 기다려줘제발

전ㅎㅗㅏ좀받아

제발

그러나 사라지지 않는 1. 혜주, 다급하게 전화번호부에서 수빈(원래 번호) 찾아서 전화 걸지만 '지금은 전원이 꺼져 있어…' 나온다!

혜주 (혼잣말, 발 동동) 어떡해… 아, 어떡해…!!

6....... 중도 의원실_ 의원실 (오전)

혼자 있는 중도. 테이블에 내려놓은 핸드폰(무음모드). 잠금화면에 혜주의 카톡 3개(미리보기는 OFF) 알림과 혜주의 부재중전화(7) 알림 떠 있는데… 그때 다시 혜주의 전화가 오기 시작한다!
중도, 화면에 뜨는 혜주의 이름을 보고 있기가 괴롭다.
전화 계속 오고 있는 핸드폰을 뒤집어놓고… 양 손바닥에 얼굴 묻는다.

7....... 의원회관_ 정문 앞 (낮)

택시 급히 와서 멈추고. 혜주, 뛰어내리듯 내리는데. 택시기사(남, 50대), 소리친다.

택시기사(E) 손님! 거스름돈이요! (오만 원권 1장 쥐고 있다)

그러나 혜주, 이미 의원회관 안으로 뛰어 들어가고 있고.
택시 안, 언뜻 보이는 미터기의 요금. 41,570원. (오전 10:57)

8....... 동_ 10층 엘리베이터 홀 → 중도 의원실_ 출입문 앞 (낮)

엘리베이터 땡! 와서 문 열리면, 뛰어내리듯 내리는 혜주. 엘리베이터를 기다리다가 타려던 국회직원(여, 30), 혜주에 깜짝 놀라 비켜서고. 혜주, 꺾어진 복도로 나와 다급하게 중도의 의원실을 찾는데(와본 적 없음), 바로 앞에 남중도 의원실 명패 보인다! (복도 쪽 출입문을 활짝 열어놓은 다른 의원실들과 다르게 중도의 의원실만 출입문 닫혀 있다. / 복도에 다른 의원실 비서들 3, 4명)

혜주 …!!

9....... 중도 의원실_ 사무실 (낮)

혜주 (출입문 확 열고 들어가며) 여보!!!

민석, 빛나, 강호, TV 앞에 모여서 어두운 얼굴로 방송 보고 있다가 혜주 본다. (안내데스크 전화 받아 혜주가 왔다는 건 알고 있음. / 현재 시각 11시 정각)

빛나 사모님…!

혜주 (인사할 정신도 없이 사무실 안으로 뛰어 들어가며) 여보!

혜주, 문 활짝 열린 의원실 안으로 뛰어 들어가는 순간, 아무도 없는 빈 의원실 풍경이 보이고. 우뚝 멈춰 서는데… 어디선가 중도의 목소리가 들린다.

중도(E) (TV 속, 인사말 없이) 대한당 서울 신양갑 국회의원 남중도입니다.

혜주 !!

얼어붙는 혜주. 소리 나는 곳을 향해 겨우 돌아보면… 사무실 TV 속(국회방송), 중도의 기자회견이 시작되고 있다! (옆에 수어통역인 1인)

중도 (TV 속) 오늘 저는, 지난달 사망한 제 아들이… 사망하기 전, 당시 사귀고 있던 여자친구를… 성폭행했음을 알게 되었습니다.

혜주 !!!

10…… 국회 소통관_ 기자회견장 (낮)

중도 …이에, 피해 여성분과 국민 여러분께… 진심으로 사죄드립니다.

중도, 단상 옆으로 나와서 천천히 허리 깊게 숙인다. 그 상태로 4, 5초 머무르면, 팡팡 어지럽게 터지는 플래시 불빛들. 허리 숙인 중도의 굳은 얼굴.

11…… 중도 의원실_ 사무실 (낮)

TV 속, 허리 숙이고 있는 중도를 향해 쏟아지는 카메라 플래시 세례와 찰칵찰칵 카메라 셔터음. TV를 보고 있는 혜주의 절망한 얼굴에서… 타이틀 IN.

12…… 국회 소통관_ 기자회견장 (낮)

신문, 방송사 기자들 30여 명(정경은 기자 포함) 노트북 놓고 취재 중.
계속 터지는 카메라 플래시들. 중도의 기자회견 이어지고 있다.
중도, 다시 단상에 있다. (단상 위에, 내용 적어온 A4 용지 1장 있다)

중도 …그리고…

중도, 말을 멈추고 기자회견장 출입문 쪽을 쳐다보는데, 찾는 사람이 보인다.
우재가 귀순을 모시고 기자회견장에 마악 들어서고 있다[3]. 중도, 말을

3 자영이 기름집에 가서 귀순을 모시고 왔고, 우재가 기자회견장 문밖이나 소통관 1층으로 마중

잇는다.

중도 이 자리를 빌려서, 제가 발의하려는 법안에 대해 말씀드리겠습니다.

중도, 우재 쪽을 쳐다보면. 우재, 귀순을 모시고 중도에게 다가온다. 그리고 우재는 바로 빠지고 귀순만 남는다. 중도, 귀순과 시선 마주한다. (귀순, 평상시 복장)

기자회견장 뒤쪽(혹은 옆쪽) 벽. 우재 옆에는 뛰어와 숨이 아직 살짝 찬 자영 있고.
우재, 핸드폰 꺼내 보는데, 빛나의 개인카톡이 와 있다: 사무실에 사모님 오셨어요

우재 …….(핸드폰 주소록에서 여진을 검색해 전화 걸며 회견장을 나간다)

다시 단상.

중도 저는, 성범죄 가해자가 자살 등의 이유로 사망하더라도, 공소권 없음으로 수사가 종결되지 않고 진행되도록 하는 형법 개정안을 발의하려 합니다.

빠르게 노트북으로 받아쓰는 기자들. 플래시 팡팡팡팡.

중도 헤어진 여자친구에게 불법 동영상을 유포하겠다 협박해 피해 여성이 극단적 선택을 하게 했고, 그로 인해 구속영장이 신청되자 바로 극단

나가 거기서부터 모시고 들어오는 것. 귀순 뒤에 자영도 함께 들어오는.

적 선택을 했던 의대생 지 모씨 사건, 기억하시죠. 제가 대표발의하려는 형법 개정안은 이 사건의 피해자, …여기 계신 조귀순씨의 사랑하는 손녀인 고인의 성함을 딴, '남궁솔법'이 될 것입니다.

요란하게 터지는 플래시 세례 속, 정면을 똑바로 응시하는 중도의 얼굴.

13...... 중도 의원실_ 사무실 (낮)

TV 속, 중도의 기자회견 계속되고 있고[4]. 그 옆에 귀순의 모습도 살짝 보인다.
망연자실한 혜주, 아무 말도 할 수가 없다.

14...... 강순홍 의원실_ 의원실 (낮)

TV로 국회방송 기자회견 보고 있는 강순홍과 형태, 굳은 얼굴. (형태는 놀람도 큰)

중도 (TV 속) 현행법상 성범죄 가해자가 사망할 시 공소권 없음으로 수사가 중단됨에 따라 피해자들은 진실을 밝힐 기회를 빼앗기게 됩니다. 이에… (이어지는[5])

15...... 칼국수집_ 안 (낮)

손님 없고. (10회 신33의) 부동산 사장과 부동산 손님(여, 40대), 가게를

4 "다른 범죄와는 달리 성범죄의 경우, 가해자가 법적 처벌을 받기 전에 자살 등의 원인으로 사망 시 범죄 피해자에 대한 의혹 제기 등 2차 가해가 이루어지는 일이 많습니다."

5 "(현행법상 성범죄 가해자가 사망할 시 공소권 없음으로 수사가 중단됨에 따라 피해자들은 진실을 밝힐 기회를 빼앗기게 됩니다. 이에) 저는, 성범죄에 대한 고소가 있은 후 피고소인 또는 피의자가 자살 등을 원인으로 사망하더라도 검사가 공소권 없음 처분으로 사건을 종결하지 아니하고, 고소사실에 대한 조사를 진행한 후 형사소송법의 절차에 따라 사건이 처리되도록 하는 형법 개정안을 발의하려는 것입니다."

보러 왔다. 다 보고 나가는 길. (가게 문밖 만두 찜기 앞, 일하는 새 직원(여, 40) 보인다)

부동산손님 (다 봤으니 가려는) 가게 깨끗하네요. 잘 봤습니다~

부동산사장 (여진에 눈웃음) 그럼 연락 드릴게요~

여진 네, 연락 주세요-

부동산 사장과 부동산 손님 나가면 여진, 주머니의 핸드폰을 무심코 꺼내 보는데….

우재의 카톡이 와서 알림창이 떠 있다(미리보기ON/ 이 직전에 우재가 전화를 건 부재중전화(2) 알림도 같이 보인다): 현 사장님, 국회로 빨리 좀 와주세요

여진 ?

16...... 의원회관_ 10층 엘리베이터 홀 → 중도 의원실_ 출입문 앞 (낮)

엘리베이터에서 내려서 의원실로 가는 중도. 한 걸음 뒤에서 따라가는 우재.

(지나가는 비서들 2, 3명, 중도에게 "안녕하십니까." 인사하지만 쳐다보는 시선들)

중도, 닫힌 의원실 출입문 앞에 선다. 잠시 심호흡하고, 출입문 열고 들어가는 중도. 따라 들어가는 우재.

17...... 중도 의원실_ 의원실 (낮)

넋 나간 얼굴로 혼자 앉아 있는 혜주인데. (손대지 않은 물컵 하나 있고)

아무 소리도 들리지 않던 바깥 사무실에서 "오셨습니까." 하는 보좌진들 목소리 들리기가 무섭게 의원실 문 열린다. 중도다.

혜주 !!

혜주, 벌떡 일어나 중도에게 달려든다. 주먹으로 퍽퍽 때리며 절규하는 혜주.

혜주 내가 제발 기다려 달랬잖아!!! (계속 퍽퍽 때리며) 근데 어떻게 이래!! 어떻게 이렇게 당신 맘대로 해!!!

중도, 가만히 맞고만 있고. 문밖 사무실의 보좌진들, 모두 침통하고. 우재, 밖에서 조용히 문 닫는다. 혜주와 중도만 남은.

혜주 내가 잠깐만 기다려 달랬잖아… 근데 어떻게… 이렇게 큰일을 나한테 상의도 없이 당신 맘대로 그냥 해! 수빈이가, 아니라고 했었단 말이야…!

중도 뭐? 정말이야? 언제?!

혜주 우리 집에 처음 왔던 날 내가 물어봤었어!

중도 !

플래시백 2회 신27. 혜주 집_ 지훈의 방 (밤)

혜주 (주저하며 묻는) 혹시 우리 지훈이가… 혹시… 수빈씨가 원치 않는데… 혹시… 그런 건지…. (수빈의 답을 기다리는데 속이 바짝 탄다)

수빈 (빤히 혜주 보다가) …강제로 했냐구요?

혜주 (뭐라 말을 못 하는데)

수빈 …아니에요, 그런 건.

혜주 (!! 순간 안도하는데)

수빈 …지훈이가 그래도 그 정돈 아니었어요. 그랬으면 제가 경찰서를 갔겠죠.

현재

혜주 근데 당신한테 수빈이가 정말로, 우리 지훈이가 그랬다고 했어? 언제!!

중도 …오늘 오전에. 김수빈이 와서… 협박했어. 폭로하겠다고.

혜주 …!!!

18...... 동_ 사무실 (낮)

문 닫힌 의원실. 복도 쪽 출입문도 꽉 닫혀 있고.
민석, 빛나, 강호. 아무도 입을 떼지 못하고 있는데.

우재 자영 비서는 할머님 모셔다드리러 갔고요. 이제 기자들 전화가//(많이)

그때 모두의 책상 전화벨과 핸드폰(각자 벨소리, 진동) 울리기 시작한다.

우재 …오네요. 아까 정리한 대로 응대하시면 됩니다.

민석/빛나/강호 네! (얼른 자리로 가서 전화 받는다.[6] / 자영의 자리 전화는 계속 울리고)

우재, 핸드폰 꺼내 보는데, 박영수 기자 전화 오고 있다. (무음모드)

우재 (얕은 한숨 쉬고, 전화 받는다) 네, 선배.

19...... 동_ 의원실 (낮)

혜주, 탈진해 의자에 겨우 앉아 있다. 억장이 무너지고 완전히 지친.
중도, 역시 지치고 괴로운.

중도 …아침에… 김수빈이 찾아왔어.

6 "네, 남중도 의원실입니다. 아, 네, 기자님. 네… 네, 기자회견 관련해서 저희 쪽 입장문 조금 전에 이메일로 배포했구요. 네. 기자회견 내용 외에는 더 이상 드릴 말씀이 없습니다. 양해 부탁드립니다. 네… 의원님 추가 인터뷰는 어렵고요. 양해 부탁드립니다."를 기본 골자로….

인서트 의원회관_ 지하주차장, 주차한 중도의 차 안 (오전. 차창에 커튼 쳐 있다)

두섭 없고. 뒷좌석 중도와 수빈.

수빈 (자신만만한 협박) …인터넷에 글 한번 써볼까요?

중도 …!

현재

중도 지훈이한테… 성폭행 당해서 임신한 거고, 그걸 폭로하겠다고.

혜주 (혼란스럽다) 말도 안 돼…. 그럼 우리 집에 왜 왔겠어… 아니야…? 나한텐 왜 아니라고 그랬었고!

중도 걔 꿍꿍이를 누가 알겠어! 뭘 하며 어떻게 살던 앤지도 모르는데! 당신은 걜 믿어? 어떻게?

혜주 …하지만 당신도 수빈이 말 믿었으니까 기자회견 한 거잖아!

중도 산부인과 상담 기록이 있었어!

혜주 …!!

인서트 튼튼산부인과_ 진료실 (낮. 8월. 11회 엔딩 보충)

수빈 (책상 앞 의자에 의사와 마주 앉아서) …성폭행… 당했어요.

여자의사 (컴퓨터 자판 치려다가 놀라 손 멈추고 수빈을 쳐다보는)

현재중도(E) 그때 의사가,

현재

중도 피해자 지원센터 소개까지 해줬고, 그 상담 기록이 차트에 남아 있다고.

혜주 !! (그럼 진짠가… 말을 잇지 못한다) …….

중도 그리고… 지훈이가 저질렀던 일들을 생각해봐. 솔직히 이게… 말이 안 되진 않잖아….

혜주, 참담하다. 흐르는 침묵.

혜주 …수빈이가… 와서… 뭘 해달랬는데…?

중도 (보면)

혜주 폭로하겠다고… 협박했다며. 그럼… 원하는 게 있었을 거 아냐. 돈? 돈 달래? 얼마? 응?

중도 …오천만 원.

인서트 **의원회관_ 지하주차장, 주차한 중도의 차 안 (오전. 차창에 커튼 쳐 있다)**

수빈 집 얻으려면 오천은 있어야겠더라고요?

현재

혜주 …여보, 아까 나한테 전화했을 때 말했으면… 5천이 아니라 1억이래도 어떻게든 구해왔을 거야… 왜냐면 나는…

플래시백 **5회 신82. 혜주 집_ 안방 (밤)**

혜주, 핸드폰을 보고 있다. 낮에 있었던 중도의 기자회견 기사다.
음주폭행 사건을 일으킨 지훈을 향한 악플로 도배된 댓글란. 교도소 세금 아까우니 사형시키라는 댓글도.
혜주, 마음이 너무 아프다. 눈시울 붉어지는….

현재

혜주 (말 잇지 못하다가) 근데 당신은 어떻게… 이래….

중도 나라고 지훈이 범죄 고백하기로 결정한 게 쉬웠을 줄 알아? 아니! 하지만 협박에 끌려다닐 순 없어. 영원한 비밀이란 건 없으니까.

혜주 …….

중도 잘못을 했다면 남이 들춰내기 전에 먼저 인정하고 용서를 구하는 게 그나마 용서받을 수 있는 방법이야. …지훈이를 위해서도. 그래서 자진 고백한 거야.

혜주 …….

중도 선제적 대응만이 유일한, 최선의 방법이었어. …이해해주길 바래.

무거운 침묵 흐른다. 닫힌 문밖, 사무실에서 들려오는 끊이지 않고 울려대는 전화벨 소리와 응대하는 보좌진들 목소리만 작게 들리는데.
(방음이 완벽하지는 않음)

혜주 …선제적 대응…?

중도 (보면)

혜주 …정말 그게 다야? 당신, 혹시… 그 법안 때문에 지훈이… 이용한 거… 아니지?

중도 뭐?

혜주 내 옛날 일 공개하기로 다 정해놓고 물어봤던 것처럼… 오늘 일도 다 세팅해놓고 나한테 직전에 통보한 거… 아니야? 내가 미리 알았음 허락 안 할 것 같으니까!

중도 여보!!

혜주 정말 아니야? 폭로 협박당해서 자진 고백한 거면, 법안 이야긴 왜 한 건데? 할머니는 또 언제 모셔온 거고!!

중도 혜주야!!

혜주 …….

중도 그런 거 정말 아니야. 내가 설마하니… 정치한다고 내 아들을 팔까.

혜주 …….

잠시 정적 흐른다.

중도 …어제 일로 내가 당신한테 신뢰를 잃은 것 같다. 다… 내 잘못이야. 하지만… 오늘 일은 절대 아니야.

혜주 …….

중도 법안은 조만간 발의하려고 했어. 그런데 지훈이 껀으로 기자회견을 해야 하니… 지훈이한테 쏠릴 관심을 조금이라도 분산하고 싶었어.

20..... 동_ 사무실 (낮)

바쁘게 전화 응대 중인 우재, 민석, 빛나, 강호인데. 우재의 PC 모니터, 뉴스포털 정치란의 '헤드라인 뉴스' 섹션. 최상단이 중도의 뉴스들인데. 지훈 사건을 제목으로 뽑은 기사와 남궁솔법 법안 발의 예고를 제목으로 뽑은 기사가 절반 정도씩.

중도(E) 법안 이야길 안 했으면 지금 뉴스가

21...... 동_ 의원실 (낮)

중도 온통 지훈이 얘기뿐일 거라고.

혜주, 그건 생각도 못 했다! 하지만 여전히 혼란스러운….

혜주 …여보. 지금 나는 이 상황이 너무… 버거워.

중도 …….

혜주 정치라는 게… 이런 거였어…?

중도 …….

혜주 …나한테 물었었지.

플래시백 6회 신28, 29. 혜주 집_ 안방 (밤)

중도 정치하겠단 사람이랑 결혼한 거… 후회해?

혜주　후회… 안 해. …절대로.

현재

혜주　그런데 나… 후회해. 지금.

중도　…!

혜주　지금 나는 당신이… 너무 낯설어.

중도　!

정적.

그때 의원실 문 벌컥! 열리며 여진이 뛰어 들어온다.

여진　혜주야!!

22..... 우진석 의원실_ 의원실 (낮)

진석, 원내대표(여, 60대), 5회 신57의 최고위원 3명(이수민 의원 포함) 모여 있다. 모두 의원배지. 심각한 분위기. 각자 앞에 찻잔 하나씩(잔과 받침).

원내대표　(격앙) 미친 거 아닙니까? 자식놈 성범죄가 뭐가 자랑스럽다고 기자회견까지 해서 공개를 해요!

이수민의원　그래도 보국보민당이 폭로하는 것보단 백배 낫죠!

최고위원1　그래도 성범죄는 아니지이~!! 당 이미진 어쩔 건데요!

최고위원2　탈당하라고 합시다! 탈당!

원내대표와 최고위원1, 2가 격앙된 목소리로 중도를 비난하고 이수민 의원이 반박하는 가운데[7], 생각이 많은 진석.

7　이수민 의원: 탈당할 일은 아니죠! 그리고 엄밀히 말하면, 남 의원이 잘못한 것도 아니고 아들

23..... 의원회관_ 정문 앞 (낮)

여진, 핏기 없는 혜주를 부축해 "일단 집으로 가자…." 하며 나온다. 혜주, 넋이 나가 그냥 끌려가듯 나오는데… (혜주 가방은 여진이 챙겼고) 근처에서 의사당 본관 배경으로 리포팅[8]하고 있던 정경은 기자, 혜주를 알아본다!

정경은기자 !! 김혜주씨!!

혜주/여진 !!

정경은 기자, 카메라맨(계속 촬영)과 달려와 혜주에 마이크 들이댄다!

정경은기자 아드님의 성범죄, 알고 계셨습니까? 국회엔 왜 오셨나요?

혜주 !

여진 (혜주 얼굴 손으로 막으며) 찍지 마세요!! (혜주를 몸으로 감싸듯이 해 자리 피하려 한다)

정경은기자 (따라가며 집요하게) 남중도 의원, 지난번엔 아들의 마약 논란을 의대생 사건으로 덮더니, 오늘은 논란의 여지가 있는 법안을 발의했습니다! 아드님의 과오를 자꾸 타인의 비극을 이용해 덮고 있다는 생각을 지울 수가 없는데요! 어떻게 생각하십니까!

여진 혜주야, 대답하지 마! (다시 혜주 끌고 가려는데)

정경은기자 살아서는 걸림돌이었던 아들을, 죽어서는 정치적 도구로 쓰시네요?

일이잖아요. 지금 온라인 반응 보니, 물론 당을 싸잡아 비난하는 사람들도 있지만 남 의원의 솔직한 용기에 호감을 갖는 사람들도 많아요. // 원내대표: 거, 남중도랑 평소 친하다고 지금 편들지 마세요! // 이수민 의원: 제가 편을 들긴 무슨 편을 들어요. 생각해보세요. 맨날 자식들 입시비리, 취업비리 숨기다가 폭로 당하고들 있는데 이렇게 스스로 자수하는 게 훨씬 낫죠! // 최고위원1: 성범죄랑 그런 일들이랑 경중이 같습니까?

8 중도의 기자회견에 대해 리포팅 중

혜주 (우뚝 멈춰 선다) !!

여진 !! 이보세요!!!

혜주 (O.L.) 당신//(미쳤어요??)[9]

진석(E) (O.L. 일갈) 기자님 지금 선을 넘으셨습니다!

혜주, 여진, 정경은 기자 모두 깜짝 놀라 보면. 진석이다. 외부 일정 가려고 나오다 상황을 본 것. (함께 나온 경민 있고, 대기하고 있는 진석의 차도 있다)

진석 (호통) 취재에도 최소한의 도의와 예의는 지키세요! 여기가 아무리 여의도래도, 사람 된 도리조차 없는 덴 줄 아십니까!!

정경은기자 (깨갱) …….

잠시 정적. 여진, 혜주에 "가자." 정도 속삭이며 얼른 혜주 팔 이끌며 가려는데.

정경은기자 (혜주 가방에 명함[10] 찔러 넣으며, 속삭이듯) 하실 말씀 있으시면 언제든 연락 주세요.

혜주 (정경은 기자가 명함을 찔러 넣는 걸 제대로 인식도 하지 못하고 여진에게 이끌려 간다)

24..... 달리는 진석의 차 안 (낮)

국회를 빠져나가는 중. 뒷좌석 진석, 생각이 많다. (경민은 조수석)

9 혜주의 이 대사가 거의 나오지 않게 진석 대사가 오버랩되면 좋을 것 같습니다.

10 정치부 소속. 이메일주소는 realgija@ybsnews.co.kr

25..... 국회의사당_ 일각 (낮)

조용한 벤치에 혜주를 앉힌 여진. 혜주, 심신이 모두 지쳤다.

여진 …혜주야. 우리 일단… 집으로 가자….

혜주 …있잖아, 언니….

여진 (혜주 본다)

혜주 (힘겹다) 옛날에 나도… 사람들이 내 말을 안 믿어줬었어….

인서트 **혜주 회상. 영산경찰서_ 조사실 (밤. 5회 신78 보충)**

혜주와 영산 형사1 있고. 혜주에게 소리 지르는 유신.

유신 우리 승호가 널 성추행 했다고? 거짓말하지 마!! 나보고 지금 그걸 믿으라는 거니??

현재

혜주 거짓말했다고 몰려서 정말 억울하고 힘들었어…. 근데 나 지금… 지훈이가 아무리 나쁜 일을 많이 했어도… 설마 그런 일…까지 했을까 싶고… 증거가 있다는데도… 수빈이를… 못 믿겠고… 솔직히… 수빈이가 거짓말하고 있는 거라면 좋겠어….

여진 …….

혜주 근데… 다른 사람도 아니고 내가 이렇게 생각하면 안 되는 거잖아….

여진 (마음 아프다) …….

잠시 무거운 침묵 흐른다.
그때 혜주의 가방 속 핸드폰에 전화 오는 진동음 들린다. 혜주, 멈칫. 이번엔 또 뭘까. 주저하며 꺼내 보면… '윤서 담임선생님'의 전화다. 뭐지, 싶어 두려워지는 혜주!

26..... 중도 의원실_ 의원실 (낮)

창가에서 밖을 보고 있는 중도.

우재 …오늘 기자회견은 오늘 밤 모든 채널 뉴스 헤드라인으로 나올 예정입니다. 현재 여러 온라인 커뮤니티에서도 남궁솔법에 대해 갑론을박이 벌어지고 있고요.

중도 …….

닫혀 있는 의원실 문. 밖(사무실)에서 여전히 계속 울려대는 전화벨 소리와 응대하는 비서들 목소리 작게 들린다[11].

우재의 앞, 테이블에 올려놓은 중도 핸드폰에 'MBS 최준원 기자' 전화가 오고 있다(무음모드). 전화 끊기면, 액정에 부재중 84통. 카톡 192건, 일반 문자메시지 32건 알림 뜬다. 그리고 또 바로 '희훈신문 조민수 기자' 전화가 오기 시작한다.

중도 …지훈이 얘기는.

우재 …많습니다.

중도 …….

우재 오후 일정은 전부 취소했습니다. …너무 늦기 전에 사모님께 가보시죠.

중도 (창밖만 보고 있는) …….

27..... 달리는 혜주의 택시 안 (낮)

혜주(조수석 뒷좌석)와 여진(운전석 뒷좌석). 택시기사(남, 50대).

11 욕설전화에는 차분하고 공손하게 "선생님. 저에게 욕설을 하시면 안 됩니다." 칭찬전화에는 "감사합니다. 저희도 법안의 통과를 위해 최선을 다하겠습니다."를 기본 골조로 공손하게 응대하는.

혜주, 완전히 지쳤는데. 아까부터 틀어져 있던 택시 라디오에서 들리는 중도의 이름.

라디오뉴스(E) …조금 전 기자회견에서 아들의 성범죄 사실을 고백한 남중도 의원에 대해, 자녀의 각종 비리 의혹을 변명하고 감추기 급급한 다수의 정치인들과 확연히 다른 진솔한 행보라는 지지여론과 동시에…(이어지는[12])

혜주 …….

여진 (택시기사에게) …기사님 죄송한데… 라디오 좀 꺼주세요.

택시기사 네? (뭐야… 싶지만) 네. (끈다)

여진 …감사…합니다.

혜주, 아무 힘이 없는데, 혜주의 핸드폰에 문자 오는 드르륵 소리.
혜주, 순간 멈칫하는데, 또 드르륵.
혜주, 겁먹은 얼굴로 핸드폰 겨우 꺼내 보면… 잠금화면에, 혜주가 후원 중인 성범죄 피해자 단체들 4군데의 후원금이 자동이체되었다는 은행 앱 푸시 알림(혹은 문자메시지)[13]이 와 있다.

혜주 (괴롭다) …….

28….. 정순의료원_ 외경 (낮)

12 자극적인 이슈몰이라는 비난 여론이 팽팽히 맞서고 있습니다. 자녀의 성범죄 사실에 정면돌파를 선택한 남중도 의원의 과감한 행보가 총선을 반년 정도 남긴 현재 여의도 정국에 어떤 파장을 몰고 올지 귀추가 주목되고 있습니다.

13 나라은행 / 핸드폰은 잠금화면 상태지만 문자메시지 미리보기ON이라 내용 보인다. (핸드폰 앱 푸시여도 내역 보이게 뜨도록…) / 후원단체들: 가온성폭력피해지원센터 5만 원, (사)성안성폭력피해상담센터 5만 원, 민들레성폭력피해상담센터 5만 원, 한별여성단기청소년쉼터 5만 원 // 혜주가 중도 이름으로 후원하고 있지만 이 신에서 후원자명은 보이지 않습니다.

29..... 동_ 입원실 복도, 유신의 병실 문 앞 (낮)

1인실. 환자 이름 '이*신' 표시.

30..... 동_ 유신의 병실 안 (낮)

잠든 유신(얼굴에 찢어져 봉합한 반창고와 멍).

곁에 걱정스런 얼굴의 승희와 기영.

기영 승희야. 가서 뭐라도 좀 먹고 와. 너 오늘도 아무것도 안 먹었잖아.

승희 …괜찮아. 의사 선생님이 이제 곧 엄마 깨어날 거랬잖아.

기영 그래도… (걱정) 여긴 내가 있을 테니까 걱정 말고 뭐 좀 먹고 와. 어머니 깨시면 바로 전화할게.

승희 …….

31...... 동_ 유신의 병실 문 앞 (낮)

병실에서 나오는 승희. 걱정되어 병실 안 보면,

기영, 안심하라는 듯한 미소.

승희, 조용히 문 닫고 걸어간다.

32..... 동_ 유신의 병실 안 (낮)

잠든 유신 곁에 앉아 있는 기영, 마음이 복잡하다.

플래시백 11회 신27. 책수선실_ 건물 근처 골목, 주차한 기영의 차 앞 (낮. 편집)

유신 야!! 남중도한테 박 사장 찌른 거, 너였어?!!

기영 !!!

유신 (기영과 혜주를 노려보며) …내가, 너네 둘 다 절대로 가만 안 놔둬.

현재

그때… 움직이는 유신의 손끝! 정신이 드는 유신의 시선에서, 기영의 실루엣이 흐릿하게 보이는데….

유신 (혼수상태에서 깨어나는 경계에서 혼잣말) 승호야….

기영 !! ("어머니!" 하려는데)

유신 재은이 말 믿는 사람 아무도 없어… 니 비밀 죽을 때까지 지켜줄게….

그때 정신이 완전히 드는 유신. 시야가 또렷해지는데….

유신 (흠칫!) !!

곁에 있는 사람, 승호가 아닌 기영이다!
얼어붙어 유신을 보고 있는 기영! (유신의 혼잣말을 다 들은!)
서로를 보는 유신과 기영에서….

33..... 동_ 병원 카페테리아 (낮)

승희, 테이블에 앉아 있다. 쟁반 위에, 포장도 뜯지 않은 샌드위치와 커피(머그컵), 테이크아웃용 비닐봉지에 넣은 샌드위치 1개와 커피 1잔 있지만, 아무 식욕이 없다. 승희, 결국 자기 샌드위치를 비닐봉지에 넣고 일어서는데….
근처의 TV[14] 앞 테이블에 앉은 입원환자(여, 40대 중반/환자복, 링거폴대, 음료)와 면회객(여, 40대 중반/음료/자매 느낌)의 대화가 들린다.

면회객 (TV 보다가) 저거, 저번에 죽은 아들 얘기지?

14 이때의 띠 자막: 남중도 "아들의 성폭행 가해 사실을 최근 인지, 피해자께 사죄" // 화면: 기자회견에서 중도가 단상 옆으로 나와 허리 깊게 숙이고 사죄하는 모습.

입원환자 어. 근데 그걸 남중도가 직접 말했단 거잖아![15]

승희 ? (남중도? TV에 시선 가는데) …!

YBS 채널의 뉴스. 터지는 플래시 빛 속에서 기자회견 중인 중도의 모습 위로 두꺼운 띠 자막 떠 있다: (TV 화면 자체는 음소거 상태/화면, 중도 옆 귀순도 함께 보이고)

남중도 "성범죄 가해자의 극단적 선택이 또 다른 피해자들을 낳아"

승희 !!!

TV 속 중도, 기자석을 또렷이 바라본다. 마치 승희에게 선전포고를 하는 듯!

그런 중도를 보는 승희, 충격과… 분노에 휩싸인다!

승희가 화면 속 중도를 바라보고 있을 때, 화면 띠 자막 다시 바뀐다:

"성범죄 가해자 사망해도 수사 계속" 형법 개정안 발의 예고

34..... 지청중학교_ 외경 (낮)

35..... 동_ 상담실 (낮)

혜주, 윤서 담임, 윤서, 다솜. (서로 때리면서 싸운 것은 아니라 상처 없음)

윤서담임 남윤서, 권다솜. 너네 왜 싸웠는지 진짜 말 안 할 거야?

15 입원환자와 면회객의 대화 계속-입원환자: 너네 동네 난리나겠다~ // 면회객: 그러게~ 나 저번에 남중도 찍었는데. 그 딸내미, 지원이랑 같은 학교 다녀. 남중도 딸내민 공부도 잘하고 완전 모범생인데….

윤서와 다솜, 모두 입 꾹 다물고 있고.

윤서 담임, 답답하다는 듯 한숨 쉬는데.

혜주 (달래는) …윤서야. 왜 싸웠는데… 응?

윤서 …남지훈.

혜주 !

윤서 남지훈 때문에 싸웠어.

혜주 !!

36..... [윤서 회상] 동_ 윤서 교실 (낮)

쉬는 시간. 모여 있는 학생들, 핸드폰 보며 수군수군대고 있고.

함께 있는 윤서, 크게 당황한 얼굴. 옆에 역시 당황한 다솜.

윤서 뭐? 성폭…행…??!! 말도 안 돼!

윤서, 학생1의 핸드폰을 빼앗듯이 낚아채 보면, 뉴스 속보. (2보, 4~5줄짜리 기사)

기사 중 '장남이 사망하기 전, 당시 교제 중이던 여성을 성폭행한 것을 최근 인지했으며…' 보인다. 윤서, 충격으로 아찔해지는데… 등 뒤에서 수군대는 소리 들린다.

학생2(하누리) (속닥속닥, 학생3에게) 쟤네 오빠 마약도 했었잖아~

윤서 (학생2, 3에게 소리 지르는) 아니야!! 마약 안 했어!!

학생들 (모두 깜짝 놀라고)

윤서 그리고 성폭행 이거 진짠지 아닌지도 모르는데 말 함부로 하지 마!!

학생2 (지지 않고) 진짜래잖아, 너네 아빠가~!

윤서 (말문 막히는데) …!

학생2 (주변에 모인 학생들 둘러보며, 동의 구하는) 성폭행은 진짜 너무 심하지 않냐?

윤서 (O.L.) 야!! 하누리!! (하는데)

다솜 (O.L.) 어. 극혐이야.

윤서 ?!! (놀라 다솜 본다) 뭐라고?

다솜 (윤서 똑바로 보며) 다시 말해줘? 성범죄자, 개.극.혐.이라고.

윤서 (대충격!!) ?!! …야, 권다솜…!!!

37..... [현재] 동_ 상담실 (낮)

혜주, 억장이 무너진다. 눈물 나려는 것 겨우겨우 힘겹게 참는데….

윤서 (떨리는 목소리) …엄마, 오빠가… 정말로 그랬어? 아니지? 응? 아니지??

혜주 (힘들어하는 윤서를 보니 너무 고통스럽다, 눈물 쏟아질 것 같은데)

상담실 문 열리는 소리. 윤서 담임과 다솜, 문 쪽을 돌아보고.
혜주, 얼른 손으로 눈물 훔친다.

지수 (급하게 들어오며) 늦어서 죄송합니다. 진료 보느라 핸드폰을 못 봤어요. (다솜 보고) 다솜아! 윤서랑 싸웠어? 왜?? (혜주 있는 것 보고) 윤서야- (하다가 혜주 표정 보는데, 심상찮다!) …왜 그래? 무슨 일이야?

38..... 동_ 상담실 밖 복도 (낮)

나온 윤서(울어 눈 빨개졌다), 다솜(울지 않았음, 굳은 얼굴), 윤서 담임.

윤서담임 그럼 둘 다 오늘 수업 끝나고 남아서 나랑 상담하자. 각자 반성문도 제출하고.

윤서/다솜 …네.

윤서 담임, 가면. 다솜, 교실 쪽으로 휙 가버린다.
그대로 남아 있는 윤서, 굳은 얼굴.

39….. 동_ 상담실 (낮)

혜주와 지수만 있다. 혜주, 지쳐서 그냥 앉아 있고. 지수, 그런 혜주가 안쓰럽다.

지수 윤서야….

그때 지수 핸드백 속 전화벨 울린다.

지수 …어, 미안. 잠깐만. (핸드폰 꺼내 보면 '병원'. 받는다) …여보세요. 왜? …어, 김시내 산모? 얼마나 열렸는데? 애기는 얼마나 내려왔어?

40….. 칼국수집_ 안 (낮)

문 닫았다. 불 안 켜서 어두컴컴한 실내. 우두커니 앉아 있는 여진의 뒷모습.
여진의 앞, 무음모드 핸드폰이 있는데, 우재의 전화가 오고 있다가 끊어진다.
액정화면에 우재의 '부재중전화(2)' 알림 뜨는데, 바로 우재의 카톡이 와서 뜬다(미리보기ON 상태): 사모님 충격이 크실 텐데 잘 부탁드립니다.

여진 (우재의 메시지를 물끄러미 바라보는) …….

여진, 미동도 없이 있다가… 갑자기 가슴 퍽퍽 치며 소리 없이 오열하기 시작하는….

41...... 다온 산부인과_ 건물 앞 도로변, 정차한 지수의 차 안 (낮)

건물 앞 도로변에 잠시 차 세우는 지수(운전석).

지수, 혜주(조수석)를 보면 혜주, 멍하니 있다. 차량 비상등 소리만 깜빡깜빡.

지수 (마음이 너무 안 좋다) …윤서야.

혜주 (부르는 소리에 정신이 든다) 어? 어. (창밖 보면, 산부인과 건물이다) 어, 벌써 왔네. (내리려고 무릎 위에 뒀던 가방 집으려는데)

지수 …집까지 못 데려다줘서 미안해. 분만 콜이라….

혜주 …아니야, 괜찮아. 고마워. (문 열려는데)

지수 자기 지금 얼굴 너무 안 좋다…. 나랑 같이 올라가서 링거 좀 맞고 누웠다 가, 응?

혜주 …괜찮아.

지수 …그래, 그럼 가서 좀 쉬어.

혜주 …응. …갈게. 고마워.

혜주, 차문 여는데… 가방이 조수석 바닥에 떨어진다. 쏟아지는 소지품. (작은 화장품 파우치, 볼펜, 수첩, 손수건, 지갑, 정경은 기자 명함 정도)

혜주 …어. 미안. (허둥지둥 소지품 챙겨 가방에 넣는데)

지수 천천히 해. (하다가) …! (뭔가를 봤다!) 윤서야, 그 사진… 누구야…?

혜주 응? (지수가 보는 것, 혜주가 막 집어 든 수빈의 사진이다!)

지수 그거… 누구야…?

혜주 어, 이거… (망설이다가) 지훈이… 여자친구야… 그… 피해자….

지수 !!

혜주 (사진과 다른 소지품들을 얼른 가방에 넣으며) 그럼 갈게. 고마워.

지수 (애써 표정 지우며) 어어, 그래- 어- 가-

혜주, 차에서 내려 차문 닫으면. 지하주차장으로 들어가는 지수의 차.

42..... 동_ 지하주차장, 주차한 지수의 차 안 (낮)

마악 주차한 지수. 차에서 내리려다가 멈추고 뭔가 생각하는, 심경 복잡한 얼굴.
그때 병원에서 핸드폰으로 전화 다시 온다.

지수 (받는다) 어, 지금 주차했어, 올라가- (차에서 내리면서 전화 끊으려다가 갑자기) 어, 근데, 아까 배 아프다고 진료 보고 링거 맞은 그 환자,

43..... 동_ 건물 출입구 앞 인도 (낮)

지수(E) (넘어오는) 갔지?

누군가를 보고 우뚝 멈춰 서 있는 혜주!
건물 1층에서 나오고 있는 수빈이다!

혜주 …! 수빈아!!!

수빈 …!! (우뚝 멈춰 서는!)

혜주 수빈아!! (수빈에게 뛰어가자마자) 수빈아!! 정말 지훈이가 그랬어? 정말이야? 응?? 정말로 지훈이가 그랬어??

혜주의 다급한 다그침에 행인들(20대 여성 2명 일행/30대 남성 1명/50대 여성 1명), 힐끔거리며 쳐다본다. 수빈, 갑작스런 만남에 놀라기도 했고 사람들 시선이 신경 쓰이는데. 혜주는 행인들 시선이 눈에 들어오지

않고 몰아치듯 다시 묻는다.

혜주　뭐라고 말 좀 해봐! 정말 그랬어? 응?? 수빈아!!! (하는데)

수빈　(O.L.) 사람들이 쳐다봐요. 다른 데 가서 얘기해요. (골목으로 간다)

혜주　!

44..... 동_ 건물 옆 뒷골목 (낮)

좁은 골목.

혜주　수빈아, 나한텐 아니라고 했었잖아… 근데 정말이야…? 정말로 지훈이가… 너한테 그랬어?

혜주, 수빈의 대답을 기다리는 1, 2초가… 억겁의 시간 같다.
제발 아니라고 하길 간절히 바라는데,

수빈　…아니에요.

혜주　!! (훅 다리에 힘 풀려 순간 휘청이고, 눈물 쏟아진다) 아니지? 그치? 정말 아닌 거지?

혜주, 아무리 참으려 해도 눈물 왈칵 쏟아진다. 한 손으로 수빈을 잡은 채 고개 숙이고 흐느끼는 혜주. 가만히 그런 혜주를 보고 있는 수빈인데.

혜주　그럼 너, 괜찮은 거지? 그런 일 없이, 정말 괜찮은 거지?

수빈　(순간 표정) !

혜주　(울면서 혼잣말처럼 되뇌는) 다행이야, 정말 다행이야… 그럼 애기도 그래서 가진 거 아니지, 응?

수빈 ('애기' 소리에 흔들렸던 표정 지우고 차가워진다!) …….

혜주 (원망) 근데 그럼 대체 왜 그런 거야… 응? 돈 필요하면 그냥 달라고 하지, 왜 우리 지훈일 그렇게 나쁜 놈으로 만들었어! 왜!! 왜 지훈이 아빠한테 거짓말로 협박을 해서, 왜… 왜… (말 못 잇는데)

수빈 …네? 협박…이요?

혜주 (멈칫)

수빈 제가 협박했대요?

혜주 !! …아니…야? 폭로한다고 협박… 안 했어?

수빈 …네. 저 협박 안 했어요!

혜주 !!! 뭐? 그럼 지훈이 아빠가 왜….

혜주, 혼란스러워 말을 잇지 못하는데.
그런 혜주를 보는 수빈. 얼굴 서늘해진다.

수빈 아줌마. 지금 제 말 못 믿죠.

혜주 수빈아, 나는… (너무 혼란스러워 말 못 잇는다)

수빈 (빈정거리듯) 뭐, 이해해요. 전 가족도 뭣도 아니고 그냥 잠깐 알았던 애니까.

혜주 …….

수빈 근데요. 저, 진짜로 협박'은' 안 했어요. 다른 건 안 믿으셔도 되는데, 아무리 그래도 제가, 그 정돈 아니거든요?

혜주 !!

수빈, 홱 돌아서 간다. 혼란스러워 붙잡지 못하는 혜주.

45….. 거리 일각 (낮)

수빈, 빠르게 걸어가다가 갑자기 멈춰 선다. 소매 걷으면 링거 맞은 자리에 반창고.

플래시백 **신44. 다온 산부인과_ 건물 옆 뒷골목 (낮)**

혜주 !! …아니…야? 폭로한다고 협박… 안 했어?

순간… 멈칫하는 수빈의 얼굴. 그러나… 바로,

수빈 …네. 저 협박 안 했어요!

인서트 **의원회관_ 지하주차장, 주차한 중도의 차 안 (오전. 차창에 커튼 쳐 있다)**

수빈 (중도에게, 비아냥) 네, 저 지금 협박하는 거예요.

현재

수빈, 무슨 감정인지 알 수 없는 얼굴로 반창고를 팍! 뜯어 쓰레기통에 버린다. (반창고에 피 아주 조금 묻어 있다)

46…… 다온 산부인과_ 건물 옆 뒷골목 (낮)

그 자리에 그대로 우두커니 서 있는 혜주, 너무 혼란스러운….

47…… 혜주 집_ 안방 (밤)

해 졌고. (오후 8시쯤). 불 켜지 않은 컴컴한 방. 혜주, 모아 세운 무릎에 고개 묻고 있다. (혹은 화장대 의자에 우두커니 앉아 있다)
그때 끼이익, 방문 열리는 소리. 혜주, 고개 들면… 중도다.
중도, 문만 열었지 방 안으로 들어오지 않고. 혜주도, 일어나지 않는다.
혜주와 중도, 잠시 그 상태로 서로를 마주 보고 있는데….

혜주 …여보.

48..... 동_ 안방 앞 복도 (밤)

어두운 복도, 열려 있는 안방 문 사이로 새어 나오는 스탠드 불빛. (중도는 방 안으로 들어가 보이지 않는다)

열린 방문 사이로 들리는, 혜주의 목소리.

혜주(E) 아까…

49..... 동_ 안방 (밤)

혜주 …수빈이 만났어.

중도 !! 어디서? 언제??

혜주 아까… 우연히.

중도 !

혜주 근데… 수빈이가… 우리 지훈이가 그런 거 아니래.

중도 (멈칫)

혜주 …그리고… 당신한테 폭로하겠다고 협박한 적 없대…. 그게… 정말이야…?

중도 (한숨) 여보. 지금 그게 말이 돼? 당신은 김수빈 걔 말을 믿어?

혜주 !

중도 걔가 지금, 우릴 갖고 노는 거야.

혜주 수빈이가 우리한테 장난을 칠 이유가 없잖아! 그것도 이런 일을 가지고!

중도 (O.L.) 병원 상담 기록도 있었다고!!

혜주 !

중도 …그래, 걔 말이 맞다고 쳐보자. 김수빈이 지훈이 일로 나를 협박한 게 아니면. 기자회견 후에 지금까지 갠 왜 가만히 있을까?

혜주 !!

중도 그리고 난… (혜주 똑바로 보며) 당신을 속이고 전 국민을 속였단 얘기네.

혜주 (혼란스러운) 여보….

중도 내가 법 하나 바꾸겠다고 내 아들을 천하의 개새끼로 조작한 거야? 당신 남편, 그런 놈이야?

혜주 !! (너무 혼란스러워 아무 말도 못 하는) …….

중도 나는 당신을 한 번도 의심한 적 없는데.

혜주 !

중도 당신은 나를… 못 믿는구나.

혜주 …!

플래시백 7회 신61. 혜주 집_ 대문 앞, 정차한 중도의 차 안 (밤)

중도 옛날 일… 나한테는 설명할 필요 없어.

혜주 …!

중도 그 사람이 자살해서 공소권 없음으로 경찰수사도 안 했지만… 다른 증거, 증인 같은 거 없어도… 나는 너 믿어. 왜냐면… 너니까.

혜주 ! (울컥)

현재

중도 나는… 당신이… 나보다 다른 사람을, 그것도 그런 애를 더 믿는 일이 생길 거라곤… 상상도 안 해봤는데.

혜주 …….

혜주, 괴로워하는 중도를 보니 마음 흔들리고…
그러나 너무 혼란스러운데.

중도 (차분해져서) …김수빈이 또 뭐래.

슬퍼 보이는 중도. 혜주, 마음이 아프다.

중도 (체념하듯) 걔가 한 말 다 해봐. 또 무슨 거짓말을 했는지 들어나 보게.

혜주 …….

인서트 혜주 회상. 다온 산부인과_ 건물 옆 뒷골목 (낮. 신62의 인서트에서 선행)

혜주 (수빈의 어떤 말을 듣고) …뭐?

대문초인종(E) (갑작스레 회상을 끊는. 현재에서) 띵동띵동!

현재

요란한 대문 초인종 소리와 대문 쾅쾅 두드리며 "남중도!!" 외치는 남자 목소리!

혜주/중도 !!

50..... 동_ 대문 앞 (밤)

지훈외삼촌(E) 남중도 이 개새끼야!!

혜주 !!

중도의 가슴에 퍽! 맞고 떨어져 흩어지는, 혜주가 보낸 지훈의 사진들! (사진을 싸서 보냈던 책수선 포장지도 함께 흩날린다. 택배 뜯어서 포장지에만 싸서 들고 온 것)

동네 사람들(40대 부부/50대 여성 1명: 자전거 타고 가던 길/여중생 2명: 지청중 교복, 학교가방) 멀리서 수군대며 보고 있고. 지훈 외삼촌이 몰고 온 차 있다.

지훈 외삼촌, 밭일하다가 급히 뛰어온 옷차림(흙 묻은 고무장화 등).

지훈외삼촌 (중도 멱살 잡고) 이딴 것만 보내면 다가? 니가 지후이한테 우째 이래!!

중도 (저항 않는)

혜주 !! (외삼촌 팔 잡는다) 이러지 마세요! 제발 놓고 얘기하세요!!

지훈외삼촌 (옷깃의 의원배지 보고) 금뺏지 달았다고 니 새끼 귀한 것도 까뭇나? 어?? 지후이!! 지 엄마, 우리 수혀이 목숨값하고 바꾼 아다!! 근데 그런 아를 아빠란 인간이 전 국민 앞에서 효수를 시켜?? 니가 그카고도 부모야?! 아무리 지후이가 큰 잘못을 했어도, 어떻게 이라노!!

혜주 이러지 마세요! 제발요!! (외삼촌 팔 잡고 떼내려는데)

지훈외삼촌 새엄만 좀 빠져요!! (혜주를 팍! 밀치는데)

혜주 !! (휘청한다!)

중도 ! 여보!! (빠르게 혜주 잡는다) 괜찮아? (외삼촌에게) 형님!! 저하고 얘기하세요, 저하고요!!

지훈외삼촌 (분노) 니가 지금 내 앞에서 저 여자 편을 드나?? 어?? 수혀인 이제 마 죽고 없다 그기야?

중도 형님!! 저 여자라니요!!

지훈외삼촌 우리 수혀이, 니 아들 살린다고 치료도 못 받고 죽었어! 근데 그렇게 살린 아한테, 지금 사람들이, 무덤 파내서 전자발찌를 채우라칸다. 전자발찌를!!

혜주/중도 !

지훈외삼촌 자네 새장가 간다 캤을 때 내가 그람 마 지후이 우리한테 보내라고 캤나 안캤나! 근데 그때 니가 뭐라캤노. 잘 키운다 안캤나!! 그래서 믿고 저 여자 밑에 뒀디, 지금 이게 다 뭐꼬!!!! 아가 얼마나 눈칫밥 먹고 외로밨으면 그래 엇나가, 엇나가기를!!

중도 …….

혜주 (가슴 미어진다)

지훈외삼촌 (중도 붙잡고 오열) 아이고, 수현아… 니 원통해서 우짜노….

중도 …….

혜주 …다 제 잘못이에요….

51...... [혜주 회상] 엇나간 지훈을 위해 노력하던 중도 (과거)

51-1.....동_ 1층 거실 (밤. 2017년 5월, 지훈 고1 봄)

지훈이 사고치던 초기. 방금 퇴근한 중도(의원배지, 옆에 가방)와 혜주, 지훈(얼굴에 반창고 상처 1, 2개, 입술 살짝 터진/교복 아님). 밤 11시쯤이다. 지훈을 어르면서 달래고 있는 중도(아직 지훈과 사이가 본격적으로 틀어지기 전). (이미 너무 속상한) 혜주, 살짝 물러나 있다.

중도 지훈아. 너 요새 대체 왜 이래. 고등학교 공부가 힘들어? 아님 누가 괴롭혀? 아빠한테 다 말해봐.

지훈 (뚱하게 듣다가 팍 터지는) 말하면 해결해줄 거예요? 아, 다 짜증난다고요! (일어나 쿵쾅쿵쾅 발소리 내며 실내계단 올라가더니 방문 쾅!)

중도/혜주 (지훈의 반항에 충격받는) !!

51-2.....동_ 서재 (낮. 2017년 8월, 지훈 고1 한여름)

서재 청소하는 혜주. 산더미 같은 자료들 건드리지 않게 조심조심해 손걸레로 먼지 닦다가 멈칫. 쌓여 있는 업무 관련 자료(출력물, 책자, 책) 한 켠에 청소년 심리 상담, 좋은 부모 되기 책 10여 권이 쌓여 있다. (책들은 이미 여러 번 읽어 중간중간 포스트잇 플래그가 붙어 있거나 접어놓은 흔적들)

혜주, 책더미 중간에 삐져나온 A4 인쇄물의 '…의 대화법' 글자를 본다. 종이(인쇄물 여러 개)를 빼보면… '사춘기 자녀와의 대화법'. 중도가 다녀온 부모 교육 인쇄물[16]이다.

혜주 (전혀 몰랐다) …!

16 A4 용지 5, 6장짜리, 스테이플러로 찍어놓은 인쇄물. 교육 참가자들에게 나눠준 교육자료. 표지: 사춘기 자녀와의 대화법 / 2017.6.4.(일) 오전 11시 신양구립청소년상담복지센터 제2회의실

함께 있던 다른 인쇄물들도 보면, 모두 중도가 참석해 공부한 부모 교육 자료들이다. (2017년 5월~8월의 주말 교육들 7~8건[17]/중도의 공부 흔적들이 역력한…)

혜주, 울컥하는….

52..... [현재] 동 장소 (밤)

혜주 지훈이 아빠는… 지훈이한테 정말 최선을 다했어요…. 모자람이 있었다면 다… 제가 부족해서예요. 그러니까//(지훈이 아빠한테)

그때 중도, 지훈 외삼촌 앞에 무릎 꿇는다!

혜주 !

중도 오늘 일, 어떤 비난이든 달게 받겠습니다. 하지만 저한테만 하세요! 이 사람은 그 누구보다도 지훈이 사랑한, 지훈이 엄맙니다!!

혜주 …!!

더 이상 아무 말도 못 하는 외삼촌.

무릎 꿇은 채 일어나지 않고 있는 중도.

그런 중도를 보는 혜주의 얼굴.

바닥에 흩어져 있는 지훈의 사진들. 사진 속 지훈, 활짝 웃고 있다.

53..... 동_ 근처 일각 (밤)

동네 주민들 뒤. 학원 갔다가 오던 윤서(교복, 가방), 다 봤다. 눈물 흘리는.

17 좋은 아빠 되기 「아빠도 아빠가 처음이라」 / 10대 자녀의 방황, 어떻게 대처해야 할까 / 청소년 방황의 원인과 대책 / 사춘기 아들 바라보기 / 자녀의 사춘기: 자녀를 이해하기 / 사춘기 내 아이 도대체 왜 이럴까? / 공감과 소통을 통한 건강한 부모 자녀 사이 만들기 / 10대 아들과 소통하는 아빠

54..... 칼국수집_ 안 (밤)

여진과 우재. 우재가 찾아온. 음료나 술은 없고.

우재 …오늘 낮에… 감사하고 죄송했습니다.

여진 (아무 말도 하지 않고, 소리 없이 눈물만 흘리는/격한 오열 아님)

55..... 혜주 집_ 안방 (밤)

들어오는 중도, 지쳤다. 그냥 바로 침대에 걸터앉아 두 손바닥에 얼굴 묻는데….

뒤따라 들어온 혜주, 그런 중도 가만히 바라보다가 주워온 지훈의 사진들(책수선 포장지에 대충 싼)을 협탁 위에 올려놓고 중도 곁에 나란히 앉는다.

혜주 아까 낮에 내가… 당신이 지훈일 이용했다고 했었던 말…

중도 (혜주 보면)

혜주 …내가 지나쳤어. …미안해. 내가 왜 당신을 의심했을까… 당신, 지훈이… 아빤데….

중도 …….

혜주 (가만히 중도를 보다가 안는다) …미안해.

중도, 혜주 어깨에 고개 묻는다. 흐느끼는 듯 조금씩 떨리기 시작하는 중도의 등.

그런 중도의 등을 꽉 끌어안는 혜주. 미안함과 슬픔 가득한….

56..... [몽타주] 모두 잠 못 이루는 밤

56-1.....동_ 지훈의 방문 앞 (밤)

방문 열려 있지만 차마 못 들어가고. 그 앞에 망연히 서 있는 혜주의 뒷모습.

56-2.....동_ 윤서 방 (밤)

이불 뒤집어쓰고 엉엉 우는 윤서.

56-3.....동_ 안방 (밤)

중도, 협탁 위에 있는 지훈의 사진들을 집어 든다. (혜주가 주워온, 책수선 포장지에 다시 싸놓은 지훈의 사진들이다. 포장지가 열려서 지훈의 사진임이 보이는)

사진을 한 장씩 넘겨보는 중도.

56-4.....칼국수집_ 안 (밤)

혼자 우두커니 있는 여진.

57..... 수빈 오피스텔_ 안 (밤)

어두운 방. 수빈, 침대에 모로 누워 있는데, 감정을 알 수 없는 표정.

플래시백 신44. 다온 산부인과_ 건물 옆 뒷골목 (낮. 수빈 시점에서)

혜주 그럼 너, 괜찮은 거지? 그런 일 없이, 정말 괜찮은 거지?

수빈 (순간 표정)!

혜주 (울면서 혼잣말처럼 되뇌는) 다행이야, 정말 다행이야….

우는 혜주를 보는 수빈의 순간 동요하는 얼굴.

플래시백 2회 신27. 혜주 집_ 지훈의 방 (밤. 수빈 시점에서)

혜주 (조심스레) 혹시 우리 지훈이가… 혹시… 수빈씨가 원치 않는데… 혹시… 그런 건지….

혜주, 수빈의 대답을 긴장해 기다리고. 그런 혜주를 보는 수빈의 얼굴. 혜주가 이런 걸 물을지 예상을 못 했기에 순간 동요하지만 애써 감추는 얼굴.

현재

수빈 ……….

그때, 도어록 비번 누르는 띡띡띡띡 소리가 난다.
수빈, 깜짝 놀라 벌떡 일어난다!
그제야 화면에 수빈이 있는 공간 보이면, 모텔 방이 아니라 침대 하나[18]만 있는 새 오피스텔 원룸이다. (창에서 들어오는 도심 불빛 등에 의해 희미하게 보인다)
그때, 도어록 풀리는 경쾌한 소리와 함께, 현관문 열린다! 겁에 질리는 수빈!

58….. 정순의료원_ 외경 (오전)

59….. 동_ 유신의 병실 (오전)

유신, 아침식사 막 마쳤다. 승희, 물컵을 유신 입에 대주고. 유신, 기운 없이 마신다.

승희 …이것(쟁반) 좀 내놓고 올게.

승희, 그릇 쟁반 가지고 나가면. 기영과 유신 남는다.

18 이불, 매트리스 커버나 베개 커버 없이 딱 매트리스와 흰 베개(속통) 1개만 있다.

기영 …어머니. 잠깐 저랑 얘기 좀 하시죠. (할 말이 있는데)

유신 머리 아파. (눈 감고 이불 끌어 올린다, 대화 차단하는)

유신을 보는 기영, 한숨 나오고. 마음이 복잡하다.

60...... 동_ 복도, 휴게실 앞 (오전)

식기 반납하러 가던 승희, 우뚝 멈춰 서 있는데. 승희의 시선, 휴게실 TV에 꽂혀 있다. 휴게실에는 환자 1명(남, 40대, 링거폴대), 보호자 1명(여, 40대), TV 시청 중.

TV, YBS 채널 뉴스인데. 화면은 중도의 기자회견. 띠 자막:

남중도 "가해자가 자살한 성범죄 피해자들의 억울함을 없애고파"

마치 승호를 저격하는 듯한 자막! 보고 있는 승희, 어금니를 꽉 깨무는!

61...... 달리는 중도의 차 안 (오전)

두섭 운전. 뒷좌석 중도와 우재. 우재, 오늘의 인터뷰 일정을 보고 중이다.

우재 남궁솔법 발의 관련 인터뷰가 오늘은 십삼 시부터 일곱 건, 내일은 다섯 건입니다.

그때 우재, 중도가 의원배지를 달지 않은 것을 본다.

우재 …배지, 안 다셨네요.

중도 (옷깃 내려다보고 그제야 알아챈다) …어? 어. 몰랐어.

우재 (이해한다) …어제오늘 일이 좀 많으시긴 했죠.

중도 …….

62..... 혜주 집_ 안방 (낮)

누워 있는 혜주. 커튼 쳐서 어둑어둑하다(오전 11시 정도). 컨디션이 매우 좋지 않다.

협탁 위에는 이미 먹은 타이레놀 껍질과 물컵 있고.

혜주, 겨우 일어나 침대 모서리에 기운 없이 앉아 있다가 부부 욕실로 걸어가는데…

혜주 …아!

뭔가를 밟았다. 혜주, 밟은 것을 집어 들면… 중도의 의원배지다.

혜주, 협탁에 배지를 올려놓고 욕실로 한두 걸음 가다가… 멈칫! 멈춰 선다. (혹은 배지를 내려놓으려다가 멈칫!) 어떤 기억이 났다! 배지를 (돌아)보는 혜주!

플래시백 1회 신41. 혜주 집_ 안방 (밤)

혜주, 침대에서 내려와 어두운 방 나가려는데,

혜주 (뭔가를 밟았다, 아픈) 아!

혜주, 스탠드 켜고 보면, 바닥에 떨어진 의원배지를 밟았다.

배지 줍는 혜주.

혜주 (협탁 위에 올려놓으며, 대수롭지 않게, 혼잣말) …너무 급하게 나가셨네….

플래시백 9회 신50. 기름집_ 안 (낮)

귀순 의원님처럼 바쁘신 분이, 해도 지기 전에 빈소에 와주신 것도요….

혜주 (귀순 위로하며 넘겨듣다가 순간 뭔가 살짝 이상) …아, 남편이 그날 밤에 좀

많이 늦게//(갔었을걸요)

귀순 (O.L.) 아녀요~ 금배지 달고 오신 분을 제가 어떻게 잊어요.

인서트 다온 산부인과_ 건물 옆 뒷골목 (낮. 신44 보충)

수빈, 홱 돌아서 가고. 혜주, 어쩌지 못하고 보고 있는데… 수빈, 갑자기 우뚝 멈춰 서더니 돌아서서 다시 온다!

수빈 지훈이가 죽던 날 밤에 마지막으로 만난 사람이 아저씨잖아요.

혜주 …뭐?

플래시백 1회 신61. 신양경찰서_ 참고인 조사실 (오전)

강력형사1 (중도에게) 아버님은 아드님을 만나신 적이….

중도 …없습니다.

혜주 …….

현재

혜주 …!

63..... 지훈 납골당_ 안 (낮)

어제 중도가 두고 간 국화 한 송이와 혜주가 두고 간 꽃다발이 가지런히 있다. 조금 시든 꽃들.

지훈의 안치단을 물끄러미 바라보고 있는 중도(혼자다/이날은 내내 의원배지 착용X). 안치단 안의, 지훈 중학교 졸업식에서의 가족사진을 보고 있다. 마음 복잡하고 괴로운 얼굴. (울지는 않지만 감정 올라와 눈가가 붉어질 수도… 그러나 참는)

64..... 동_ 출입구 앞 (낮)

안에서 나온 중도. 기다리고 있던 우재와 주차장으로 천천히 걸어가며 대화 나눈다.
조금 전 지훈의 안치단을 바라보던 때의 감정은 완벽히 숨긴 얼굴.

중도 …계산 미스였어. 아내가 김수빈을 마주친 건.

65..... [중도 회상] 강순홍의 폭로 협박

65-1.....라디오 방송국_ 지하주차장 (어제 오전/ 11회 신74 + 보충)

건물 엘리베이터 홀에서 지하주차장으로 나온 중도(혼자), 진석(경민 수행).
진석과 경민, 바로 앞에 대기 중인 차를 타고 떠나고.
배웅한 중도, 옆에 있는 자기 차로 다가가면, 운전석에 있던 두섭이 차문 연다.
중도, 타려는데… 전화가 온다. '강순홍 의원'.
뭐야? 싶지만 받는 중도.

중도 (통화) 네, 의원님. 이 아침에 어쩐 일이십니까. // …네?

65-2.....동_ 지하주차장, 주차한 중도의 차 안 (어제 오전)

중도 혼자다. 강순홍이 보낸 카톡 음성메시지를 스피커폰으로 재생 중. 채팅창에, 강순홍이 보낸 수빈과 지훈의 다정한 사진들 서너 장, 수빈이 중도의 집에서 나오는 사진이 함께 보인다. (한 번에 모아 보내서 채팅창에 바둑판 섬네일처럼 보이는)

여자의사(E) (카톡 음성메시지: 지수와 구분하기 위한 사투리 억양 약간, 민감한 이야기라 조심스럽다) 김수빈 님, 지난달에 저희 병원 내원하셔서 임신중단 문의하셨을 때…

65-3.....튼튼산부인과_ 진료실 (낮. 며칠 전)

예은, (신65-2의) 여자 의사와 마주 앉아 있는데. 대화를 핸드폰으로 몰래 녹음 중인!

여자의사 성폭행 피해로 임신하셨다고 제가 차트에 기록해놨거든요…. 가해자가… 남자친구라고 하셨었고….

65-4.....라디오 방송국_ 지하주차장, 주차한 중도의 차 안 (어제 오전. 신65-2 직후)

중도, 강순홍과 핸드폰 통화 중인 굳은 얼굴.

강순홍(F) 제가 마침 오늘 오전 11시에 기자회견장을 예약해놨지 뭡니까? 그 시간을 양보해드릴 테니, 일전에 제기한 영산 땅투기 의혹은 오해였다고 기자회견 하시면 어떻겠습니까?

중도 …!

강순홍(F) 아니면 그 시간을 그냥 제가 쓰고, 아드님 얘기를 한번 해볼까요? 허허….

중도 (표정 굳은!)

66..... [과거] 의원회관_ 정문 1층 로비 (어제 오전)

차에서 내려서 로비로 들어서는 중도. 굳은 얼굴인데… 핸드폰에 전화 온다(진동).

중도, 걸어가며 핸드폰 꺼내 보면 저장 안 된 010번호인데.

그때, 로비에서 핸드폰으로 (중도에게) 전화 걸고 있던 수빈과 눈이 마주친다!

(수빈, 다른 손에 (8회 신82의) 중도 명함을 들고 있다)

67..... [과거] 동_ 지하주차장, 주차한 중도의 차 안 (어제 오전. 차창에 커튼)

중도와 수빈만 있다. 중도, 강순홍이 보낸 음성파일을 방금 재생해 들려준 후다.

중도가 들고 있는 핸드폰, 방금 음성파일을 재생한 강순홍과의 카톡창인데.

수빈 (당황) 아, 그때 제가 병원에서 그랬던 건요… 애 지우는 거, 범죄 피해자만 할 수 있다고 들어서 그랬던 거거든요? 법 바뀐 거 몰랐어요. 암튼 저 임신한 건 절대 그런 이유 아니에요!

중도 그럼 애는 누구 애야. 성폭행은 아니래도 애 아빠 지훈이가 맞아?

수빈 (말하기 싫지만) …아니에요. 전남친이에요.

중도 …….

수빈 …그러니까… 그 병원 상담 기록은 완전 오해예요. 제 임신하고 지훈인 아무 관계가 없다구요!

68..... [과거] 국회 소통관_ 기자회견장 (어제 낮)

중도 (기자회견) …피해 여성분과 국민 여러분께… 다시 한번 사죄드립니다. (잠시 말 멈췄다가) 더불어… 지난달 이 자리에서 제기했던 보국보민당 강순홍 최고위원의 충북 영산시 땅투기 의혹도,

69..... [과거] 강순홍 의원실_ 의원실 (어제 낮. 신14 보충)

중도 (TV 속) 조만간 낱낱이 파헤쳐드릴 것을 약속드립니다.

TV 속 중도, 카메라 플래시 세례 아래, 마치 강순홍에게 선전포고를 하듯 정면을 똑바로 본다! 중도의 기자회견을 보고 있는 강순홍, 분노해 테이블 쾅! 내리친다.

형태 (당황) 아니, 저게 지금, 저게 아닌데….

70 ..... [현재] 지훈 납골당_ 마당 (낮)

우재 이런저런 리스크가 있었지만… 그래도 결국 의원님이 뜻하신 바대로 되어가는 모양샙니다.

중도 …아내와 지훈이에겐… 죽을 때까지… 죄책감 갖겠지. 하지만 세상을 위해, 더 많은 사람들을 위해선 어쩔 수 없었어.

71 ...... [과거] 의원회관_ 지하주차장, 주차한 중도의 차 안 (오전. 차창에 커튼 쳐 있다)

수빈 미쳤어요?? 제가 지훈이한테 성폭행 당했다고 기자회견을 하겠다고요?

중도 너, 집 필요하다며.

수빈 …!

중도 뒤처리는 내가 알아서 해.

수빈 (살짝 갈등) …아줌마가 상처받을 텐데요.

중도 너하곤 이제 아무 관계없는 사람이잖아? 그 사람이 너한테 잘해준 건, 다 니가 임신한 (수빈 배 눈짓하며) 그 애가 지훈이 애라고 생각했기 때문이라고.

수빈 (결정했다, 냉정해지는 얼굴) …알겠어요. 돈은 언제 줄 건데요?

72 ..... [과거] 수빈 오피스텔_ 안 (밤. 신57 보충)

깜깜한 방에서 대화하는 수빈과 우재.

우재, 여유롭고. 수빈, 사실 겁먹었지만 아닌 척하는.

수빈 (뻔뻔하게) 밖에만 말 안 하면 되는 거잖아요. 그리구 아줌마 어차피 제 말 믿지도 않았어요.

우재 …….

수빈 근데 아저씨도 잘한 건 없거든요? 제가 폭로 협박했다고 아줌마한테 거짓말할 필요까진 없었잖아요!

우재 (O.L.) 니가 여태 한 거짓말이 몇 갠데, 지금 거짓말 타령하는 거야?

수빈 (말문 막히는) …….

우재 (피식) 왜. 사모님한테 그 정도까지 최악인 애로 남고 싶지는 않았어?

수빈 (정곡을 찔렸다!) …….

우재 잘 들어. 한 번만 더 약속 깨면 이 집이고 뭐고 바로 끝이야. 알겠어?

수빈 …네.

73 ..... [현재] 지훈 납골당_ 마당 (낮)

우재 이제 김수빈 쪽은 미스 안 날 겁니다. 다만…

중도 (보면)

우재 혹시라도 사모님이 아시면…

중도 …그런 일은 없을 거야. …아내는 나를,

74 ..... 기름집_ 안 (낮)

중도(E) (넘어오는) 의심하지 않아. …절대로.

혜주의 혼란 가득하고 두려운 얼굴.

귀순, 내실에서 빈소 방명록 책을 가져온다.

귀순 의원님이, 사모님 가시고 첫 조문객이셨던 것 같은데… (방명록 열며) 이거 보세요! 제일 앞에 있잖아요!

혜주 !!

방명록의 첫 페이지, 첫 이름. '남중도'다!

75 ..... 지훈 납골당_ 마당 (낮)

중도 진승호 사건은 오늘내일 중으로 터질 거야. 대비해줘.

우재 (보면)

중도 진승희 쪽이 기자회견을 보면 가만있지 않을 거야. 영산 땅 문제와는 별개로, 남궁솔법이 진승호를 저격한다고 생각할 테니까.

우재 네.

중도 어차피 진실을 증명할 길은 없어. (자신 있다) 하지만, 여론을 등에 업는 쪽이 바로

76 ..... 정순의료원_ 복도 일각 (낮)

중도(E) (넘어오는) 진실이 될 테니까.

핸드폰으로 네이트판에 글 쓰기 시작하는 승희! 제목:
국회의원 남중도의 부인이 제 쌍둥이 오빠를 죽였습니다

77 ..... 태양 부동산_ 안 (낮)

장식장에 '감사패/태양상가 번영회장 배경국' 여러 개(상가번영회에서 매년 수여).
찾아온 혜주를 맞고 있는 번영회장과 번영회장 부인(여, 60대). 믹스커피 종이컵 3개.

번영회장 의원님이요? 그날 빈소 차리자마자 오셨지? 여보.

번영회장부인 네. 저녁 시간에 오셨는데 일정 있으시다고 식사도 못 하시고 가셨어요.

혜주 (애써 침착하려 하지만…) !!

플래시백 1회 신39. 혜주 집_ 안방 (밤)

중도 지청2동 태양상가 번영회장 빙모상이라네.

혜주 (탁상시계 보면, 11시 14분) 너무 늦지 않았어, 지금?

중도 내일도 일정 빡빡해. 차라리 지금 다녀와야지. (혜주 이불을 목까지 덮어 주고) 갔다 올게. 자.

카메라, 다시금 탁상시계 비추면, 11시 14분에서 15분으로 분침 옮겨가는.

인서트 신양장례식장_ 특실 빈소 앞 (2회 신62의 인서트 보충)

번영회장 빙모상 조문하고 나오는 중도(앞모습 보이지 않음). 우재와 운규 뒤따르고. 번영회장, 빈소 입구까지 나와 중도를 배웅한다.

인서트 신양장례식장_ 남궁솔 빈소 앞 → 안 (2회 신62의 인서트 보충)

출구로 가던 중도, 구석의 남궁솔 빈소 앞을 지나가다 멈춰 선다. 빈소 입구에 붙은 고인 이름이 눈에 들어온.

중도 (우재에게 나지막이) 여기 잠깐만.

중도, 들어가다가 아무 이름도 안 적힌 깨끗한 새 방명록을 본다. 그 앞에 멈춰 서고. 이름 쓰려 펜 집어 든다.
빈소 밖, 텅 빈 남궁솔 빈소의 접객실(혹은 바깥 복도)의 창밖, 밖이 아직 밝다!
(창문 있는 곳을 찾기가 어려우시면 빈소의 벽시계가 보여도 됩니다)
방명록에 이름 쓴 중도, 빈소로 들어가는데… 옷깃에 달린 배지!

귀순(E) (선행하는) 그날 배지 달고 오셨다니까요?

인서트 기름집_ 안 (낮. 신74 보충)

귀순 제가 똑똑히 기억해요! 의원님이 우리 솔이 빈소 들어오셨을 때, 누구신지 그 금배지를 보고 알아봤는걸요! 제가 다른 건 다 잊어도 그날 의원님 알아보고 놀랬던 건 죽을 때까지 못 잊어요!

혜주 (흔들리는 눈동자) !!

78..... 주차한 중도의 차 안 (밤. 비) / 차창에 커튼 쳐 있어 시기, 주차 장소 불분명

중도, 검은 양복, 검은 넥타이. 의원배지 없는 옷깃!

지훈 (노려보며 뱉는) 내가 반드시 아빠, 다시는 정치 못 하게 만들 거야!

중도를 노려보는 지훈. 지훈이 좌석 옆에 내려놓은 벽돌색 바람막이.

수빈(E) (신62에서) 지훈이가 죽던 날 밤에

79..... [플래시백] 한강 고수부지 (밤. 1회 신54)

수빈(E) 마지막으로 만난 사람이

떠올라 있는 지훈의 시신. 입고 있는 벽돌색 바람막이!

80..... [현재] 태양상가_ 앞 (낮)

수빈(E) 아저씨잖아요.

상가 앞 거리에 우두커니 서 있는 혜주의 흔들리는 눈동자에서….

13 회

1....... [과거] 신양장례식장_ 일각 (밤)

혜주와 여진(둘 다 상복). 혜주, 완전히 지쳤고. 여진이 위로하는.

혜주 언니… 있잖아… 나 지훈이 마지막으로 봤던 게… 오피스텔 얻어줬던 날이었거든….

여진 …….

혜주 근데… 그날…

플래시백 1회 신59. 지훈 오피스텔_ 안 (낮)

혜주 아빠한테 전화도 한번 드리구.

지훈 …….

현재

혜주 …아빠한테 전화하라고 말만 하지 말고 그 자리에서 내가 걸어서 바꿔줬어야 했어….

여진 …….

혜주 지훈이 아빤… 재판 때도, 면회도 안 갔었으니까… 그때 내가 전화 걸어서 바꿔줬으면 애 목소리라도 들었을 텐데….

인서트 동_ 빈소 안 (낮)

혼자 우두커니 서서 지훈의 영정사진을 바라보고 있는 중도.

현재혜주(E) 그러니까 지훈이 아빤 지훈일 마지막으로 본 게, 반년도 더 전인 거잖아….

현재

혜주 그래서 지금 너무 미안하고… 너무 마음이 아파…. (흐느낀다)

2....... [현재] 책수선실_ 안 (낮)

들어와 문 닫고, 문에 겨우 기대서는 혜주. 너무 혼란스러운.

3....... [플래시백] 1회 신39. 혜주 집_ 안방 (밤)

중도 지청2동 태양상가 번영회장 빙모상이라네.

혜주 (탁상시계 보면, 11시 14분) 너무 늦지 않았어, 지금?

중도 내일도 일정 빡빡해. 차라리 지금 다녀와야지.

4....... [플래시백] 12회 신77. 태양 부동산_ 안 (낮)

번영회장 의원님이요? 그날 빈소 차리자마자 오셨지? 여보.

번영회장부인 네. 저녁 시간에 오셨는데 일정 있으시다고 식사도 못 하시고 가셨어요.

혜주 (애써 침착하려 하지만…) !!

5....... [플래시백] 다온 산부인과_ 건물 옆 뒷골목 (낮. 12회 신62의 인서트)

수빈 지훈이가 죽던 날 밤에 마지막으로 만난 사람이 아저씨잖아요.

혜주 …뭐?

6....... [플래시백] 1회 신61. 신양경찰서_ 참고인 조사실 (오전)

강력형사1 (중도에게) 아버님은 아드님을 만나신 적이…

중도 …없습니다.

7....... [현재] 책수선실_ 안 (낮)

겨우 버티고 서 있는 혜주 위로,

혜주(E) (속말 느낌, 그러나 선행하는 대사) 당신… 그날 밤에… 지훈이 만났어…?

타이틀 IN.

8....... 동_ 안 (밤)

신7에서 창밖의 시간만 경과한 같은 장소. 마주 선 혜주와 중도.

중도 (전혀 예상 못 했다, 멈칫) …뭐?

혜주 지훈이… 사고난 날 밤에 말이야… 당신… 지훈이 만났어?

침묵. 혜주, 숨도 못 쉬고 중도의 답을 기다리지만
중도, 대답하지 않는다.

혜주 (대답이 없네… 내 추측이 맞았구나…) …당신 그날 밤에 집에 들어왔다가 태양상가 번영회장님 장모님 돌아가셨다고 다시 나갔었잖아. 우재씨 전화 받고. …근데 번영회장님한테 들었어. 조문… 저녁에 갔었다고.

중도 (표정 변화 없이 혜주를 보고 있는) …….

혜주 우재씨까지 동원해 거짓말하고 그 밤중에 나가서… 누구 만났어?

중도 …….

혜주 지훈이 만났어?

침묵 흐른다.

혜주 왜 아무 말도 안 해!//

중도 (O.L.) 지훈이 안 만났어.

혜주 …!!

다시 정적.

혜주 진짜 안 만났어? 그럼 누구 만났어? 거짓말까지 하고 나가서 만날 사람이 대체 누군데!

중도 …미안해. …말할 수 없어.

혜주 (충격) !!

침묵 흐른다. 흔들리는 눈빛으로 중도를 바라보는 혜주.

혜주 …왜 말을 못 하겠단 건데. …여자라도 만난 거야?

중도 !! 혜주야!!!

9……. 삼겹살 식당_ 안 (밤)

우재, 민석, 빛나, 자영, 강호. 밑반찬만 세팅되어 있다. 맥주 3병, 맥주 잔 5개. 강호는 선배들 재킷 받아 비닐봉지에 넣고 있고. 자영은 수저 세팅 중. (민석이 돕고)

우재 저희 다시 사무실 들어갈 거지만 한 잔씩만 하시죠?

일동 좋습니다~ // 좋아요~

민석 (TV 보고) 어, 의원님 나오신다.

일동, 가게의 TV 쳐다보면. YBS 저녁뉴스(음소거). 화면은 중도의 기자회견.

띠 자막: '남궁솔법' 찬반논란 뜨거워… 여론조사 "10명 중 7명 찬성"

빛나 …저 솔직히 남궁솔법 추진, 좀 회의적이기도 했거든요. 법리적으로 안 되는 법이니까요. 그런데 지금 여론 어마어마한 거 보니, 이 기세로 가다간 정말 통과가 될 수도 있겠다 싶어요.

민석 법안 통과가 안 되더라도 잃을 건 없죠~ 지금 시기에 이런 화제몰이는 총선엔 무조건 플러스니까.

그때 띠 자막 바뀐다:

'아들 성폭력 고백' 남중도, 여의도 태풍의 눈으로 급부상

자영 근데 저는 사실 너무 놀랐어요. 어떻게 의원님 같은 분한테서 저런 아들이…(말끝 흐린다)

우재 …….

자영 그리고 솔직히요… (좌중 눈치 보면서) 아무리 자식이 큰 잘못을 했어도 저렇게 공개처형 하시는 거 보고 처음으로 우리 의원님 좀 무섭단 생각도 했어요.

민석 (단호) 아니지. 그건 무서운 게 아니라 진짜 대단하신 거지.

그때 직원(여, 50대)이 고기 접시 놓고 간다. ("삼겹살 나왔습니다~"/"감사합니다~") 강호와 자영, 집게 집어 들고(자영의 집게를 민석이 빼앗으려 실랑이하고, 자영은 좀 삐죽하고) 불판에 고기 얹기 시작한다.

빛나 (우재에게) 한잔 받으시죠~

우재 아, 네. (술 받으려 맥주잔 잡는데)

우재 옆에 내려놓은 핸드폰에 전화 온다(벨소리). 박영수 기자의 전화다.

우재 어, 잠시만요. (잔 내려놓고, 전화 받는) 네, 선배. // (얼굴 확 굳어서) 네?

10…… 책수선실_ 안 (밤)

중도 혜주야, 지금 그게 무슨 말이야!! 여자라니!!

혜주 그럼 도대체 누굴 만난 건데! 지훈이 진짜 안 만났어?

그때(혜주가 묻자마자) 핸드폰 벨소리가 날카롭게 울린다.

흠칫하는 혜주와 중도.

중도의 핸드폰(주머니)에 전화가 오고 있다. 끊기지 않는 전화벨.

중도, 어쩔 수 없이 핸드폰 꺼내 보면, 우재다.

중도 …잠깐만. (받는다) …어. 왜. // !! …뭐??

우재(F) 진승희씨가 쓴 폭로글이 지금 빠르게 퍼지고 있습니다.

중도, 혜주를 쳐다보는 데서,

11 ...... 정순의료원_ 유신의 병실 (밤)

침대에 있는 유신. 곁에 앉아 있는 승희.

승희 …엄마. 내가 인터넷에 다 폭로했어. 김재은이 승호한테 성추행 누명 씌워서 승호가 죽었다고.

유신 (당황) …뭐?

승희 엄마 오랫동안 힘들었던 거… 이제 곧 다 끝날 거야.

유신 !!

12...... 책수선실_ 안 (밤)

승희가 네이트판에 쓴 폭로글을 자기 핸드폰으로 보고 있는 혜주. 조회수 폭발했고, 댓글도 혜주를 향한 비난 세례[1]로 가득하다. 하얗게

1 조회수 101,699 / 댓글 1,081개 // 남궁솔법과 혜주를 엮은 댓글들이 화면에 잘 보이게 : 아내 과거는 묻고 남궁솔법 발의라니ㅋㅋㅋㅋ // 저기요 남궁솔법이 꽃뱀 수사도 제대로 해주나요?^^ // 우리 남중도 부인법도 발의합시다! 죽어서도 성범죄 무고를 끝까지 밝혀내라!! // 남궁솔법은 남중도 부인처럼 피코하는 꽃뱀 것들한테만 유리한 법 아님? // 정치하려고 아내 범죄를 묵인하는 건 아니죠 // 사람 죽여놓고 개명까지 했으면서 정치인하고 결혼할 생각을 하다니 간도 크다 // 저 집 억울해서 어떻게 20년을 참았냐 // 합의금 뜯어내려고 쑈했는데 일이 커져서 튀었던 듯 // 죽은 피해자가 서울대 법대 합격했었고 지금은 남중도하고 결혼한 걸 보

질리는 혜주.

그때 중도의 핸드폰 울린다. 기자 전화[2]다. 중도, 버튼 눌러 벨소리 음소거시키고 핸드폰을 주머니에 다시 넣고 혜주를 보면. 혜주, 창백한 얼굴로 핸드폰 보고 있다.

중도, 혜주가 폭로글과 댓글을 안 봤으면 좋겠다. 혜주의 핸드폰을 잡으려고 손 내미는데 혜주, 순간 흠칫하며 뒤로 물러선다.

중도 …그만 봐.

중도, 핸드폰을 부드럽게 빼앗아 작업대 위에 뒤집어 올려놓는다.

중도 그때 공소권 없음으로 수사를 못 했기 때문에 이 일은 여론재판이 될 거야. 여론이 지지하는 쪽이 곧 진실이 될 거라고. 그러니까 당신이 숨지 않고 당당히 앞에 나와야 돼. 그래야 사람들이 당신을 믿어.

혜주 …….

중도 그러니까 티비 나가자. 이제 다른 방법이 없어.

혜주 당신 또 티비 얘기하는 거… 이미 다 정해놔서 그러는 거… 진짜 아니야?

중도 ! 혜주야!

혜주 …아니야?

중도 …아니야. …믿어줘.

혜주 …아니. 나는 지금 당신 못 믿겠어.

면 남자 배경 오지게 따지는 여자인 듯! 죽은 남자도 꼬시려다가 실패해서 그랬던 거 아니야? // 헐, 나 영산고 동창인데 개충격! 그때 학교장 치르고 난리도 아니었는데 대박 // 남의 집 아들을 억울하게 죽였으니 이번에 아들 죽어서 벌 받은 거지 ㅉㅉ // 아들에 부인에 남중도 뭐냐 ㅋㅋㅋ 성범죄 전문 국회의원??

2 경후일보 이재우 기자

중도 !! 혜주야!!

혜주 …내가 당신한테 여자가 있는 거냐고 하는데도 말을 못 할 게 대체 뭔지… 그런 게 있을 수 있는 건지… 나는 정말 모르겠어.

무거운 침묵.

혜주 …티비 출연은… 조금만 생각할 시간을 줘.

중도 …그래.

13...... 정순의료원_ 유신의 병실 (밤)

승희 근데 엄마. 서울엔 왜 온 거야?

유신 응?

그때 기영이 병실 안 화장실에서 나온다.

유신 (기영 본다) !

승희 엄마 운전도 잘 못하는데 혼자 운전해서 서울 왔잖아. 왜 왔는지 아직도 기억이 안 나?

기영 !

유신 머리 아파, 말 시키지 마. 잘래. (승희에게서 등 돌리고 눕는다)

기영 …….

승희 (유신 걱정) 많이 아파?//

그때 승희의 핸드폰에 전화 온다(진동).
승희, 보면, 강순홍이다('이모부').
승희, 순간 서늘해지는 얼굴. 핸드폰 전원을 끈다.
그런 승희를 보는 기영.

14...... 두부전골집_ 외경 (밤)

산기슭이나 한적한 주택가의 오래되어 좀 허름한 식당.

15...... 동_ 안 (밤)

다른 손님 없고. 강순홍, 식탁에 혼자 앉아서 핸드폰으로 승희에게 전화 걸고 있다. 앞에는 두부전골이 바글바글 끓는데 졸아들기 직전이고. 강순홍의 맞은편에도 수저 1벌 세팅. (공깃밥만 세팅 안 된 2인 식사 상차림/강순홍, 음식에 손 안 댄 상태)

전화 거는 강순홍의 앞에, 승희의 네이트판 폭로글이 떠 있는 형태의 핸드폰 있고. 형태, 좀 멀찍이 떨어져 서 있다. (룸이라면 문밖에 있다가 진석 오면 문 열어준다)

핸드폰에서 '지금은 전원이 꺼져 있어…' 나오자 신경질적으로 통화 종료하는 강순홍.

강순홍 (혼잣말) 이게 지금 미꾸리 새끼처럼 흙탕물 만들어놓고!//

그때 들어오는 진석과 눈 마주치는 강순홍, 입 다문다. (룸이라면 문 열리고 진석 들어온다: 문밖에 형태 보인다/진석은 경민 없이 왔다)

강순홍 (일어나며) 아아, 우진석 당대표님. 어서 오십시오.

진석 제가 좀 늦었습니다.

강순홍 딱 맞춰 오셨습니다. (졸아든 전골 눈짓) 이 집 전골은 원래 좀 졸아야 간이 맞습니다. 하하하….

짧은 jump

진석과 강순홍. 각자 앞에 두부전골 떠놓았지만 아무도 음식에 손 안 대고 있다.

진석 저희 대한당에서 발의했으나 현재 법사위에서 계류 중인 법안들을 책임지고 통과시켜주겠다… 이런 말씀이신 겁니까.

강순홍 허허허, 네. 법안 한 열 개! 열 개는 제가 책임지겠습니다.

진석 …조건은요.

강순홍 남중도 의원의 남궁솔법. 대한당에서 반대해주시지요. 어차피 그 법은 법리상 문제가 많아 통과될 수 없는 건데, 괜히 남 의원의 선동에 휩쓸려 힘을 빼실까 안타까워서 그럽니다.

진석 …엄밀히 말하면 통과될 수 '없는' 게 아니라 '어려운' 것이겠지요. 막강한 민심을 등에 업는다면… 그 결과를 누가 알겠습니까.

잠시 대화 끊긴다. 팽팽한 공기.

강순홍 …지금 법사위에 계류 중인 훌륭한 민생법안들이 참 많습니다.

진석 네. 참 감사하게도 보국보민당 덕택입니다.

강순홍 그래서 제안을 드리는 겁니다. 이득 볼 사람이 몇 되지도 않을 그깟 형법 개정안 하나와, 많~은 국민들이 혜택을 볼 민생법안 열 개. 무엇의 가치가 더 크겠습니까?

진석 …….

16…… 혜주 집_ 1층 현관 앞 (밤)

마당을 지나 현관으로 향하는 혜주와 중도. 분위기 썰렁하다.

혜주, 현관문 열다 멈추고, 중도를 본다.

혜주 오늘… 따로 잘게. (문 열고 들어간다)

중도 …….

17…… 동_ 여진의 방 (밤)

침대의 여진. 바닥에 요 깔고 누운 혜주.

여진 (뒤척이는 혜주 기척을 느끼고, 걱정) …잠이 안 와? 그 폭로글 때문에?

혜주 …그것도 그런데….

여진 (걱정) 왜. 다른 일도 뭐 있어? …중도랑 싸웠어?

혜주 (말할까 말까 망설이지만 말 못 하겠다) …아니야….

잠을 이루지 못하는 혜주.

18…… 동_ 안방 욕실 (밤)

세면대 앞 중도. 세수해 젖은 얼굴. 거울을 물끄러미 응시하는….

19…… 의원회관_ 외경 (오전)

20 ….. 중도 의원실_ 의원실 (오전)

중도, 우재, 민석, 빛나, 자영, 강호. 의원실 문은 닫혀 있다. 심각한 분위기.

민석 (중도에게) 남궁솔법 발의하시고 형성된 긍정, 지지 여론이 폭로글 이후에 흔들리고 있습니다…(말끝 흐리다가 빛나와 눈 마주치면)

빛나 네. 남궁솔법이, 성범죄자가 자살 등으로 사망해도 수사를 계속해서 범죄 혐의를 소명하자는 법인데 하필 사모님이 성범죄 무고를 해서 죄 없는 사람이 자살했다는 폭로라서요.

자영 아침 일찍부터 기자들 전화가 많이 와요. 언론에 정식 보도되는 건 시간문젭니다. (의원실 문밖, 책상 전화기 울려대는 벨소리 작게 들린다)

중도 …모두 답답하겠지만 곧 다음 스텝 결정할 테니 조금만 기다려주시고… 기자들 문의에는, 공식 입장을 곧 밝히겠다고만 답해주세요.

일동 네.

우재 …….

21…… 혜주 집_ 1층 거실 (낮)

혜주, 우두커니 앉아 있다. 생각이 너무 많은…. 그때 초인종 소리.
혜주, 인터폰 쪽으로 시선 돌리는데, 깜짝 놀란다. 화면 속, 대문 앞에서 한 남성(유튜버/50~60대/유튜버 방송장비, 확성기)이 초인종 계속 누르며 대문을 쾅쾅 두드린다!

유튜버 (대문 밖이지만 확성기 소리라 거실까지 잘 들린다/무례하게 소리치는) 남중도 부인 김혜주!! 성범죄 무고로 사람을 죽인 게 사실입니까!! 김혜주!! 당장 나와 진실을 밝혀라!!!

혜주 (겁먹는) !!

22….. 동_ 마당 (낮)

1층 현관에서 나오는 혜주. 눌러쓴 모자, 급히 걸친 겉옷과 가방. 대문 밖에서 유튜버가 방송하는 소리 시끄럽게 들린다[3]. 혜주, 심장이 쿵쾅쿵쾅 뛴다. 들키지 않게 숨죽이고 외부계단 옆에 있는 옆문으로 가서 조용히 집을 빠져나간다.

23….. 동_ 옆문 앞 골목 (낮)

옆문(쪽문)으로 빠져나온 혜주, 숨죽이고 걸어가다가 점차 빨라지는 걸음. 멀어지는 유튜버의 방송 소리. 그러나 마음이 급한 혜주. 불안하

3 "서울대 법대에 합격한 남학생에게 성범죄를 당했다고 누명을 씌워 결국 죽게 만든 남중도의 부인을 만나기 위해 지금 제가 남중도네 집 앞에 직접 와 있습니다! 대한당 남중도는 몸 팔던 술집여자 이름을 붙인 해괴망측한 법을 들고 나와 전 국민을 호도하고 있는데 그 부인은 꽃뱀이라니!! 이 무슨 아이러니입니까, 여러분!!!"

다. 누가 따라오진 않는지, 빠르게 걸어가며 집 쪽을 돌아보다가 이쪽으로 걸어오는 행인(남, 40대)과 부딪힌다.

혜주 (흠칫!) ! 죄송해요!

혜주, 모자 더 눌러쓰고 빨리 자리를 뜬다. 혹시 누가 쫓아올까 두려운….

24..... 정순의료원_ 유신의 병실 (낮)

잠들어 있는 유신. 곁의 승희. 승희의 핸드폰에 전화가 온다(진동). '본사 CS팀'.

승희 (통화, 유신 때문에 목소리 낮춰서 혹은 병실 밖으로 나가려 문 쪽으로 가며 통화) 여보세요. 네, 안녕하세요. // 네? 본사 CS교육이요?

여성(F) 네, 내일 교육이 진행자 사정으로 부득이하게 일주일 연기하게 되어서 연락드렸습니다.

승희 (통화) 아, 네… (하다가 문득 드는 생각이 있다) …!

인서트 **영산. 골프레슨장_ 안 (낮. 11회 신17 직전)**

골프장직원1 (승희에게) 점장님 지금 서울 본사에 CS교육 가셨는데요.

현재

승희 (통화) …그 교육, 지난주에 하지 않았나요?

여성(F) 지난주요? 저희 분기별 한 번씩인데요.

승희 …!

25..... 동_ 주차장, 주차한 기영의 차 안 (낮)

기영의 차 운전석의 승희. 차 블랙박스 영상을 보고 있다!
영상, 책수선실 건물 근처 골목, 주차한 기영의 차 앞인데(11회 신26), 혜주와 기영이 대화하며 웃는 모습 보인다. (차 외부라 둘의 목소리는 들리지 않음)

승희 …….

플래시백 11회 신58. 정순의료원_ 유신의 병실 안 (밤)

승희 …오늘 여기 병원에 너라도 일찍 도착해서 다행이야. 본사 갔다가 연락받고 여기로 바로 온 거지?

기영 응? 어어….

현재

그때 영상 안에 등장하는 유신! 기영과 혜주를 향해 난리난리인 모습!

승희 (유신을 볼 거라고 전혀 예상 못 했다!) …엄마…? …!!

26..... 중도 의원실_ 의원실 (낮)

중도 혼자 있다. 생각이 많은데, 앞에 놓아둔 핸드폰에 전화 온다(진동).
보면, '경후일보 이재우 기자'. 전화 금방 끊어지면 액정화면에 여러 기자들의 부재중전화 87통, 카톡 메시지 알림 102개, 문자메시지 43개 (전부 미리보기는 OFF).
중도, 핸드폰 전원을 끈다.

27..... 책수선실_ 안 (낮)

급히 들어오는 혜주. 들어오자마자 문 걸어 잠그고 문에 기대서 숨 몰아쉰다. 이제야 조금 안심이 되지만… 그래도 무섭다. 혜주, 얼른 핸드폰 꺼내 중도에게 전화 거는데, '지금은 전원이 꺼져 있어…'가 나온다. 혜주, 중도에게 카톡 쓰기 시작한다: 전화 좀 해줘

28..... 지청중학교_ 운동장 일각 (낮)

다솜, 하누리 등 친구 3명과 매점 과자(점심식사 후 후식 느낌) 먹으며 걸어간다.

하누리 (험담) 근데 남윤서네 엄마 진짜 충격이지 않냐?

친구1 어. 걔네 오빠는 사실 별로 안 충격인데 엄마는 개충격.

다솜, 험담하는 친구들[4] 말을 한 귀로 흘려들으며 교실 건물 쪽을 보는데, 창가 자리의 윤서가 보인다(핸드폰 보고 있는 굳은 얼굴). 다솜, 윤서가 마음 쓰이는….

29..... 동_ 윤서 교실 (낮)

자리(창가 자리)에서 굳은 얼굴로 핸드폰 보고 있는 윤서. 핸드폰 화면, 승희의 네이트판 폭로글 본문이다! 윤서, 구체적으로 쓰인 글을 한 줄 한 줄 읽어 내려가는 눈동자가 흔들리는데, 혜주의 카톡이 온다. (액정 화면 위에 알림이 떠서 메시지가 보임)

혜주(E) (메시지 v.o.) 윤서야 오늘은 학원 가지 말고 수선실로 와.

혜주(E) (메시지 v.o.) 절대 집으로 가지 말고. 알았지?

윤서 …….

4 하누리: 근데 너네 남윤서네 엄마 본 적 있어? // 친구1, 2(동시에): 아니. // 친구1: 한 번도 못 봤어. // 하누리: 나도. 울 엄마 말이 엄마들 모임도 잘 안 나온다던데? // 친구1: 선거 때도 절대 안 나왔대~ 원래 부인들 막 잠바 입고 춤추고 그러잖아~ // 하누리: 과거 구려서 그런 거 아님?

30..... 책수선실_ 안 (낮)

혜주, 여진과 통화 중이다.

혜주 (통화) 응, 언니…. 그러니까 언니도 퇴근하지 말고 있다가, 이따 윤서 오면 여기서 만나서 집에 같이 가. …응. …응, 고마워. 응…. (끊는다)

혜주, 잠시 망설이다 우재에게 전화 건다.
신호음 몇 번 가자 전화 받는 우재.

우재(F) 네, 사모님.

혜주 (순간 안심) 우재씨….

31...... 의원회관_ 복도 일각 (낮)

우재, 자영과 걸어가다가 핸드폰으로 혜주 전화 받고 있다. (자영, 정부파일 2~3개 들고 있다. 둘이 함께 업무 차 어디 다녀오는 느낌. 의원실이 있는 층 아니고, 회의실 등이 있는 다른 층. 문서나 정부파일 들고 지나가는 다른 의원 비서들 2~3명[5])

우재 (통화, 누가 집에 왔다는 말에 별로 놀라지 않은) 네? 의원님 댁에요? …아, 네….

우재, 자영이 쳐다보자 손짓으로 먼저 가라, 잠깐 통화 좀 하고 가겠단 제스처. 자영이 가면 우재, 구석으로 가면서 통화 계속한다.

5 젊은 비서 한 명은 접이식 카트에 (책자들이 들어 있을) 큰 택배상자를 가득 쌓아서 끌고 가도 좋을 것 같습니다.

32..... 의원회관_ 복도 일각 + 책수선실_ 안 (낮. 교차)

우재 (통화. 혜주 말 좀 듣고) 그럼 지금은 수선실에 계신 거죠?

혜주 (통화) 네….

우재 (통화) …그런데요. 사모님. 확인이 필요해서 여쭤보는 거니 오해하지 마시고요. 진승호씨 일, 의원님께서 알고 계신 내용에 혹시 사실이 아닌 부분이 있다면 '지금' 말씀하세요. 대책을 세워야 되니까요.

혜주 (통화, 표정 굳는다!) …우재씨! 전 사실대로 말했어요…!

우재 (통화) …네, 알겠습니다. 그런데 폭로글 이후에 지금 분위기가 좋지 않네요. 티비 출연, 오늘 저녁 어떠세요.

혜주 (통화, 날이 서서) 오늘요? 벌써 다 정해진 건가요?

우재 (통화, 혜주 톤에서 살짝 뭔가 느끼고) …아니요. 사모님이 먼저 결정하셔야죠.

혜주 (통화) …….

우재 (통화) 댁에는 저희 지역사무소에서 가서 살펴보라고 하겠습니다. 의원님께도 말씀 전해드릴게요. // 네. 그럼 연락드리겠습니다. 네. (끊고, 전화번호부6에서 운규 번호 눌러 전화 걸면서 혼잣말) 팩트체크 정도로 이러시면 앞으론 어쩌시려고…. (운규가 전화 받자) 네, 국장님.

33..... 책수선실_ 안 (낮)

전화 끊은 혜주, 핸드폰을 꽉 움켜쥔다. 우재의 의심에 상처받은….

34..... 정순의료원_ 유신의 병실 (낮)

기영과 유신. 기영이 밖에서 사온 죽 쇼핑백이 있고.

기영 승희한테 솔직히 다 말씀하세요. 재은이한테도 사과, 아니 사죄하시

6 즐겨찾기 중도-두섭-민석-빛나-자영-강호-운규-성훈-연우 순으로 저장되어 있음.

고요. 네?

유신 (재은이 이름에 순간 반응하는) 못 해! 난 절대로 못 해!!

35..... [유신의 회상] 승호 죽음의 진실 (2002년 12월 4일 밤~다음 날 새벽)

35-1.....승희 집_ 부엌 (밤. 5회 신74와 신75 사이)

유신과 승호, 문 닫힌 안방을 자꾸 신경 쓰며 목소리 낮춰 대화한다. (혜주가 안방에 있는…7) 유신, 승호의 실토를 듣고 충격과 절망의 상태.

승호 (혼잣말처럼) 내가 사귀자는데 제까짓 게….

유신 (절망) …승호야….

승호 엄마, 나 오늘 서울대 법대 붙었어! 근데 지금 나 성범죄자로 몰리는 거 보고만 있을 거야? 아니지??

35-2.....동_ 안방 (밤. 5회 신75)

유신 (O.L.) 이거 가져가, 응? (혜주 손 꽉 잡는다) 지금 당장은 까진 데도 아프고 좀 속상하겠지만… 서울대 법대생이랑 잠깐 연애했다, 그렇게 생각하자, 응?

혜주 (얼굴 확 굳는다! 손 비틀어 빼려 하며) 이거 놔주세요!!

혜주, 유신의 손아귀에서 겨우 손을 빼고, 황금돼지를 내려놓고, 나가려고 하는데.

유신 내가 너 경지대 장학금 꼭 받게 해줄게.

혜주 !

7 승희가 욕실에서 목욕 중이라, 욕실이 부엌 바로 옆이라면 욕실도 신경 쓰일 수 있습니다…만, 안방의 혜주가 훨씬 더 신경 쓰이는.

유신 우리 시고모님이 거기 이사장이거든.

혜주 !! (순간 갈등된다!)

유신 (혜주의 갈등 읽었다) 너 부모님도 없는데 대학 등록금 어떡할려구. 내가 장학금 꼭 받게 해줄게. 그러니까 이깟 일로 소란 일으키지 말자, 응?

혜주 (갈등하다가) …그럼… 받을 수 있게… 부탁드릴게요.

유신 (눈이 반짝 빛난다!) 그래! 내가 꼭 약속할게, 장학금!

35-3.....영산경찰서_ 조사실 (밤)

영산 형사1과 유신, 혜주. 유신, 혜주의 신고로 불려온.

유신 우리 승호, 3년 내내 전교 1등 하고 전교회장까지 한 애야. 그런 애가, 이런 말 하긴 미안하다만 부모도 없는 너 같은 애한테 그랬다구? 응?? 거짓말도 적당히 해야지!!

35-4.....승희 집_ 승호 방 앞 (아침)

유신 (노크하며) 승호야- 자니? (아무 소리 없자 문 열며) 승호야- (하다가…!!!)

목을 맨 승호의 발이 공중에 떠 있다!
유신, 비명도 지르지 못하고 주저앉는!

36..... [현재] 정순의료원_ 유신의 병실 (낮)

유신 난 내 아들 성범죄자 소리 절대 못 듣게 할 거야!

기영 어머니!!

유신 왜! 승희한테 일러바치기라도 하게?!

팽팽한 공기 흐른다. 유신, 입 꾹 다물고 휙, 돌아눕고.
기영, 미치겠다. 병실을 나가는 기영. 남은 유신의, 결연한 얼굴.

37 ..... 동_ 일각 (낮)

기영, 답답해 마른세수한다(혹은 한숨 등).

그때 저쪽에서 오는 승희를 본다.

기영 어, 승희야.

승희 (싸늘) …너 나한테 뭐 할 말 없어?

기영 ……. (고민하다 결심한다) …있어. 재은이는 거짓말 안 했어. 재은이는 승호의 피해자가 맞아.

승희 …뭐?

기영 거짓말한 사람은 장모님이야. 장모님이 이십 년 동안 널 속이셨다고!

승희 !!

짧은 정적 흐른다.

승희 말도 안 되는 소리 하지 마.

플래시백 6회 신23. 승희 집_ 거실 (밤)

승호 …나는 결백해. 김재은이 거짓말한 거야.

현재

승희 승호는 억울해서 죽은 거야. 나한테 분명 그렇게 말했어.

기영 아니야, 승호가 너한테 거짓말한 거야. 승호, 죽기 전에 어머님한테 사실대로 다 말했다고!

순간 짧은 정적 흐른다. 차갑게 식는 공기.

승희 너 혹시 옛날에 김재은 좋아했니?

기영　!!

승희　맞구나? 근데 지금도 좋아해? 그래서 지금 승호랑 우리 엄마가 거짓 말했다고 그러는 거야? 김재은 편드느라?

기영　승희야!!

기영을 노려보는 승희의 얼굴 위로,

유신(E)　(선행하는) 재가 거짓말하는 거야!!

38..... 동_ 유신의 병실 (낮)

유신, 승희, 기영.

유신　(기영에게) 속인 건 내가 아니라 너잖아! (승희에게) 쟤, 김재은 남편이랑 붙어먹었어!!

승희　!!

기영　!!

유신　그 국회의원한테 나 불법 투기했다고 증거 넘기려고 해서! 내가 그거 알고 얘 잡으러 서울 왔다가 사고난 거야!!

기영　!! 어머니이!!

승희　!!! (피가 식는다) …최기영. 정말이야??

기영　승희야, 우리 잠깐 나가서 얘기//(하자) (승희 팔 잡는데)

승희　(O.L. 맞구나! 탁, 뿌리치며) 너 혼자 나가.

기영　!!

승희　나가!! 당장 나가라구!!!

기영　!!

39..... 우진석 의원실_ 의원실 (낮)

중도, 진석, 원내대표, 이수민 의원, 최고위원1, 2. 심각한 분위기.

원내대표 백날 당에서 성범죄 엄벌주의 외치며 세미나나 열면 뭐합니까. 정작 집안 단속이 안 되는데. 쯧쯧.

중도/진석 …….

최고위원1 남중도 의원. 아들에 부인까지, 이게 다 뭡니까?

최고위원2 이러다 총선까지 영향 갑니다. 탈당하세요!

이수민의원 (중재하듯) 저, 일단 남 의원님, 그 남궁솔법인가 그것부터 그만두세요. 괜히 총선 앞두고 너무 민감한 이슈로 국민 편 가르기가 될까 우려됩니다. 지금은 국민 대화합을 강조해야죠.

중도 …물의를 일으켜 죄송합니다. 하지만 아내 일은 제가 반드시 해결하고 여론도 다시 반전시킬 겁니다. 말씀하신 대로 남궁솔법은 민감한 이슈인 만큼 저희가 잘 이용한다면 총선에도 반드시 도움이 될 겁니다. 그러니 남궁솔법, 당에서 꼭 지지해주십시오. (진석에게) 당대표님, 당대표님은 성범죄 엄벌주의를 그 누구보다도 강하게 주장해오신 분 아닙니까?

진석 …….

의원들[8], 중도를 계속 질책하는데. 진석, 생각이 많아 아무 말 없는….

40….. 책수선실_ 안 (낮)

마음 복잡하고 괴로운 혜주. (일하고 있지는 않은)

그때 노크 소리. 혜주, 소스라치게 놀라는데.

8 원내대표: 남 의원은 도대체 뭐가 그렇게 매번 자신만만합니까? // 이수민 의원: 법사위에서 계류 중인 우리 당 법안이 대체 몇 갠데 남궁솔법 하나만 보고 가실 건가요? 당 걱정도 하셔야죠. // 최고위원1: 지금 그깟 법안 걱정할 때가 아닙니다. 부인 일은 언제 어떻게 해결 보실 겁니까?

윤서(E) (문밖에서) 엄마- 나 왔어-

혜주 (마음 확 놓인다) …어어, 윤서야.

혜주, 문 열어주러 다가가는데 윤서가 먼저 도어록 열고 들어온다. 혜주, 아무 일 없었다는 듯 애써 미소로 맞이하는데… 윤서, 굳은 얼굴이다.

혜주 학교 끝나고 바로 온 거지? 배고파?

윤서 …엄마, 나 그 글 봤어.

혜주 …! 봤어…?

윤서 어. 근데 엄마… 엄마 정말로 거짓말했던 거 아니지?

혜주 (너무 놀라서) …윤서야.

윤서 그 글 읽어보니까… 혹시나 하는 생각이 들어서. 엄마가 나한테 얘기 해줬던 것처럼… 엄마가 억울한 피해자… 진짜 맞는 거지?

혜주 (억장 무너진다) 윤서야, 엄만 거짓말 안 했어. 그런 거짓말을 엄마가 왜 했겠어, 응…? 그 사람이 죽어서 엄마가 얼마나 힘들었는데….

윤서 …근데 좀 이상하잖아. 서울대 법대 붙었으면 이제 인생 대박인데 그런 짓을 했다는 게….

혜주 (윤서의 말에 충격받아 말이 나오지 않는) !!

여진 (문 열고 들어오며/노크했지만 못 들은) 혜주야, 나 왔어…//

윤서 (O.L.) 정말 아니야? 나 사람들 말 말고, 엄마 말 믿어도 되는 거지?

혜주 (충격이다) !!

윤서 (여진 온 것 모르고) 엄마 정말로 돈 때문에 거짓말했었던 거 아니지?

여진 (O.L. 상황 파악했다) 윤서야!!

윤서, 그제야 말 멈춘다.
혜주, 충격이 너무 커서 아무 말도 하지 못하고 있고.

여진, 혜주의 핏기 가신 얼굴을 본다.
윤서, 여진과 혜주의 시선을 피하는.
얼어붙은 공기.

혜주 (겨우 목소리 내는) …언니. …윤서랑… 가게에 좀 가 있어줘….

여진 …같이 안 가도 괜찮겠어?

혜주 …어. 나 잠시만 좀… 혼자 있고 싶어.

여진 (걱정되지만 혜주 마음 알겠다) …그래. 알았어. 이따 연락 줘.

혜주 …응. 고마워.

여진, 아무 말 없이 문 열면. 윤서, 먼저 나가려 한다.

혜주 …윤서야.

윤서, 혜주를 돌아보고 잠시 시선 마주치지만… 시선 피하고 나간다.
혜주, 여진에게 애써 의연한 미소 지어 보이고. 여진, 마음 아프지만 나간다.
문 닫히고 두 사람의 발걸음 소리 멀어지면, 참았던 눈물이 터지는 혜주. 소리 죽여 오열하는….

41...... 중도 의원실_ 의원실 (낮)

의원실로 돌아온 중도.
의원실로 들어오면 사무실에 있던 우재, 따라 들어온다.
중도, 앉으면. 우재, 의원실 문 닫는다.
중도, 핸드폰 꺼내 전원 켜며, 무슨 일이냐는 듯 우재를 본다.

우재 (앉지 않고) 사모님이 전화하셨는데 집 앞에 모르는 사람이 찾아왔다고 합니다.

중도 집에? 그 폭로글 때문에?

우재 네. 사모님은 일단 수선실로 가셨고, 댁에는 국장님이 가봤는데 지금은 없다고 합니다.

중도 (혜주에게 전화 걸려고 핸드폰 전화번호부의 즐겨찾기 여는데)

우재 그런데요.

중도 (통화버튼 누르려다가 멈추고, 우재 본다) 응?

우재 사모님도 의원님을 완전히… 믿고 계신 거죠?

중도 …갑자기 무슨 소리야.

우재 …영산 사건, 사모님이 피해자라는 건 사실 사모님의 일방적인 주장인데… 의원님은 아무 의심 없이 믿으셨잖습니까. 부부라는 게 원래 그런 건가요?

중도 …….

플래시백 신12. 책수선실_ 안 (밤)

혜주 나는 지금 당신 못 믿겠어.

현재

중도 …그렇지. 서로에 대한 무조건적인 신뢰. 부부에겐 그게 전부야.

우재 …저는 그런 부모를 보지 못하고 자라서인지, 의원님과 사모님께 늘 궁금했습니다. 남남으로 만난 사람들끼리 어떻게 서로를 그렇게 신뢰할 수 있는지가요.

중도 …신뢰라는 건 꼭 부부가 아니어도, 장보와 나도 그렇잖아.

우재 …네. 그러네요.

그때 중도 핸드폰에 혜주의 전화가 온다(진동). (우재, 전화가 오니 목례하고 나가려다가 '여보' 소리에 돌아본다)

중도 (전화 받는다) …어, 여보. 지금 전화하려고 했는데. // …응?

혜주(F) …나, 티비 나갈게.

42….. 책수선실_ 안 (낮) + 중도 의원실_ 의원실 (낮. 교차)

혜주 (통화) …최대한 빨리… 나가고 싶어. …피할 수 없는 일이라면… 빨리 끝내고 싶어.

중도 (통화) …그래, 알았어.

혜주 (통화, 끊으려는) …그럼//(알아보고 알려줘)

중도(F) (O.L., 진심) 혜주야. 용기 내줘서 고마워. 정말로.

혜주 (통화, 순간 울컥) …….

43….. 중도 의원실_ 의원실 (낮)

중도, 전화 끊는다.

중도 티비 출연, 오케이했어. 내일로 잡아줘.

우재 오늘 말고요?

중도 동네 뒷산에 방금 불난 거 바로 꺼봤자 누가 관심을 갖나. 전국구 산불로 번진 걸 꺼야지.

우재 …하지만 시간을 끌면 저희 리스크도 커집니다. 지금 남궁솔법을 지지하는 여론이 다 돌아설 수도 있습니다.

중도 알아. 하지만 이번 티비 출연으로 남궁솔법까지 묶어 한판으로 따내려면 도박을 해보는 수밖에.

우재 …그만큼 사모님이 비난받고 힘들어하실 기간도 연장될 겁니다.

중도 (안다, 괴로운 한숨) …더 큰 걸 위해서니까 어쩔 수 없어. 결국 따지고 보면 모두 아내를 위한 일이기도 하고.

우재 …네. 알겠습니다.

44..... 책수선실_ 안 (낮)

전화 끊은 혜주.

혜주 ……．

45..... 중도 의원실_ 의원실 (낮)

중도, 기영과 핸드폰 통화 중이다. 함께 앉아 있는 우재도 듣게 스피커폰으로 통화 중. 핸드폰 액정에 기영의 이름이 떠 있다.

중도 (통화) …어제 진승희씨가 인터넷에 폭로글을 썼더군요.

46..... 서울 시내_ 도로변, 정차한 기영의 차 안 + 중도 의원실_ 의원실 (낮. 교차)

갓길에 차 세우고 중도와 통화 중인 기영. 차량 내비에 영산 집 주소 찍혀 있다.

기영 (통화, 놀라서) 네? 승희가요…?

중도 (통화) 모르셨나봅니다? 덕분에 지금 제 아내가 큰 고통을 받고 있죠.

기영 (통화) !

중도 (통화) 저는 그 일의 진실을 반드시 밝힐 겁니다. 그리고 지금 선생님께도 직접 진실을 밝히고 정의를 세울 기회를 드리려 합니다. 강순홍 의원과 장모님의 불법 땅투기 증거, 보내주시죠. 시간은 하루 드리겠습니다.

기영 (통화) ……．

중도 (통화) 그럼 연락 기다리겠습니다. (끊으려는데)

기영 (통화, 결심했다) 증거, 정리해서 내일 연락드리겠습니다.

중도 ! (빠른 수락이 의외다, 우재와 서로 한 번 쳐다보고, 통화) 네, 감사합니다. 약속대로 익명 제보 지켜드리겠습니다.

기영 (통화) …제가 증거를 드리는 건, 아내한테 알려질까 두려워서가 아닙니다.

중도/우재 ?

기영 (통화) …진실이 드러나면…

47….. 정순의료원_ 유신의 병실 (낮)

기영(E) (넘어오는) 이 상황이 어느 쪽으로든 달라지겠죠….

승희, 등 돌리고 잠든 유신의 곁에 우두커니 앉아 있다.
그런데 유신도 사실 잠들지 않은….

48….. 책수선실_ 안 (밤)

혜주, 여진과 통화 중이다.

여진(F) 국장님이 집에 데려다주셨는데 지금 아무도 없어. 얼른 와.

혜주 (통화, 기운 없다) …응. 알았어, 응….

혜주, 전화 끊는데 바로 지수의 전화가 온다(진동). 혜주, 통화할 기운 없지만 받는.

혜주 (통화) …어, 언니. // …할 얘기? 언니, 미안한데 담에 하면 안 될까…? 내가 지금 좀… // …응? 지훈이…?

지수(F) 어, 지훈이 얘기야.

혜주 …!

49….. 다온 산부인과_ 회복실 (밤)

혜주와 지수. 지수, 영양제 링거 가져왔다. (링거 놓기 전. 혜주도 누워 있지는 않은)

지수 온 김에 이것(링거) 좀 맞고 가. 너 얼굴 보니까 병나겠어. …근데… 사실 환자 의료정보라 이런 거 말하면 안 되는데… 지금 상황 보니까 자기 마음 조금이라도 가벼워졌으면 해서….

혜주 (뭘까! 두려운…)

지수 (주저하다가 결심한 듯 입 뗀다) 그… 지훈이한테… 성폭행 당했다는 피해자 있잖아… 혹시… 이름이 김수빈…이야?

혜주 …! 어떻게 알았어?

지수 맞구나! 저번에…

플래시백 12회 신41. 다온 산부인과_ 건물 앞 도로변, 정차한 지수의 차 안 (낮)

지수, 혜주가 쏟아 주워 담고 있는 물건들 중에서, 수빈의 사진을 보고 놀란!

지수 그거… 누구야…?

혜주 어, 이거… (망설이다가) 지훈이… 여자친구야… 그… 피해자….

지수 !!

현재

지수 저번에 차에서 사진 보고 알았어. 김수빈씨 우리 병원에 왔었거든. 유산했는데 모르고 왔더라고.

혜주 (충격) 유산…했어?

지수 …어, 몰랐구나. 계류유산했어.

혜주 (잠시 말을 잊었다가) …수빈이 건강은… 괜찮아…?

지수 어. 수술하고 배 아프다고 한 번 더 왔었는데 별 이상은 없었어. …그런데 혹시… 그 애기… 지훈이 애기라고 했어?

혜주 ! …아니…야…?

지수 (혼란스러워하는 혜주가 안쓰럽다) 어. 아니야.

혜주 ?!

지수 김수빈씨, 지훈이 교도소에 있는 동안 임신했어. 그러니까 절대로 지훈이 애기가 아니야!

혜주 !!

크게 충격받은 혜주의 얼굴에서….

50..... 카페_ 안 (밤)

구석 자리의 수빈, 모자 푹 눌러쓰고 카톡 메시지 쓰고 있다. 앞에는 몇 모금 마신 아이스커피 한 잔. 핸드폰 화면 보이면, '나예은[9]'에게 카톡 메시지(왜 안 와? 병원 갔었어? 임신 맞대?) 쓰고 있는데, 그 위로 오늘 낮에 예은이 보낸 메시지 보인다:

나예은: 수빈아 나 큰일났어 12:03

나예은: 전화 좀 받아봐 12:04

나예은: 수빈아 ㅠㅠㅠ 12:08

수빈, 메시지 전송 버튼을 누르는데,

정대(E) 잘 지냈냐?

수빈 …!

9 프로필 사진은 화려하게 노는 사진 셀카 // 이 직전의 대화는 8월 14일 오전 11시경, 예은: 수빈아 어디야? / 나 배고파서 편의점 / 아 그럼 올 때 나 숙취해소제 좀 사다줘 머리 깨질 것 가틈 ㅠㅠ / 알았어 / 아 정대 오빠도 사다달래 / ㅇㅇ

수빈, 순간 멈칫. 정대다.

정대, 씨익 웃으며 맞은편에 자연스럽게 착석하는!

51...... 다온 산부인과_ 회복실 (밤)

충격받은 혜주. 차근차근 설명하는 지수.

지수 김수빈씨 유산했을 때가 임신 8주 정도였는데…

인서트 동_ 대합실 (오전. 지훈 사망 다음 날)

마악 출근해 들어온 지수(8월이라 여름 옷), 우뚝 멈춰 선 채로 대합실의 TV(음소거)에서 나오는 뉴스 속보를 보고 있다. 간호사 3명도 놀란 얼굴로 TV 보고 있다.

SBC 채널의 뉴스인데 화면은 폴리스라인 쳐진 한강 고수부지 현장(간밤에 촬영한).

띠 자막: 대한당 남중도 장남, 한강에서 숨진 채 발견… '보름 전 출소'

현재지수(E) 지훈이… 교도소에서 나오고 보름 있다가 사고났잖아….

인서트 킨코스 셀프PC존 (낮)

모니터에 포토숍 프로그램. 핸드폰으로 사진 찍은 혈액검사서 원본 사진 떠 있는데, 검사 날짜 조작하고 있는 수빈. (원본의 8월 22일에서 9월 4일로 고치는)

현재지수(E) 그 주수면 지훈이가 교도소에 있을 때 임신한 거야.

인서트 2회 신4. 혜주 집_ 1층 거실 (낮. 2회 신4에서 한 컷 추가)

수빈 임테기 틀릴 수도 있다고 해서 어제 병원 가서 혈액검사 했어요.

수빈, 혜주의 앞으로 검사지 밀어놓는다. 검사지의 숫자에 볼펜으로 동그라미 쳐져 있고 (누군가가 설명하며 동그라미 친) 종이 제일 위 끄트머리에 수빈이 볼펜으로 '혈액검사'라고 써놓았는데. (포토숍해서 출력해 손으로 글자를 써놓은 조작본이다)

검사일이 앞 인서트의 원본 날짜와는 다른, 9월 4일이다! (검사일이 2회 신4에서는 부각되지 않지만 이 신에서는 또렷이 보인다)

수빈 그 숫자면 지금 임신 5주쯤이고 그럼 3주쯤 전에 애기 생긴 거래요. 그럼 지훈이 출소해서 한 열흘쯤 있다가고 사고나기 삼사일 전인데요. 저도 정확히 어느 날인지는 모르겠어요.

현재

지수 그러니까 절대로 지훈이 애기가 될 수 없어.

혜주 !!

지수 그리고 김수빈씨, 성폭행 당한 것도 아닌 것 같아.

혜주 …뭐?!!

인서트 다온 산부인과_ 진료실 (오전. 6회 신53 보충)

수빈 인공임신중단 그거요, 다른 병원에서 물어보니까 요새는 법이 바뀌어서 성폭행 피해 아니어도 할 수 있다던데… 암튼… 여기도 그거 하세요? (괜히 둘러대는) 아, 제가 그런 일로 임신한 건 아니고요.

현재

지수 물론… 임신한 직후에 누군가에게… (조심스럽게) 혹은 지훈이에게… 그런 일을 당했을 가능성도 있지만… 본인이 아니랬었으니까… 아마 아닐 거야. 본인에게 확인하는 게 가장 정확하겠지만….

혜주, 충격과 안도가 동시에 밀려들어 아무 말도 하지 못하는….

52..... 카페_ 안 (밤)

수빈, 당황했지만 티를 안 내려고 애쓰는. 정대 앞에 음료 한 잔.

정대 내가 올 줄 몰랐어? 너도 차암 순진하다. 그게 니 매력이긴 했지만.

수빈 …….

정대 근데 남지훈넨 왤케 시끄럽냐? 오늘은 걔네 엄마도 난리났던데?

수빈 …아줌마가? 왜?

정대 몰라? 그 아줌마 옛날에 돈 뜯어내려고 전교 1등한테 성추행 당했다고 구라쳐서 그 남자애 자살했대. 그 동생이 인터넷에 글 씀.

수빈 …!

인서트 수빈 회상. 혜주 집_ 실내계단 (저녁. 8회 신55~신58의 수빈 시점)

실내계단에서 내려오다가 혜주의 울음 섞인 목소리를 듣고 멈칫하는 수빈.

혜주(E) (겨우) …언니. 있잖아, 나… (힘겹게) 옛날에… 영산 살 때… 내 친구… 오빠가… 죽었어….

수빈 …!

혜주(E)[10] 내가… 성추행을 당해서… 경찰에 신고했는데… 그날 밤에… (말 못 잇다가) 자살…했어….

수빈 !!

현재

10 혜주(E) 대신 8회 신57 혜주 신으로 대체해서 수빈과 혜주를 교차해도 됩니다.

수빈 아줌만 진짜로 당했어. 거짓말 아니야.//

정대 (O.L.) 아, 됐고. 근데 난 사실, 너 임신한 거 첨엔 내 애일 거라 생각했거든? 그랬음 너랑 절대 안 헤어졌지! 애긴 우리 사랑의 징표잖아~ 근데 남지훈 애라고 그래서//(짜증이)

수빈 (O.L. 멈칫해서) 잠깐만. 오빠 나 임신한 거 어떻게 알았어?

정대 응?

수빈 지훈이네 아빠가 기자회견에서 그 얘긴 안 했어. 근데 오빠가 어떻게 알아? (!! 깨닫는) 설마… 그 국회의원한테 내 병원 기록 준 거 오빠야? 오빠 내 핸드폰 열었었지!!

정대 그럼 여친한테 뒤통수 맞고 가만히 있냐? 나 별거 안 했어. 니 폰에 무슨 병원 서류 사진 있길래 나예은이 거기 가서 너인 척만 좀 한 정도?

수빈 (노려본다)

정대 근데 남지훈은 웬 성폭행? 그니깐 달랠 때 적당히 튕기고 좀 주지 그랬냐. (재밌다는 듯 웃고) 너 근데 걔네 아빠가 기자회견 해버려서 합의금도 못 받았지? 애도요~

수빈, 정대를 노려보다가 벌떡 일어난다. 나가려는데,

정대 야, 너 심부름할 거 있어.

수빈 (무시하고 그냥 나가려는데)

정대 싫어? 그럼 깜빵 갈래?

수빈 (멈칫, 돌아본다) …뭐?

정대 너 필로폰 대포통장 대여자잖아.

수빈 내가 무슨 대포통장을//(빌려줘! 하다가 멈칫!)

플래시백 11회 신50. 나라은행_ ATM기계 앞 (낮)

통장 내역 중 일주일에 한두 번씩, 40만 원~200만 원의 금액이 실명 아닌 단어들로 입금되었고 바로바로 ATM에서 전액 출금된 내역을 본 수빈.

수빈 (의아하다) 뭐지…?

현재

수빈 !! 오빠 설마 내 통장이랑 ATM카드 갖고….

정대 (빙글빙글 웃는)

수빈 (미치겠다!)

53..... 다온 산부인과_ 회복실 (밤)

혼자 있는 혜주. 링거는 안 맞았고. 수빈에게 핸드폰으로 전화 걸고 있다. 초조하다.

혜주(E) (플래시백에서 선행하는) 정말로

플래시백 12회 신44. 다온 산부인과_ 건물 옆 뒷골목 (낮)

혜주 (이어지는) 지훈이가… 너한테 그랬어?

혜주, 수빈의 대답을 기다리는 1, 2초가… 억겁의 시간 같다.
제발 아니라고 하길 간절히 바라는데,

수빈 …아니에요.

혜주 !!

현재

안내음성(E) (걸자마자) 연결이 되지 않아 삐 소리 후 음성사서함으로…

혜주, 전화 끊는다. 핸드폰 액정화면 보이면, 수빈에게 건 통화가 벌써 4통째다.

혜주 ……

혜주, 가만히 생각하다가 수빈에게 다시 전화 건다. 걸자마자 바로 음성사서함으로 넘어가는 동일한 안내음성 나오는데… 음성메시지 남기는 메뉴를 선택한다.
삐 소리가 나자, 음성메시지를 남기기 시작하는 혜주. 신중하게 말 고르면서 담담하게, 진실되게 말한다.

혜주 (전화에) …수빈아. 나… 지훈이 엄마야. …어떻게 지내고 있니? 연락이 잘 닿질 않네. 아직 친구한테서 핸드폰 안 받은 거니? …오늘 우연히 알게 되었는데… 최근에 간 병원에서 의사한테, 성폭행 당하지 않았다고 말했다면서. …수빈아. 혹시 지훈이한테 거짓말로 누명을 씌운 거라면… 용서할게. 그러니까 제발 솔직하게 말해줘….

54….. 우진석 의원실_ 의원실 (밤)

진석 혼자 있다. 한 켠에 쌓여 있는 A4 용지 서류더미와 제본한 책자들을 물끄러미 바라보고 있는데. 보이는 책자 30여 권의 책 제목들(책등이 보인다)이 전부 진석이 참석했거나 주최 혹은 공동주최한 성범죄 관련 세미나, 간담회 책자들이다. (작은 글씨는 책등 아래쪽에 쓰여 있는 주최 측)

성범죄 근절을 위한 정책 간담회 국회의원 우진석

디지털 성범죄 근절대책 당정 협의회

디지털성범죄 대응을 위한 방안 모색 공동 세미나 국회입법조사처

성폭력 범죄통계 개선 세미나 국회 여성가족위원회 · 국회의원 우진석

등등….

진석 ……….

진석의 시선, TV로 옮겨간다. 음소거로 틀어놓은 YBS 뉴스 중.
화면은 국회의사당 본관 외경. 띠 자막:
여야 '밥그릇 싸움'에 '민생법안'은 쿨쿨… "국민은 뒷전"

강순홍(E) (신15에서) 이득 볼 사람이 몇 되지도 않을 그깟 형법 개정안 하나와, 많~은 국민들이 혜택을 볼 민생법안 열 개. 무엇의 가치가 더 크겠습니까?

띠 자막 바뀐다:
대한당 조영민 원내대표, "민생법안 처리… 보국보민당 협조 절실"

진석 ……….

진석, 핸드폰으로 강순홍에게 전화 건다.

진석 (통화) 강순홍 최고위원님, 저 우진석입니다. …네. 그렇게… 하시지요.

55..... 혜주 집_ 외경 (밤)

56..... 동_ 여진의 방 (밤)

여진, 부동산('지청제일부동산')의 카톡메시지 보고 있다. 저녁 시간에

이미 온 카톡인데, 부동산이 '그럼 보증금 1000 더 낮출게요' 보냈고 여진이 '네. 잘 부탁드려요' 하고 답장한. 그때 밖에서 현관문 소리가 들린다.

57..... 동_ 여진의 방문 앞 (밤)

귀가한 혜주, 들어와서 바로 여진의 방으로 힘없이 다가간다.

혜주 언니- 있어?

여진(E) (방 안에서) 어- 왔어?

방문 열리고. 여진의 얼굴이 보이자마자 바로 울컥하는 혜주.

혜주 (감정 누르면서) …언니, 수빈이 유산했는데… 지훈이 애기가 아니래….

여진 !

혜주 그리고… 지훈이… 아마도… 수빈이 성폭행… 안 한 것 같아….

여진 !!

(힘겹게 감정 누르며 말한 혜주와 달리) 갑자기 울음 터지는 여진!

여진 (갑자기 오열) 정말이지? 다행이야, 정말 다행이야….

58..... 동_ 여진의 방 (밤)

혜주와 여진.

혜주 수빈이는, 그날 밤에 둘이 만났대. 지훈이… 사고나기 직전에.

여진 !!

혜주 근데 지훈이 아빤, 그날 지훈이 안 만났대. 근데… 누굴 만났는지 말을 안 해… 상갓집 간다고 거짓말까지 하고 나갔으면서…. 그래서 내가, 여자 생겼냐고까지 물었어….

여진 !!

혜주 그래도 대답을 안 해주더라. 대체 누굴 만났길래….

여진 …….

혜주 그래도 우리, 부분데… 내가 남편을 이렇게 의심하면 안 되는 거잖아…. 근데 나는 지금… 수빈이한테 협박당했다는 말이… 혹시라도… 정말 혹시라도 거짓말일까봐… 내가 모르는 뭔가가 있을까봐 너무 불안해….

여진 (아무 말도 못 하는) …….

혜주 그렇다고 수빈이를 믿지도 못하겠고… 난 지금 정말 아무도 못 믿겠어….

여진 …….

혜주 (애써 힘내려는 슬픈 미소) 근데 '아무도'는 아니구나… 언니가 있으니까….

여진 …….

59..... 수빈의 새 오피스텔_ 안 (밤)

수빈, 자기 핸드폰과 나란히 둔 다른 핸드폰(대포폰)을 물끄러미 보고 있다.

정대(E) (선행하는) 이거 대포폰인데 가져가고,

60..... [수빈 회상] 카페_ 안 (밤. 신52 보충)

마주 앉은 수빈과 정대. 정대 앞에, 수빈 쪽으로 밀어놓은 대포폰 있다.

정대 담에 전화하면 바로 나와라. 오키?

수빈 (노려보다가) 지훈이가 필로폰을 왜 갖고 있었나 했어. 걔한테 마약 던지기 시킨 거지?

정대 (빙글빙글 웃으며) 아니. 그 새끼는, (정색) 훔친 거야.

수빈 !

정대 걔 죽던 날, 한번 시켜봤는데 절대 안 한대서 나예은이 갔거든? 근데 고객이 떼어가기 전에 남지훈이 가로챈 거야. 마약 일은 절대 안 한다고 난리치더니. 지가 할려고 그랬던 거지.

수빈 (믿기 어렵다, 혼란스러운) …….

61…… [현재] 수빈의 새 오피스텔_ 안 (밤)

수빈, 자기 핸드폰의 차단번호 목록을 여는데, 혜주 번호가 차단되어 있다!

수빈 (역시 정대가!) …!

수빈, 차단 푸는데, 풀자마자 전화 온다(무음). 저장 안 한 010번호! (우재 번호다)

수빈 (누구지! 정대인가 싶어 순간 두려운!) …!

62…… 동_ 건물 근처 도로변, 정차한 우재의 차 안 (밤)

운전석 우재. 조수석 수빈.

우재 김수빈. 너 말이야.

수빈 …잠깐만요.

수빈, 차 블랙박스의 전선을 뺀다. 우재, 요것 봐라 하는 얼굴.

우재 (피식) 그래. 아무튼 너, 가만히 있어. 사모님한테 연락하거나 만날 생각 하지도 말고. 쓸데없이 돌아다니지도 말고.

수빈 …알았어요.

그때 수빈, 쥐고 있는 본인 핸드폰에 전화 오는 것을 본다(무음모드). 발신인명, JD!

수빈, 순간 흠칫하고, 얼른 핸드폰을 주머니에 넣는데. 손 떨려 바닥에 떨어뜨리고. 얼른 주워 다시 주머니에 넣는데. (혹은 우재 쪽으로 떨어져 우재가 주워준다)

우재, 액정화면의 JD를 봤다. (전화 계속 오고 있는 중이다)

우재 JD. 걔가 애 아빠야?

수빈 !

우재 너 걔 무섭구나? 그래서 의원님 집으로 온 거지? 숨어 있으려고.

수빈 …….

우재 협조만 잘하면 걔는 우리가 막아줄게.

수빈 무슨 수로요? 제 병원 기록 그 국회의원한테 갖다 준 것도 얘예요.

우재 아하, 그게 얘였구나. 근데 우리가 기자회견 열어서 그 국회의원 바로 물먹인 거 못 봤어?

수빈 (맞다… 이 사람들이 한 수 위였지…)

우재 그러니까 우리한테 협조만 잘 하라고.

수빈 (대답하기 싫지만 하는) …네.

63….. 혜주 집_ 안방 (밤)

스탠드 불빛 정도. 혜주, 우두커니 앉아서 생각에 잠겨 있다. 무거운 얼굴인데.

중도(E) …안 자고 있었어?

혜주, 보면. 귀가한 중도가 들어온다. 좀 데면데면하지만 중도는 다정하게 말 거는.

중도 …늦었는데. …참, 티비 출연, 내일로 잡았어. …내가 당신한테 티비 나가는 걸 압박하는 것처럼 느꼈다면 다 내 잘못이야… 미안해.

혜주 (다정한 목소리와 '미안해'에 순간 울컥) …여보.

중도 (보면)

혜주 …당신이 지금 나한테 미안해해야 하는 건… 그날 일이야. 그날 누구 만났는지 정말… 말 못 하겠어…?

중도 (침묵) …….

혜주 (눈물 차오르는) 내가 사랑하는 내 남편이 나한테 뭔가 숨기고 있다는 게 어떤 건지… 당신… 알아? 정말… 지옥 같다구….

중도 …….

혜주 여보, 나는 지금 당신이 너무 낯설고… 무서워.

잠시 말 끊긴다. 혜주, 눈물 흐르는데… 중도의 목소리.

중도 …그날… 지훈이 만났어.

혜주 …!! (본다) 지훈이…?

중도 (붉어진 눈가, 눈물 참는) …….

혜주 그날 지훈이 만났다고? 정말이야? 어젠 안 만났다며…!

중도 (눈물 참으며) …그날… 내가… 지훈이를… (감정 격해져 말 못 잇는)

인서트 주차한 중도의 차 안 (밤. 비. 지훈 사고 날)

중도 (지훈에게, 무섭게 폭발해서) 남지훈!!!

현재중도(E) …혼냈어.

현재

혜주 …!

중도 (힘겹게 눈물 참고 있는) …….

64..... [중도 회상] 달리는 중도의 차 안 (밤)

후원회장 저녁식사 후 집에 가는 길. 우재가 운전. 중도, 뒷좌석에서 혜주에게 카톡 쓰고 있다(1회 신38에서 혜주가 보는 카톡이다): 집 앞이야. 다 왔어

우재 (룸미러로 중도 넘겨다보고) 의원님 오늘은 그래도 많이 안 드셨죠?

중도 (카톡 쓰면서 대답) 어. 후원회장님이 별로 안 드셔서. 요새 건강이 안 좋으신 것 같아 걱정이네. (카톡 전송, 핸드폰 닫는데)

그때 중도의 핸드폰에 전화 온다. 중도, 액정 보고 미간 찌푸린다. 지훈이다. 얘가 왜 전화를? 싶고. 어색하고.

중도 (전화 받는다) 여보세요. 어, 그래 지훈아. 웬일이야. // 뭐? 사고? 야, 너 지금 몇 달 만에 전화해서 한단 소리가 술 먹고 또 사고쳤단 소리냐, 어? 너 진짜//(정신 못 차려??)

지훈(F) (O.L. 욱해서 소리치는) 아, 그러니까 지금 빨리 나오라고요!!

중도, 룸미러로 보고 있는 우재와 눈 마주친다. 중도, 짜증나 미칠 것 같다.

중도 (통화) …너 지금 어디야. // 주소 문자로 보내. (끊고) 이놈의 자식이

진짜!!

그때 까똑! 소리. 중도, 액정 보면 혜주 카톡 왔다. 눌러보면, 답장이다.

혜주(E) (메시지 v.o.) 조심히 와~

중도 …….

우재 어디서 만나세요? 같이 가시죠.

중도 …바로는 못 가. 집 다 왔다고 아내한테 문자도 보내놨고, 지훈이 사고쳤다고는 더 말 못 해. 아내가 알면 이번엔 정말 쓰러질 거야.

우재 그럼 일단 들어가셨다가 다시 나오시죠. 제가 전화드리겠습니다. 필요하시면 태양상가 번영회장 빙모상 가신다고 하시죠.

중도 …….

65..... [인서트] 주차한 중도의 차 안 (밤. 비. 지훈 사고 날)

지훈에게 무섭게 화내는 중도.

중도 너 대체 언제 정신 차릴 거냐, 어??!

66..... [현재] 혜주 집_ 안방 (밤)

중도 (눈물 참으며) 내가 화를 많이 냈는데, 그 직후에 지훈이가 그렇게 되어서… 미칠 것 같았어….

혜주 …!

중도 그래서 어제 당신이 물었을 때… 너무 당황해서… 거짓말을 했어…. 너무 괴로워서… 아무에게도 알리고 싶지 않았던 일인데… 누구보다도 당신한테는 정말… 당신한테만은… 정말… 숨기고 싶었어…. 그래서… 말을 못 했어…. (운다) 미안해… 당신 힘들게 해서….

혜주 (눈물 차오른다)

인서트 **신양장례식장_ 지훈 빈소 안 (밤)**

지훈의 영정사진 앞. 나란히 서서 액자 속 지훈을 허망하게 보고 있는 혜주와 여진.

혜주 있잖아… 언니… 나… 지훈이 마지막으로 봤을 때… 지훈이… 많이… 혼냈어….

여진 …….

혜주 그래서… 지금 그게 너무 후회돼…. (영정사진 보며) 지훈아, 그날 엄마가 화만 내서… 미안해…. (운다)

혜주, 울고. 여진, 우는 혜주를 안아주며 같이 흐느끼는.

현재

혜주, 마음이 찢어진다. 중도가 무슨 마음인지 너무나도 잘 알겠는….

혜주 자책하지 마…. 당신도… 그때가 지훈이하고의 마지막이 될 거라곤… 상상도 못 했잖아….

중도 그래도…(말 잇지 못하고 운다)

혜주, 우는 중도의 눈물을 손으로 닦아주지만…
결국 중도를 안고 소리 죽여 우는….

67….. 동_ 2층 거실 (밤. 비)

깜깜한 거실. 창문에 빗방울이 타닥타닥 떨어지기 시작한다.

68….. 동_ 안방 (밤. 비)

나란히 누운 중도와 혜주. 중도, 잠든 듯. 하지만 혜주는 잠이 안 온다.

혜주, 창 쪽으로 돌아눕는데… 빗소리가 귀에 들어온다. 비 오는 줄도 몰랐던…. 혜주, 베개 근처에 뒀던 핸드폰의 습도 앱을 연다. 수선실 현재 습도 79%.

몸을 일으켜 창문을 보면, 창을 때리는 빗줄기가 상당히 굵고 바람도 몰아친다.

혜주, 도저히 나갈 힘이 없지만 비가 너무 많이 오는….

69..... **책수선실_ 건물 외경 (밤. 비)**

70..... **동_ 안 (밤. 비)**

혜주. 비운 제습기 물통을 다시 장착하고 제습기 다시 설정하고. 창문 꽉 닫힌 것도 다시 한번 확인하는. 창문을 때려대는 비바람이 거세다.

71...... **동_ 건물 앞 (밤. 비)**

거센 비바람. 혜주, 우산 쓰고 가려는데… 멈칫. 수빈(편의점 투명 비닐 우산)이다!

혜주 ! …수빈아.

마주 보는 두 사람 위로,

수빈(E) 드릴 말씀이 있어서 왔어요.

72..... **[수빈 회상] 수빈의 새 오피스텔_ 안 (밤. 비 / 신62 직후)**

새 음성메시지가 왔다는 핸드폰 문자메시지[11]를 보고 있는 수빈.

11 *89 번호로, 신규음성메시지가 도착했다는 문자가 옵니다.

짧은 jump

혜주가 남긴 음성메시지를 듣고 있는 수빈.

혜주(F) (음성메시지/신53의 메시지 연결) 혹시 지훈이한테 거짓말로 누명을 씌운 거라면… 용서할게. 그러니까 제발 솔직하게 말해줘….

수빈 …….

혜주(F) 하지만 모든 걸 다 떠나서 수빈아. 나는… 니가… 성폭행 피해자가 아니길 바래….

수빈 …!!

혜주(F) 그건…

인서트 다온 산부인과_ 회복실 (밤)

혜주 (전화에 음성 남기는) 내 아들이 성범죄를 저지르지 않았으면 해서기도 하지만… 그것보다도 나는, 니가

현재

혜주(F) 그런 끔찍한 일을 겪지 않았기를 정말로 간절히 바래.

수빈 (울컥) !!

혜주(F) 그리고 수빈아. 유산…했다면서. 지훈이 아이가 아니라고도 들었는데… 수술 받으러 혼자 갔다면서….

수빈 …….

혜주(F) 나한테 그냥 다 말하지… 혼자서 얼마나 힘들었어….

눈시울 붉어져서 음성 듣고 있는 수빈의 얼굴 위로,

수빈(E) 아줌마… 남편이요….

73..... 혜주 집_ 여진의 방 앞 (밤. 비)

어두운 집 안. 열려 있는 서재 문에서 나오는 불빛이 어두운 복도를 비추고 있고.

여진의 방문 앞, 서재 쪽을 보고 서 있는 여진.

수빈(E) 그 아줌마랑…

74..... 책수선실_ 건물 앞 (밤. 비)

수빈 불륜이에요.

혜주 !!

인서트 의원회관_ 지하주차장, 주차한 중도의 차 안 (오전. 12회 신45의 인서트 보충)

수빈 네, 저 지금 협박하는 거예요. 아저씨, 불륜하잖아요. (중도를 노려본다!)

현재

혜주 !!

75..... [과거] 한강 고수부지_ 주차한 중도의 차 안 (밤. 비[12])

블랙박스 기기에서 영상 보고 있는 우재(좀 놀란 얼굴/흠뻑 젖었다, 머리 포함/sd카드 뽑지 않고 그냥 보고 있음). 어두워서 차창 밖 잘 안 보인다. (고수부지라는 것 잘 알아볼 수 없음/조수석에 대충 접어 아무렇게나 던져둔 남중도후원회 우산 있다. 우산은 흠뻑 젖어 있다) 블랙박스 영상은 차량 정면인 강남 유흥가인데, 잘 보이진 않고. (블랙박스라 차 뒷좌석에 탄 중도와 지훈의 모습은 보이지 않고 목소리만 들림)

12 여기서 영상 보고 sd카드 빼서 챙기고 신양경찰서로 가서 길에서 중도 만난 겁니다.

지훈(E) (블랙박스 영상에서) 내가 다 봤어. 아빠랑,

76 ..... [과거] 주차한 중도의 차 안 (밤. 비. 지훈 사고 날)

지훈(E) (이어지는) 여진이 이모!

전원 켜져 '녹화중' 표시가 들어와 있는 차량 블랙박스. 앞 유리창 밖, 강남 유흥가지만 잘 안 보임(강남인지 잘 모르게). 뒷좌석 보이면, 지훈과 중도!

지훈 (중도를 노려보며) 엄마 몰래 불륜하잖아요!!

중도의 얼굴 위로,

수빈(E) 저랑 지훈이가… 집에서 다 봤어요.

77 ..... [과거] 혜주 집_ 서재 앞 → 실내계단 위 (낮. 지훈 사고 날)

수빈(E) 지훈이 사고난 날 낮에요.

마주 서 있는 중도와 여진.

여진 혜주가 알까봐 두렵니?

실내계단 위, 얼굴 굳은 지훈. 한 발짝 뒤의 수빈!

78 ..... [현재] 책수선실_ 건물 앞 (밤. 비)

혜주 !

수빈 저번에 제가 병원 앞에서 아줌마 만났을 때요.

인서트 혜주 회상. 다온 산부인과_ 건물 옆 뒷골목 (낮. 신5 보충)

수빈 지훈이가 죽던 날 밤에 마지막으로 만난 사람이 아저씨잖아요.

혜주 …뭐?

수빈 근데요 그날, (뭔가 말하려다 멈추고) …됐어요! 아줌만 제가 무슨 말을 해도 안 믿으실 거니까! (하고 홱 돌아서 가버린다!)

혜주 !

현재

수빈 그때 제가 하려다가 만 말이요! 아저씨가 지훈이 죽였을 수도 있단 거였어요!

혜주 !! 너 미쳤니?? 어떻게 그런 말을//(해!!)

수빈 (O.L.) 그날 지훈이, 아빠 만나서 이제 불륜 그만하라고 말한댔어요! 근데 바로 죽었잖아요! 그러니까 저는 아저씨가 지훈이 죽인 걸 수도 있다고 생각해요!!

혜주 !!!!

79….. [현재] 혜주 집_ 여진의 방 (밤. 비)

빈 방. 깜깜한데, 여진의 핸드폰에 카톡이 와서 액정화면이 밝아진다. 우재의 카톡이다. (미리보기ON. 메시지 하나가 이미 왔고 두 번째 메시지 오는)

김수빈이 사모님께 쓸데없는 얘기 더는 안 할 겁니다 // 걱정 마세요

80….. 동_ 서재 (밤. 비)

서재 문 반쯤 열려 서재 안의 전등빛이 어두운 복도를 비추고 있다. 서재 안, 서 있는 중도. 문밖을 바라보며 서 있는데. 문밖, 여진이다. 서재 문턱을 사이에 두고, 서로 마주 보고 서 있는 중도와 여진 위로 소제목 뜬다.

13회: 부정(不貞)

14회

부정(否定)

1 .... 책수선실_ 건물 앞 (밤. 비 / *13회 엔딩과 대사 조금 다름)

수빈 아줌마 남편, 그 아줌마랑 불륜이에요. 저랑 지훈이가 다 봤어요, 그날 낮에 집에서요!

혜주 !!

수빈 그래서 지훈이가 그날 밤에 아빠 만난 거예요! 다 알고 있으니까 이제 그만하라고 말하려고요! 그래서 저는 아저씨가 지훈이 죽였을 수도 있다고 생각해요!!

혜주 !!

타이틀 IN.[1]

2....... [이 신부터 별도 표시 있을 때까지 지훈 사고 날] 책수선실_ 문 앞 복도 (낮)

자막: 2022. 8. 19 지훈 사고 당일

지훈(수빈의 옷가지들 들은 불룩한 에코백을 대신 들고 있다)과 수빈.

지훈 (문 두드리며) 엄마- (다시 두드리고) 엄마-

그러나 아무 소리 들리지 않는다.

지훈 (머쓱하다, 수빈 돌아보며) …엄마 여기 없나봐.

지훈, 핸드폰 꺼내 주소록 열고 '엄마'에 전화 걸려다가… 만다.

1 한글 '부정'과 함께 한자는 13회 소제목이었던 '不貞' 글자가 떴다가 '否定'으로 바뀐 후 '14회'가 뜹니다: 부정(不貞) → 부정(否定) → 14회: 부정(否定)

그런 사이가 아니다.

지훈 (핸드폰 다시 넣고) …우리 집으로 가자. 엄마 집에 있나봐.

수빈 집? 너네 집까지 가긴 좀….

지훈 괜찮아. 우리 엄마가 분명히 너 도와주실 거야. 우리 엄마도 너처럼 가족도 없고 그랬어.

수빈 …….

지훈 너, 정대 형이랑 끝내고 싶다며. 아니야?

수빈 …….

3……. 혜주 집_ 대문 앞 (낮)

지훈과 수빈이 온다. 대문 옆에 혜주의 차가 주차되어 있는데, 앞에 불법주차 차량이 혜주 차 앞 범퍼와 닿을 듯 말 듯 하게 주차를 해놨다(대문을 가로막고 있다).
지훈과 수빈, 몸을 비틀어 아주 좁은 차 사이를 지나 대문 앞으로 다가간다.

지훈 (차 사이를 불편하게 지나가면서 짜증) 아, 남의 집 앞에 이렇게 차를 댔냐….

지훈, 열쇠로 자물쇠 열면, 철컹, 열리는 대문.
수빈, 진짜 집에 들어가도 되나 주저하는데… 지훈, 문 열며 수빈을 돌아본다.

지훈 들어와.

열린 대문 사이로 집의 풍경이 보인다. 조심스레 대문 안으로 발을 딛는 수빈.

4....... 동_ 2층 현관 (낮)

(외부계단으로 올라와) 2층 현관 도어록 열고 들어가는 지훈. 따라 들어가는 수빈.

지훈 (현관 안으로 들어가며, 조심스럽게) 엄마-

그러나 고요한 집 안. 불도 켜져 있지 않고 아무 소리도 들리지 않는다.

5....... 동_ 지훈의 방 (낮)

벽의 키재기 표시 보고 있는 수빈. '엄마' '아빠' 글자를 보고. 지훈의 중학교 졸업식날 날짜와 졸업식날이라는 표시를 본다. 그때 물컵 하나 들고 들어오는 지훈.

수빈 …왜 고등학교 땐 안 쟀어?

지훈 응?

수빈 (키재기 표시 가리키며) 이거. 중학교 졸업식날이 마지막이길래.

지훈 …그냥. (컵 주며) …여기 물.

수빈 고마워. (한두 모금 마시고 내려놓는데 하품 나온다) 엄마 오실 때까지 나 잠깐만 자도 돼? 요새 이상하게 너무 졸려서 정신을 못 차리겠어.

지훈 그래.

수빈 그럼 잠깐만 잘게.

수빈, 지훈의 침대(매트리스 커버만 있고 이불, 베개 없음)에 누워 자기 팔을 베고 눈 감는다. 금세 쌔근쌔근 잠드는 수빈. 지훈, 책상 의자에 앉아 물끄러미 수빈을 보고 있는. (방에 전등 켰었다면 꺼주고)

그러다가 지훈도 졸려서 책상에 엎드려 잠든다. 나른한 오후 햇살.

짧은 jump

엎드려 자다가 어디선가 말소리가 들려서 깨는 지훈. 눈 뜨고 몸 일으킨다.
작게 들리는 중도와 여진 목소리다. 중도가 이 시간에 집에? 지훈, 좀 의아하다.
지훈, 무시하고 다시 엎드리다가… 일어난다. 조용히 방문을 여는데, 수빈 깨서 일어난다.

수빈 어디 가?

그때 여진의 목소리가 들린다. (1층이고 방문도 닫혀 있어서 좀 웅웅거리며 들린다)

수빈 엄마 오신 거야?
지훈 …아니.
수빈 ? 그럼?
지훈 …….

6……. 동_ 실내계단 (낮)

지훈, 계단을 내려가려 하는데… (서재 문 열려서) 그 앞에서 대화하는 중도와 여진 목소리 들린다. 멈칫하는 지훈. (수빈도 듣는)

중도 실수야, 실수였다고!
여진 실수라고 하지 마! 실수라고 하면 뭐가 달라져?
중도 …조용히 해. 혜주가 알면 가만 안 둬.

여진 왜. 혜주가 알까봐 두렵니?

중도 …….

여진 …더 이상 이렇게는 못 지내.

지훈, 수빈에게 방으로 들어가라는 눈짓 조용히 하고. 지훈과 수빈, 방으로 다시 들어간다. (아래는, 방으로 들어가기 전까지 계속 들리는 대화)

중도 누나만 입 다물고 있으면 혜주는 우리 절대 의심 안 해! 그러니까// (그냥 조용히 있어!)

여진 (O.L.) 계속 이런 식일 거면 그만둬! 더 이상 얘기하고 싶지 않아!

7……. 동_ 지훈의 방 (낮)

문 닫은 방 안. 지훈, 아무 말 없다. 수빈, 아무것도 묻지 못하겠다.
중도와 여진의 대화도 더 이상 들리지 않고. 방 안에 정적만 흐르는데.
창밖에서 대문이 열리고 닫히는 소리가 작게 들린다.

지훈 …나가자.

8……. 동_ 2층 현관 → 외부계단 (낮)

조용히 나오는 지훈과 수빈. 외부계단으로 내려가는 지훈과 수빈.
담장(대문) 너머로, 중도의 카니발이 대문 앞을 떠나는 모습이 언뜻 보인다.
말없이 대문으로 향하는 지훈. 수빈 역시 말없이 따라가는.

9……. 동_ 근처 골목 일각 (낮)

앞서 걸어가는 지훈, 아무 말도 못 붙이고 따라가는 수빈.
두 사람의 뒤로 혜주의 집 점점 멀어지고.

그때 지훈, 갑자기 걸음 멈추고 그대로 서 있다. 따라가던 수빈, 따라 멈추고. 그러나 지훈이 움직이지 않는다. 수빈, 조금 앞으로 가서 지훈의 얼굴을 보면… 지훈, 참고 있지만 눈가가 붉어져 있다. 지훈, 수빈이 보자 얼른 손등으로 눈가 훔친다.

수빈 (좀 놀라서) …너 괜찮아?

지훈 …너 방금 본 거, 아무한테도 말하지 마.

10...... [지훈 대과거] 혜주 집_ 지훈의 방 (밤. 2017년 2월 21일 화요일)

창문에서 들어오는 달빛에 보이는, 벽의 키재기 표시의 날짜와 메모: 2017.2.21. 지훈 중학교 졸업[2]. (이날 밤임을 알려주기 위해…) 옷걸이에 빳빳한 새 교복(지청고, 동복) 걸려 있고. 의자엔 낡은 지청중 교복(동복) 대충 접어 걸어놨고. 책상엔 지청중 졸업앨범과 졸업장. 중3 같은 반 친구들의 졸업기념 롤링페이퍼[3]. 새로 받아온 고1 교과서들. 2017년 2월의 책상달력. 21일에 '졸업식' 표시.

자다가 깨는 지훈. 목마르다. 일어나 책상 위의 물컵을 입에 대는데 물이 없다.

11 ...... [지훈 대과거] 동_ 실내계단 (밤)

내려오는 지훈. 부엌으로 가려는데… 멈칫.

서재 문 아주 조금 열려 있고. 빛이 새어나오고 있다. 지훈, 대수롭지 않게 여기고 부엌으로 한두 걸음 가다가… 멈춘다. 뭔가 이상한 소리

2 졸업식날 아침에 키를 재서 표시한 것이고, 지훈이 영정사진으로 쓰인 중학교 졸업식에서의 가족사진이 지훈이가 마지막으로 가족과 행복하게 지낸 순간입니다. (가족사진은 여진이 찍어줬고요.)

3 남녀공학, 26명, 지훈은 시끄럽게 활달한 스타일은 아니지만 반 친구들과 무난하게 두루두루 친하고, 그런 느낌들이 사는 메시지들.

를 들었다.

조심스레 서재로 다가가는 지훈. 열린 문 틈새로 들여다보는데… 놀라 커지는 눈!!

12...... [지훈 대과거] 동_ 2층 화장실 (밤)

깜깜한 화장실. 변기 앞, 구역질하는 지훈. 울고 있다.

13...... [지훈 사고 날] 모텔_ 안 (저녁)

혜주 집에서 나와 모텔로 온 지훈과 수빈. 이야기를 다 듣고 충격받은 수빈.

지훈 근데 오늘 봐. 그게 벌써 오 년 전인데 아직도 저러고 있잖아! 저 꼴 보기 싫어서 집 나간 건데… 정말 역겨워.

수빈 …….

지훈 (수빈 빤히 보다가) …니 앞에서 이런 모습 보이는 거 진짜 쪽팔린다.

수빈 …나도 똑같아. 정대 오빠한테 맨날 헤어지자고 하고 못 헤어지고… 그런 거 너한테 계속 보여줬잖아.

지훈 …내 주변엔 다 개새끼들뿐이네. (벌떡 일어서는) 더는 못 참겠어. 아빠 만나야겠어.

수빈 지금?

지훈 아니. 어차피 이 시간엔 만나지도 못해. 맨날 약속이 꽉꽉 있어서 지금은 연락해봤자 내가 죽었다 정도가 아니면 못 만나.

수빈 …….

지훈 오늘 정대 형이 나 보자고 했잖아. 형 잠깐 보고 밤늦게 아빠 만나고 올게.

수빈 정대 오빠 꼭 만나야 돼? 갑자기 너 왜 만나잔 거야?

지훈 몰라. 근데 안 나가면 너 도망친 거 의심 살 것 같아.

수빈 …….

지훈 …아빠한테 불륜 당장 그만 안 두면 폭로한다고 할 거야. 자기 정치 인생 끝내기 싫으면 그만두겠지.

수빈을 물끄러미 바라보는 지훈의 얼굴 위로,

현재수빈(E) 그러고 나갔는데…

jump 이틀 뒤 오전 10시경

지훈을 기다리다가 얼핏 잠들었던 수빈(편하게 누워서 자지 않았음).
잠에서 깨는데, 아직도 지훈이 오지 않았다. 걱정된다.
지훈에게 전화하려고 핸드폰 집어 드는데 순간 멈칫.
소리 매우 작게 틀어놓고 잠들었던 TV에서 뉴스(SBC, 정경은 기자 리포트) 나오고 있는데. 작은 볼륨의 정경은 기자 리포팅 소리와 함께, 화면은 지훈 시신 발견 당시의 한강 고수부지.
띠 자막: 대한당 남중도 장남, 어젯밤 한강에서 숨진 채 발견

수빈 …!!

14…… 신양장례식장_ 복도 일각 (밤)

북적북적한 복도. 빈소에 들어가지 않고 복도에서 빈소 안을 보고 있는 수빈. (완전 올블랙 정장은 아니고 갖고 있는 옷들 중 가장 어두운 톤으로 입고 온)
빈소 안, 지훈의 영정사진이 얼핏 보이자 수빈, 울컥한다. 눈물 흐르지만 얼른 닦으며 참는데. 그때 빈소 안에서 서로를 안고 위로하는 중도와 혜주 보인다(1회 신68).
혜주를 위로하는 침통한 중도를 보는 수빈, 서늘해지는 얼굴.

수빈 …….

수빈, 돌아서서 가는데. 복도 구석에서, 눈물 닦고 있는 지친 얼굴의 여진(가족처럼 검은 한복 상복 입음) 보인다. (접객실에서 음식 나르다가 잠깐 나와 울었고, 이제 다시 들어가려는…)
여진, 수빈과 스쳐 지나가 다시 빈소로 들어가고. 그런 여진을 보는 수빈의 얼굴.

15…… 공원_ 벤치 (낮. 며칠 후. 13회 신51의 킨코스 인서트와 같은 날)

옷가지 담긴 에코백 있고. 수빈, 지갑 탈탈 털어보는데 만 원권 2, 3장과 천 원짜리 1, 2장, 동전 몇 개가 전부다. 수빈, 어떻게 하지 싶은데… 핸드폰에 전화 오는 진동 소리. 꺼내 보는데… 멈칫. JD가 전화하고 있다!
수빈, 순간 겁먹고 가만히 보고만 있는데… 이윽고 전화 멈추면, 액정 화면에 '부재중전화(1)' 뜨면서, 바로 정대의 카톡 메시지 와서 보인다 (미리보기ON): 또 숨었냐? 내가 너 못 찾을 줄 알아??
수빈, 어떡하지 고민하다가… 이윽고 뭔가 결심하는.

16…… 혜주 집_ 대문 앞 (낮. 1회 엔딩의 수빈 시점)

지훈의 집을 찾아온 수빈. 주저하다 용기 내어 초인종 누르는 손.
대문 열리고, 혜주 나온다.

수빈 …안녕하세요.

혜주 누구….

17…… 동_ 1층 거실 (낮. 2회 신4 보충, 수빈 시점에서)

수빈 (결심하고 말하는) …저 좀 재워주세요.

얼굴에 당황함이 역력한 혜주를 빤히 보는 수빈.

18...... [플래시백] 2회 신12. 동_ 1층 거실 (낮)

집에 온 여진을 본 수빈.

수빈 …안녕하세요. 처음… 뵙겠습니다.

19...... [플래시백] 2회 신25. 동_ 1층 거실 (밤)

마악 집에 들어온 중도에게,

수빈 (일어선다, 차분하게) 안녕하세요. 처음 뵙겠습니다.

20..... 칼국수집_ 안 (낮. 3회 신46 보충, 수빈 시점에서)

혜주 언니는 나의 구원자야.

여진 …인생을 망치러 온?

혜주 (웃는) 어. 언니가 내 인생 망쳤어. 그러니까 책임져.

웃으며 대화하는 두 사람, 특히 여진을 서늘하게 보는 수빈.

21...... 혜주 집_ 2층 복도 (새벽. 4회 신33의 수빈 시점)

수빈, 화장실에서 나오는데 중도와 마주친다.

수빈 …안녕하세요.

중도, 아무 대꾸 없이 수빈을 스쳐 지나간다. 실내계단으로 내려가려는. 그 순간, 팔뚝이 살짝 닿는데…. (중도가 일부러 닿은 것은 아니고 복도가 좁은/중도는 양복이지만 수빈은 반팔이라 맨살이 닿은)

그 순간 수빈, 움찔하며 뒤로 살짝 물러선다.
계단을 내려가는 중도. 수빈, 극혐하는 얼굴로 내려가는 중도를 눈으로 좇는다.
1층에서 녹즙 갈던 혜주가 "벌써 내려왔어? 잠깐만. 이거 녹즙 담기만 하면 돼." "천천히 해. 신발 신고 있을게." 대화 소리 작게 들린다.
가만히 서서 1층에서 들리는 대화 소리를 듣고 있던 수빈, 중도와 닿은 팔뚝을 굳은 표정으로 탁탁 털고 자기 방으로 들어간다.

22 ..... [현재] 책수선실_ 안 (밤. 비)

혜주, 빗속에서 수빈을 데리고 들어와 이야기를 들은 직후다. 큰 충격과 혼란인데.

수빈 그날 지훈이는… 불륜 폭로한다고 아저씨 협박할 거라 그랬어요. 그러니까 지훈이, 아저씨가 죽였을 수도 있다는 거예요! 사고가 아니라요!

혜주 !!

혜주, 너무 혼란스럽지만 이성을 찾으려 애쓴다.

혜주 …아니야, 수빈아. 그날 지훈이는…

플래시백 9회 신54. 책수선실_ 안 (낮)

지훈의 카톡창에서 마지막 메시지('죽어버릴거야') 옆에 떠 있는 전송실패 마크에 머무는 혜주의 시선. 마음 복잡한….

플래시백 10회 신45. 혜주 집_ 안방 (밤. 편집)

혜주 …여보… 나는… 수빈이가… 못 받은… 그 마지막 문자… 영원히… 몰랐으면 좋겠어….

중도 …….

혜주 그러니까 여보. 혹시라도 수빈이가 연락 오면… 그 마지막 문자 얘긴 하지 말아줘. 부탁이야….

중도 …알았어.

현재

혜주 (말을 잇지 못하고 갈등하는데)

수빈 지훈이가 저 땜에 자살한다고 핸드폰에 써놨다면서요! 하지만 그거 아니에요!

혜주 …! 너 그거, 지훈이 핸드폰 문자… 어떻게 알았어?

수빈 아저씨한테 들었어요!

인서트 의원회관_ 주차한 중도의 차 안 (오전. 차창에 커튼)

중도 (수빈에게) 지훈이가 죽기 전에, 너 때문에 자살한다고 너한테 문자를 보냈어. 전송이 안 되었지만.

현재

혜주 !!

수빈 근데 절대 자살일 리가 없어요, 왜냐면 마지막으로 통화했을 때 지훈이는…

23….. [수빈 회상] 모텔_ 안 (밤. 비)

지훈과 통화 중인 수빈의 앞에 두 줄 선명한 임테기 있고. 고수부지에 퍼붓는 비와 연결 상태 불량으로 지훈의 목소리가 잘 안 들린다. (보이스톡 아닌 일반통화 중)

지훈(F) 뭐? 임신?

수빈 (통화, 너무 당황해 눈물) 어… 정대 오빠한테 말해야 하나? 어떡하지?

지훈(F) 안 돼! 너 그랬다가 진짜 못 헤어져! (연결 상태 안 좋아 띄엄띄엄 들린다) 너 허정대한테 한 번만 더 헤어지자고 하면 진짜 큰일 나! 절대 연락하지 마!

수빈 (통화) 정대 오빠한테 뭐? 잘 안 들려.

지훈(F) (잘 안 들린다) 잠깐만. (통화 끊긴다)

수빈, 전화가 끊기자 지훈에 다시 걸려는데 지훈의 카톡 온다. 열어보는 수빈.

지훈(E) (메시지 v.o.) 헤어지잔 소리 절대 하지 마.

지훈(E) (메시지 v.o.) 왜 자꾸 그래.

지훈(E) (메시지 v.o.) 너 진짜 죽고 싶어?

그때 지훈의 보이스톡 걸려온다. 수빈, 얼른 받는다.

수빈 (통화) 여보세요//

지훈(F) (O.L.) 문자 봤어? 일단 가만있어. 내가 금방 갈게!

수빈 (통화) 어… 알았어…. 아빠는 만났어? 너 지금 어디야?

지훈(F) 아빠 만났어. 나 지금 한강 고수부지. 금방 가.

수빈 (통화) 고수부지?

지훈(F) (빗소리와 연결 불량으로 잘 안 들린다) 허정대 내가 죽여버릴 거야.

수빈 (통화) …뭐?

지훈(F) (갑자기 연결 상태가 좋아져 또렷하게 들린다) 내가 죽여버린다고!!!

24..... [현재] 책수선실_ 안 (밤. 비)

수빈 아빠 만난 바로 다음에 통화했는데, 지훈이가 저 임신했다는 소리 듣고 제 남친 가만 안 둔다고 엄청 화냈단 말이에요! 근데 거기서 갑자기 자살했다는 건 말이 안 되잖아요! 막, 죽여버린다고 그랬는데!!

혜주, 너무 혼란스럽다. 그때, 문득 멈칫하는 혜주.

혜주 …잠깐만, 수빈아. 지훈이가… 니 남자친구… 어떻게 한다고 했다고…?

수빈 네? 죽여버린다고요.

혜주 !

수빈 죽여버린다고 그랬어요.

혜주 !!

인서트 한강 고수부지 (밤. 비 / 신23 보충, 지훈 시점에서)

지훈 (카톡 보이스톡 통화) 내가 죽여버린다고!!! 암튼 금방 갈게! (보이스톡 끊고, 카톡창에 메시지 빠르게 쓰면서 혼잣말) 가만 안 둬. 진짜 죽여버릴 거야.

하지만 지훈이 누르고 있는 자판은, '죽어버릴거야'다!
지훈, 다 쓰고 전송버튼 누르는데 전송이 지연되는 동글뱅이가 떠 있다.
하지만 지훈, 전혀 알아채지 못한 채 빠르게 핸드폰 닫는다!

플래시백 8회 신84. 혜주 집_ 서재 (낮)

혜주, '죽어버릴거야' 메시지를 보고 충격받고 휘청하던.

현재

혜주 (그런 뜻이었던 걸까!) !!

수빈 처음엔 저도, 그래도 어떻게 아빠가 아들을 죽일까 싶어서 그 생각은 지웠어요. 그리고 뉴스에서 지훈이 술 많이 마시고 실족한 거라고 해서, 그렇게 생각했죠. 근데, 제가 성폭행 안 당했다는데도 아저씨가 그 따위 기자회견 하는 거 보니까 생각이 달라졌어요. 아저씬 분명, 자기 불륜 알고 협박한 아들 죽일 수도 있는 사람이에요!

혜주 !!

잠시 침묵 흐른다.

수빈 …저 아줌마 집 나간 다음에 돈 없어서… 불륜 폭로하겠다고 아저씨 협박했어요. 근데 그랬더니 불륜 입 다물고 지훈이한테는 성폭행 당한 걸로 협조하라고, 그럼 집 해준다고….

혜주 !

수빈 그래서 기자회견 보고도 그냥 가만히 있었어요. 죄송해요.

혜주 !

수빈 하지만 불륜 확실해요, 그 두 사람. 그것도 벌써 몇 년이나 된 사이라구요!!

혜주 …!!

수빈을 믿기도 쉽지 않지만 안 믿기도 어려운, 혼란스러운 혜주의 얼굴에서….

25..... 혜주 집_ 1층 거실 (밤. 비)

귀가하는 혜주의, 여전히 혼란스러운 얼굴.

혜주, 젖은 우산 세워놓고 1층 현관으로 들어서는데, 서재에서 일하던 중도 나온다. (집 안에 불 다 꺼져 있고, 현관 센서등과 서재 불빛만)

혜주, 중도를 마주칠 줄 몰랐다. 우뚝 멈춰 서는데. 다가오는 중도.

중도 (다정과 걱정) 전화도 안 받고. …수선실 갔었어?

혜주 (애써 아무렇지 않은 척, 전화는 온 줄 몰랐다) 어, 비 와서 잠깐. …자길래 살짝 나갔어. 전화는 몰랐네.

그때 중도, 불쑥 혜주 이마를 짚는다. 혜주, 순간 흠칫.

중도 (이마 짚으며) 어디 아파? 얼굴이 안 좋네.

혜주 …아니야.

중도 열은 없는데. (손 떼고) 비 오는데 혼자 걸어갔다 왔겠네. 나 깨우지. 나도 좀 전에 깨서 일 좀 하고 있었어.

혜주 …….

중도 아 참, 당신 차 내일 올 거야.

혜주 ('차' 소리에 순간 살짝 멈칫했다가) …어.

중도 그만 자자. 너무 늦었다.

혜주의 시선, 서재 불 끄러 들어가는 중도의 뒷모습에 머물고 있는데. 서재 불 끄고 나오는 중도, 올라가자는 듯 다가오는데.

혜주 …아, 나… 일, 뭐 깜빡했다.

중도 일?

혜주 어. 윤서 노트북으로 그것 좀 하고 잘게. 당신 먼저 자.

중도 늦었는데. 아침에 하지?

혜주 오늘 꼭 해야 돼서… 당신 먼저 자.

중도 …그럼 나도 일 좀 더 할게. 다 하면 알려줘. 나도 그때 자게.

혜주 …그래. (중도와 눈맞춤, 애써 미소)

중도, 서재로 들어간다. 서재 문 닫히면, 혜주의 얼굴에서 사라지는 미소. 혜주, 실내계단 밑에 있는 창고를 본다. 닫혀 있는 창고 문. 그 위로,

수빈(E) 그날 낮에 지훈이랑 수선실에 갔었는데 아줌마가 없었어요. 그래서 집으로 갔는데

인서트 **혜주 집_ 대문 앞 (낮)**

수빈(E) 집에도 아무도 없었어요. 아줌마 차는 집 앞에 있었는데.

남궁솔 빈소에 가려고 나온 혜주. 차 키를 손에 들고 미간 찌푸린 채 대문 앞 불법주차 차량을 살펴보고 있다. 너무 가까이 대서 자기 차를 빼지 못할 것 같다.
혜주, 살짝 짜증내는 한숨 쉬고는, 몸 비틀어 겨우 두 차량 사이를 빠져나와 걸어가며 핸드폰으로 지도 앱에 '신양장례식장' 입력하고 버스노선 결과[4] 보면서 걸어간다. 대문 방향으로 주차되어 있는 혜주의 차. 블랙박스 켜져 불 깜빡이고 있다.

26..... [현재] 동_ 창고 (밤. 비)

혜주, 창고 불을 켜면, 진공청소기 등의 물건들이 잘 정돈되어 있는데… 한쪽 구석에, 우재에게서 받은 (9회 신71의) 택배상자가 뜯지도 않은 상태로 있다.

우재(E) (9회 신71에서) 사모님 차 블랙박스랑 차에 있던 물건들 택배로 받은 겁니다.

27..... 동_ 지훈의 방 (밤. 비)

방문 닫았고. 불도 켜지 않은 깜깜한 방.

4 마을버스 신양08만 간다고 나온다: 지청역에서 타서 중간정거장 18개. 소요시간 38분. '성한빗물펌프장'에서 하차한 후 도보 8분.

지훈의 책상 앞에 앉아 있는 혜주.

책상 위에는 노트북. 그 옆에는 블랙박스와 뜯은 택배박스[5].

수빈(E) 그래서 아줌마 기다리다가 지훈이 방에서 잠깐 졸았는데…

얼어붙은 혜주. 노트북에서 혜주가 보고 있는 것, 블랙박스 영상이다.

수빈(E) 두 사람 목소리에 깼어요.

블랙박스 영상

중도의 카니발이 대문 앞에 정차해 있고, 중도가 불법주차 차량과 혜주 차 범퍼 사이의 좁은 공간을 겨우 빠져나가며 대문으로 들어가고 있다. (중도가 혜주 차 범퍼를 스치며 충격모드가 켜져 녹화가 된 것) 영상에 찍혀 있는 시각, 아직 날 밝은 오후다. (2022/08/19 17:30)

[영상 끝]

혜주(E) (속말, 충격받은) 당신 그날 낮에 정말로… 집에 왔었어…?

어둠 속에 우두커니 앉아 있는 혜주. 굵은 빗줄기가 창문을 강하게 때리고 있다.

28..... 동_ 여진의 방문 앞 (밤. 비)

혜주, 망설이다 결심하고, 방문 노크하려고 손 올린다.

5 선글라스 케이스, 물티슈 등 평소에 혜주가 글로브박스에 넣어놓았을 만한 작은 물건들이 안에….

인서트 혜주 회상. 책수선실_ 안 (밤. 비)

수빈 저 유산하고 수술할 때 여진이 아줌마랑 갔었어요. 모르셨죠? 왜냐면 제가 저 유산한 거 아줌마한테 말하면 불륜 폭로할 거라고 했거든요!

혜주 !!

현재

혜주, 하지만 망설이다가 손 내린다(노크 안 한). 여진에게 도저히 못 묻겠다.

돌아서면 반대편에 불 켜진 서재 문 보인다. 혜주, 서재로 한 걸음 뗀다.

29..... 동_ 여진의 방 안 (밤. 비)

잠 못 이루고 뒤척이는 여진. (혜주가 다녀간 것은 모르는)

30..... 동_ 서재 문 앞 (밤. 비)

거실 창을 때리는 거센 빗소리. 서재 문 앞에 서 있는 혜주. 결심한 듯 노크한다.

31...... 동_ 서재 (밤. 비)

책상에서 서류더미(자료, 책자들) 쌓아놓고 일하고 있던 중도, 혜주가 들어오자 고개 든다. 혜주, 들어가서 서재 문 닫는다.

중도 (볼펜 내려놓으며) 일 다 했어? (일어난다, 자러 가려고 책상 위 서류더미를 간단히 착착 정돈하며) 잠깐만.

혜주 …여보.

중도 (책상 정돈, 대수롭지 않게) 응?

혜주 내가 아까… 뭘 안 물어본 것 같아.

중도 (계속 책상 정돈) 뭔데?

혜주 …그날 말이야. 지훈이 사고난 날…

중도 (정돈하던 손 멈춘다) …….

혜주 지훈이가… 무슨 사고…쳤어?

중도 응? (혜주 본다)

혜주 지훈이가… 사고쳐서 당신 만난 거라면서. 무슨… 사고였어?

중도 (다시 책상 정리) …별거 아니었어.

혜주 왜. 뭐였는데. …마약…? 아니면… 수빈이… 성폭행…?

중도 …아니야. 그냥… 사고는 핑계였고 돈 달랬어.

혜주 돈?

중도 어.

혜주 …돈 달라고 당신 협박했어? 수빈이처럼?

중도 (멈칫, 정리하던 왼손 약지의 결혼반지 보인다)

혜주 지훈이도 수빈이처럼 당신한테… 불륜 폭로한다고 협박했어?

중도 (혜주 본다) …뭐?

잠시 정적 흐른다. 멈칫한 중도의 옆, 지훈 졸업식 사진 액자. (*혜주와 중도가 액자를 보는 것은 아닌)

혜주, 중도 눈빛이 살짝 흔들리는 것을 본다. 혜주, 점점 확신으로 기우는….

중도 여보. 김수빈 또 만났어? 걔한테 또 이상한 소리 들은 거야?

혜주 당신 정말로… 여진 언니랑 그런 사이 아니야?

중도 ! 여진 누나? 혜주야! 지금 그게 말이 돼??//

혜주 (O.L.) 목소리 낮춰! 윤서 위에 있어.

중도 …….

혜주 지훈이가 수빈이한테, 그날 밤에 당신 만나서 불륜 알고 있으니 그만두라고 협박할 거라고 했어. 근데 당신, 그날 지훈이 만났다며!

중도　!

혜주　…그런데 지훈이, 당신 만난 직후에 거기서 죽었잖아!

중도　…! 혜주야, 지금… 날 어디까지 의심하는 거야?

정적 흐른다. (이후, 두 사람 모두 윤서 때문에 크게 소리 지르지는 못 하는 대화)

혜주　…지훈이가 그날 밤에 당신 불러낸 이유. 내가 말한 거. 정말 아니야?

중도　그래, 아니라니까!! 여진 누나랑 나?? 왜 자꾸 나보다 걔를 믿니, 혜주야!!

혜주　그래? 그럼 내가 수빈이한테 또 속은 거야?

중도　!

혜주　…그럼 언니한테 확인해볼게! (나가려고 문을 확! 여는데 멈칫!)

문 앞에, 물컵을 든 여진이 있다. (물 마시러 나왔다가 서재 안의 대화를 듣고 있던) 여진, 갑자기 문이 열리자 놀란. 혜주와 중도도 놀랐고. 잠시 정적 흐르는데.

혜주　…잘됐네. 언니한테 가려고 했었는데. …들어와.

여진　(움직이지 않는다) …….

혜주　들어와서 얘기해. 위에 윤서 들어.

여진　…….

서재로 한 발자국 들어오는 여진, 서재 문 닫는다. (서재 안으로 깊게 들어오지 않고, 딱 한두 걸음만 들어와서, 문을 가깝게 등지고 선다)
흐르는 침묵. 혜주, 중도와 여진을 바라본다.

혜주　내가 미친 소리 하는 거면… 그렇다고 해. 두 사람, 내가 생각하는 그런 사이야?

대답 않는 중도와 여진. 숨 막히는 침묵.

혜주 …대답해.

여진 (바로) 어.

중도 (동시에) 아니야.

혜주 !!

중도 !! (놀라서 여진에게) 뭐? (혜주에게 바로) 아니야!! (여진에게) 맞긴 뭐가 맞아!! 미쳤어??

혜주 !!

여진 (중도 시선 피하지 않는다) …….

중도 …!

여진 (혜주 보며) 맞아. 니가 생각하는 그런 사이.

혜주 !!

중도 !!

정적. 혜주, 말문이 막힌 중도와 차분해 보이는 여진을 본다.
온몸의 피가 식는다.
중도와 눈 마주치는 혜주. 중도, 부인해봤자 소용이 없다는 것을 깨닫는다.

중도 …실수였어. 딱 한 번.

여진 (바로 중도 확 쏘아보며, 날카롭게) 실수?

중도 (여진 무시하고, 혜주에게) 혜주야. 우리 둘이 얘기 좀 해.//

혜주 (O.L.) 나가.

중도/여진 !

혜주　…이 집에서 둘 다 당장 나가.

32..... 동_ 대문 앞 (밤. 비)

대문을 나오는 중도와 여진. 우산도 못 챙기고 서재에서의 옷 그대로 나왔다. (여진은 얇은 실내복 차림이었어서 겉옷 하나만 걸치고 나왔다)
대문 쾅 닫히면. 비 들이치는 대문 처마 밑에서 대화 나눈다.

중도　(화났다) 얘기 좀 해.
여진　싫어.
중도　그럼 이대로 끝내자고?
여진　(노려보는)
중도　거기서 맞다고 하면 대체 어쩌자는 거야! 혹시라도 이런 일 생기면 무조건 부인하랬잖아!
여진　부인하면, 그럼 언제까지 계속 다른 거짓말로 숨기라는 건데!!
중도　…….

잠시 정적 흐르는데.

여진　지훈이가 그날 밤에 너 만나서 정말로… 폭로하겠다고 협박했어?
중도　…어.
여진　…!

다시 흐르는 정적. 여진, 미치겠는….

중도　…그럼 이제 어떡할 거야.
여진　…가게 내놨어.
중도　!

여진 이 집도 진작에 나갔어야 했는데. 후회돼.

33..... 동_ 서재 (밤. 비)

혜주 …….

혜주, 순간 휘청하지만 책상을 짚고 겨우 버틴다. 쓰러지지 않으려 이를 악무는….

책상 위, 액자 속 화목한 가족. (지훈의 졸업사진 / 지금 혜주가 액자를 보는 것은 아닌)

34..... 칼국수집_ 안 (밤. 비)

깜깜한 가게 안. 비 맞아 흠뻑 젖은 여진, 우두커니 혼자 앉아 있는 뒷모습. (표정 보이지 않는다) 의자 밑에 물웅덩이 생겼고. 여진의 몸에서 뚝뚝 떨어지는 물.

35..... 동네 슈퍼_ 앞 (밤. 비)

인적 없는 골목길. 강한 비바람 몰아친다.

담배와 라이터 사서 나온 중도. 편의점 문 앞, 어닝 아래(혹은 비 피할 수 있는 공간)에 서서 담배에 불붙이려는데… 비바람이 너무 거세어 몇 번을 시도해도 담배에 불이 안 붙는다.

중도, 갑자기 짜증 확! 내며 라이터 집어던진다!

중도 (혼잣말, 폭발) 뭐가 이따위야!!

중도, 감정 가라앉히려 애쓰며 잠시 머릿속으로 상황 정리한다.

이윽고 핸드폰 꺼내 우재에게 통화 버튼 누르는 중도의 손에서.

36..... 중도 의원실_ 사무실 + 동네 슈퍼_ 앞 (밤. 비 / 교차)

혼자 자기 자리에서 야근하다 핸드폰 전화 받고 있는 우재.

중도(F) 아내가 알아버렸어.

우재 (통화) …네? 사모님이 뭐를….

중도(F) …저번에…

인서트 우재 회상. 중도 의원실_ 의원실 (오전. 12회 신71 직후)

중도와 우재. 좀 놀란 듯한 우재.

우재 김수빈이 좀 전에 찾아와서, 의원님과 현 사장님의 불륜을 알고 있으니 돈 달라고 협박했다고요?

중도 어. 그냥, 미친 헛소리. 그런데 괜히 다른 데 가서 떠들면 골치 아파지니까 걔, 방 좀 하나만 얻어줘.

우재 …네.

현재

중도 (통화) 그때 김수빈이 했던 얘기가… 맞아.

우재 ! …….

잠시 침묵 흐른다.

우재 (통화, 차분) …알겠습니다. 사모님은… 괜찮으십니까?

중도 (통화) 괜찮을 리가.

우재 (통화) …김수빈은 너무 걱정 마십시오. 걔가 다른 데다 무슨 소릴 해도 여차하면 다 허언으로 만들면 됩니다. 사모님 쪽 리스크 관리만 부탁드립니다.

중도 (통화) …알았어. (끊는다)

전화 끊은 중도, 생각에 잠기는….

37..... 중도 의원실_ 사무실 (밤. 비)

우재 (전화 끊었다) …….

38..... 혜주 집_ 실내계단 (밤. 비)

깜깜한 집 안. 힘겹게 실내계단을 올라가는 혜주. 올라가다 멈추는데… 뒤를 돌아보면, 불 꺼진 서재 보인다. (서재 문은 조금 열려 있다)

혜주 …….

인서트 **혜주의 상상. 동_ 서재 문 앞 (밤)**

5년 전 그날 밤. 문 조금 열려 불빛 새어나오는 서재로 다가가는 지훈. 문틈 안을 들여다보는데… 이내 경악하는 지훈. 뒷걸음질 치는 지훈의 발.

현재

혜주, 불륜을 목격한 어린 지훈의 마음이 상상되어… 고통스럽다.

39..... [몽타주] 불륜이 드러난 밤의 다섯 사람 (밤. 비)

39-1..... 칼국수집_ 안 (밤. 비)

깜깜한 가게. 여진, 혼자 우두커니 앉아 있는 뒷모습.

39-2..... 수빈의 새 오피스텔_ 안 (밤. 비)

우재, 멋대로 도어록 열고 들이닥치는데, 수빈은 이미 없다.

39-3.....새 모텔_ 안 (밤. 비)

수빈, 커튼을 빈틈없게 꼭꼭 치고. 핸드폰에서 유심 뺀다! 숨어 지내려고 하는.

39-4.....중도 의원실_ 의원실 (밤. 비)

깜깜하다. 창문을 때리는 빗소리. 혼자 있는 중도(안 젖음). 두 손에 얼굴 묻고 괴로워하는….

39-5.....혜주 집_ 실내계단 (밤. 비 / 신38 보충)

계단 난간 잡고 주저앉는 혜주. 소리 죽여 운다. (윤서가 2층에서 자고 있으니…)

고요한 집 안에 들리는 빗소리.

39-6.....동_ 외경 (밤. 비)

인적 없는 골목. 빗속, 불 꺼진 혜주 집.

40..... 국회의사당_ 외경 (오전)

41...... 동_ 정문 앞[6] (오전)

출근시간(오전 8시 반 정도). 국회 직원들(남녀 다수, 20대 중반~50대) 출근 중. 함께 출근하는 민석과 자영, 빛나를 본다. 빛나, 출근하다 멈춰 서서 뭔가를 보고 있는(텀블러 들었다).

민석 비서관님-

빛나 어, 안녕하세요. (자영 보고, 별 의심은 아닌) 어, 둘이 어떻게 같이 와?

6 혹은 지하철 9호선 국회의사당역 출구 앞. 시위자 뒤로 국회의사당 본관이 보였으면 합니다.

자영 (둘러대는) 아, 버스에서 만나서요. 뭐 보세요? (빛나가 보던 곳 보면)

남궁솔법을 지지한다는 내용의 큰 판넬[7]을 든 1인 시위자(남, 60대/침묵시위)다. (출근길의 국회 직원들 4, 5명, 멈춰 서서 관심 있게 판넬 읽고 있거나 시선 두며 가는)
민석, 빛나와 자영, 1인 시위자가 고맙고 의욕이 솟는데.
다른 국회 직원1, 2(남녀, 30대)가 지나가면서 나누는 대화 들린다.

국회직원1(여) 근데 남중도 의원님 부인 폭로글 보니까 저 법하고 완전 충돌하던데.
국회직원2(남) 그러게. 거기 의원실 공식입장은 아직이지?
민석/빛나/자영 (대화 들었다) …….

민석, 빛나와 자영, 1인 시위자에게 살짝 목례하고 가면서 대화 나눈다.

빛나 사모님 오늘 밤에 뉴스 출연하시고 나서 잘 해결되길 바래야겠죠?
민석 네. 오늘 뉴스만 잘 풀린다면야 사모님 사연이 남궁솔법 홍보에 제일 좋은 스토리텔링이기도 하고요….

42..... 이발소 (오전)

오래된 이발소. 나란히 앉아 손면도 받고 있는 강순홍과 같은 당 의원(남, 30대 중반~40/중도보다 어림/의원배지). (이발소 주인1, 2 있다) TV(음소거)에서 SBC 뉴스 나오고 있는데, 화면은 중도의 기자회견.
띠 자막: '남궁솔법' 둘러싼 찬반여론 격화

7 시위자의 딸도 성범죄 피해자인데 경찰에 신고하자 가해자가 자살해 가해자의 유족과 회사 동료들로부터 극심한 2차 가해에 시달려 우울증으로 회사도 그만두고 힘들게 살고 있다며 남궁솔법의 조속한 국회 통과를 촉구하는 내용.

같은당의원 (TV를 봤다) 최고위원님, 설마 저 법안이 통과되지는 않겠지요? 저런 말도 안 되는 법이 여론 업고 통과된다면 국민들은 지들 편이라고 대한당이 얼마나 기고만장해질지~

강순홍 (TV 보고, 여유 있게) 걱정 마십시오. 대한당도 지지하지 않는 법안을 우리가 왜 신경 씁니까?

같은당의원 아, 대한당에서 지지 안 한댑니까? 남중도가 워낙 우진석이 사람이고, 우진석이가 평소에 성범죄 엄벌주의 떠드는 사람이라서 저는.

강순홍, 대답 대신 의미심장한 미소 짓고. 다시 면도에 얼굴 맡긴다.

43..... 우진석 의원실_ 의원실 (오전)

진석과 중도[8]. 손대지 않은 커피 찻잔 두 개.
중도, 진석의 얘기를 듣고 굳은 얼굴.

중도 (욱하는 감정 누르며) 알겠습니다. 당에서 도와주지 못하시겠다니 그럼 남궁솔법은 이제 제가 알아서 하겠습니다.

중도, 일어나 목례하고, 문 쪽으로 가다가 멈춰 서고, 진석을 돌아본다.

중도 보국보민당, 아니 강순홍 의원과 뭘 거래하셨습니까?

진석 (중도 가만히 바라보다가) …남 의원님은 누구를 위해 정치를 하십니까.

중도 …….

진석 저는 대한당이 아닌, 이 나라 국민을 위해 정치를 합니다.

중도 (비꼬듯) …의원님의 국민에는 제 아내처럼 가해자가 자살한 성범죄

8 간밤에 실내복 차림으로 쫓겨났지만 의원실에 여벌 옷이 있기에 평소처럼 입었을 것이고, 의원배지도 다시 구입해 달았을 겁니다.

피해자들은 포함되지 않나 봅니다. (나간다)

진석 …….

44….. 혜주 집_ 부엌 (오전)

적막한 집 안. 부엌 보이면, 식기건조대에 빈 녹즙보틀.

식탁에 우두커니 앉아 있는 혜주. 어젯밤과 같은 옷. 잠을 전혀 못 잔 얼굴. (왼손에 반지 없지만 여진을 만날 때까지 반지 없음이 화면에 부각되지 않음)

혜주, 자리에서 일어난다. 냉장고로 가서 컵에 찬물을 가득 따르는데, 인터폰에서 대문 초인종 소리 들린다. 흠칫 놀라는 혜주.

45….. 동_ 대문 앞 (오전)

혜주의 새 중고차 배달이 왔다. 예전 차보다 한 단계 상위 기종의 차. 인수서류 받아 사인 중인 혜주. 자영부(남, 60대/'경후중고차' 조끼), 혜주에게 살갑게 말 붙인다. (업체 직원(남, 30대)도 같이 왔다)

자영부 (만면에 미소) 저희 자영이가 의원님 그렇~게 가정적이시라고 맨날 그러는데, 의원님께서 사모님께 차 인계 잘 부탁드린다고 좀 전에도 전화 주셨습니다. 허허허….

혜주 (애써 살짝 웃어 보이고 다시 서류로 시선 떨구는) …….

46….. 영산. 골프레슨장_ 카운터 (오전)

카운터의 기영, 핸드폰으로 중도에게 문자메시지(카톡 아닌 일반 문자메시지/중도 번호는 '남중도 의원'으로 저장)를 썼는데, 전송버튼 누르지 않고 물끄러미 보고 있다[9]:

최기영입니다. 자료 방금 이메일로 전송했으니 확인 바랍니다.

9 이전 대화는, 전날 통화 후 중도가 보낸 문자메시지 1개뿐: '(중도 이메일주소)입니다'

기영. 마음이 무겁다.

핸드폰에 작성한 문자를 다시 보고, 전송버튼을 누른다.

마음이 복잡하다.

47 ..... 정순의료원_ 유신의 병실 (오전)

정경은 기자(SBC 방송국 이름 잘 보인다)와 카메라 기자를 데리고 들어온 승희.

유신 (당황해서) 나? 뉴스 인터뷰…?

승희 어. 난 밖에서 했어.

정경은기자 (카메라 기자는 이미 촬영 준비 중이고) 네, 어머님. 아드님 잃으시고 지금까지 얼마나 힘드신지 그런 것들 편하게 말씀하시면 됩니다.

유신 (애써 침착한 듯 표정 관리하지만, 사실 당황스러운!)

48 ..... 혜주 집_ 1층 거실 (오전)

혜주와 여진. 여진(전날 밤과 같은 옷), 혜주가 결혼반지를 끼지 않은 것을 보는데….

혜주 (싸늘) 두 사람은 내가 태어나서 처음으로 가진 가족이야. 피가 안 섞여도 가족이 될 수 있다는 걸 두 사람 덕분에 알았어. 근데… 어떻게 이래. 매일매일 나 보면서 무슨 생각 했어?

여진 …….

혜주 (일어난다) 짐 다 싸서 나가. 두 시간 줄게.

49 ..... 동_ 대문 앞 (오전)

담담한 얼굴로 나오는 혜주, 대문 닫는데 갑자기 무너지며 과호흡 온다!

인서트 혜주 회상. 신양장례식장_ 일각 (밤)

혜주와 여진(둘 다 아직 1회 신61의 의상). 울어 눈 빨갛게 부어 있다. 여진에게 비닐에 든 상복(검은 한복)을 내미는 혜주.

혜주 …언니. 이거….

여진 (예상 못 했다, 바로 받지 못하고 혜주 본다) …나?

혜주 응… 이거 언니 거야.

여진 이거… 근데 가족만 입는 거 아니야…?

혜주 언니 우리 가족이잖아…. (다시 내민다)

여진 ! (눈물 터진다)

현재

괴롭게 숨 헐떡이는 혜주. 지나가던 행인(여, 50대/장바구니)이 보고 달려온다!

행인 어머, 괜찮으세요? (핸드폰 급히 꺼내며) 잠깐만요, 119에//(전화)

혜주 (정신없지만, O.L.) 아니에요, 괜찮아요. 괜찮습니다.

혜주, 겨우 정신 붙잡고 일어서는….

50..... 동_ 1층 거실 (오전)

그대로 우두커니 앉아 있는 여진.
여진의 뒤, 조금 열려 있는 서재 문틈으로, 책상의 지훈 졸업식 가족사진 액자가 앞으로 엎어져 있는 것 보인다. (사진 보이지 않음/여진이 서재를 보고 있는 것은 아님)

51...... 중도 의원실_ 의원실 (낮)

중도, 핸드폰으로 귀순의 전화를 받고 있다.

중도 (통화) 아… 네. 아내는 괜찮습니다.

52….. 기름집_ 안 (낮)

귀순, 걱정 가득한 얼굴로 통화 중. 혜주의 과거사 폭로 얘길 듣고 전화한 것.

귀순 (통화) 제가 손님한테서 사모님 얘길 듣고 너무 걱정이 되어서….

53….. 중도 의원실_ 의원실 (낮)

중도 (통화) 곧 해결될 겁니다. 마음 써주셔서 감사합니다. 네. 그럼 다시 연락드리겠습니다. 네. 들어가세요. 네. (끊는다) …….

중도, 잠시 생각하다가 다시 핸드폰 연다. (혜주에게 전화하려는)

54….. 책수선실_ 안 + 중도 의원실_ 의원실 (낮 / 교차)

(일하고 있지는 않던) 혜주, 전화가 오고 있는 핸드폰(진동모드)을 쥐고, 받지 못하고 있다. 중도의 전화다. 끊어지지 않는 전화. 혜주, 마지못해 받는다.

혜주 (통화) …왜.

중도(F) …오늘 밤 뉴스 출연, 이따 집으로 차 보낼게.

혜주 (통화, 기가 막히다) 나 정말 당신이란 사람을… 전혀 모르고 있었나봐. 당신은 내가 지금 당신이랑 같이 뉴스에 나갈 거라고 생각해?

중도 (통화) 뉴스는 당신을 위한 일이야. 우리 일하고는 분리해서 생각해. 우리 일은… 오늘 밤에 다시 얘기하자.

혜주 (통화, 환멸) …하나만 묻자. 수빈이한테 지훈이 성폭행으로 협박당했다는 거, 거짓말이었지?

중도 (통화, 괴롭다) …어. …미안해.

혜주 (통화) ! …어떻게 그럴 수가 있어!!

중도 (통화) 당신하고 지훈이한테 정말 미안해. 하지만 남궁솔법을 위해서였어….

혜주 (통화) 당신, 정말 미쳤어? 아무리 그래도 지훈이한테 당신이 어떻게 그래!! 그 기자회견 때문에 사람들이 지훈이한테 뭐라고 했는지 몰라?

중도 (통화) 나도 당연히 알아! 하지만 말했잖아! 더 큰 걸 위해 어쩔 수 없는 선택이었다고! 나는 뭐 마음이 편했는 줄 알아?? 이렇게 말하면 안 되지만 지훈인 당신 아들이기 훨씬 전부터 내 아들이었다고!!

혜주 (통화) …지훈이가 당신한테 그냥 도구였던 건 아니고?

중도 (통화) …! 혜주야!

잠시 정적 흐른다.

혜주 (통화) …지훈이 당신 만난 직후에 거기서 죽었잖아, 한강 고수부지에서.

중도 (통화, 순간 '한강 고수부지'에 멈칫하는데)

혜주 (통화) …그건 정말 당신이랑 관련 없어?

중도 (통화) 혜주야!! 그건 정말 아니야!!

잠시 침묵 흐른다.

혜주 (통화) 당신이랑 뉴스, 못 나가. 아니, '안' 나가. 내 아들 그렇게 이용해 놓고 지금 나한테 당신이랑 뉴스 나가야 된다고 하는 거면… 당신은 정말 개새끼야. (전화 팍 끊는다)

전화 끊은 혜주, 참담한….

55..... 중도 의원실_ 의원실 (낮)

전화 끊은 중도. 미칠 것 같지만 뭔가 좀 놀라고 혼란스러운 얼굴인데, 차분하려 애쓰며 뭔가를 하나하나 머릿속으로 되짚어보기 시작한다.

잠시 생각하다가, 일어나는 중도.

56..... 동_ 사무실 (낮)

우재, 빛나, 민석, 자영. 강호. 의원실 문 열리자 모두들 반사적으로 쳐다보는데.

중도 (우재에게) 장보.

57..... 여의도 서울마리나 (낮)

선착장에 정박한 요트들 많고. 뒤로, 국회의사당 본관 건물이 가깝게 보인다.

걸어가는 중도. 한 걸음 뒤에서 따라가는 우재인데.

중도, 걸음 멈춘다. 잠시 말 없는데.

우재, 중도를 잠시 기다리다 먼저 말을 건다.

우재 …오늘 밤 뉴스는 의원님 혼자만이라도 출연하시죠.

중도 (우재 본다) …장우재.

우재 네?

중도 …그날 말이야. 지훈이… 사고 날.

인서트 중도 회상. 주차한 중도의 차 안 → 밖 (밤. 비)

뒷좌석에 앉아 있는 중도. 열어놓은 뒷문 밖으로, 방금 차에서 내린

지훈(우산 씀)이 뛰어가는 모습 보이고. (*이곳이 고수부지가 아닌 강남이라는 건 잘 안 보인다)

근처에 서 있다가 지훈 쪽을 힐끔 보고는 다가오는 우재(우산) 보인다. 중도, 굳은 얼굴로 있다가 핸드폰 꺼내 보는데, 혜주의 부재중(5)과 카톡(2). 카톡 열어보면: 윤서가 가출한 것 같아 / 지금 경찰서야

중도 !!

우재 (다가와서) 얘기 잘 하셨습니까?

중도 (마음이 급하다, 우산도 없이 차에서 내린다)

우재 ? (우산 기울여 중도 씌워주는데)

중도 (혜주에 통화버튼 누르며) 윤서가 가출을 했어.

우재 네?

중도 (지훈이 간 쪽 가리키며, 다급) 재 좀 쫓아가봐. 재 또 사고칠 것 같은데 나 아까 술 마셔서 운전을, (마침 지나가던 택시 보고) 택시! (택시 멈추고) 지훈이 잡아서 오피스텔 좀 데려다줘, 사고 못 치게! (택시 문 여는데 혜주가 전화 받자) 어, 여보! (택시 문 닫으면서, 다급) 지금 어딘데!

인서트 중도 회상. 신양구 일각_ 상가건물 1층 출입구 (밤. 비)

PC방이나 24시간 스터디카페 등이 있는 건물. 윤서를 찾아보고 다시 1층으로 내려온 중도. 얼른 우산[10] 쓰고 다시 빗속으로 나가려는데,

우재(E) 의원님!

우재, 길가에 정차한 중도의 카니발 운전석에서 내려 우산도 쓰지 않고 급히 중도에게 뛰어온다. 건물 출입구 안으로 들어오려다가… 멈

10 신양경찰서 쓰여 있는 우산.

칫하는 우재. 출입구 앞(밖)에 서서 말 건넨다. (차 세우고 뛰어오며 잠깐 비를 맞긴 했지만 그 전에 이미 완전히 흠뻑 젖어 있는 상태로 거센 비에 계속 젖는다)

중도는 지금 윤서 때문에 마음이 다급해 우재가 처음부터 흠뻑 젖어 있다는 건 눈치채지 못하고. 비 맞고 있는 우재에게 자기 우산 펴서 씌워준다.

우재 윤서는, 아직이에요?

중도 (우산을 우재에게 씌워주며) 어.

우재 그럼 저는 차 좀 대놓고 이쪽(거리 한쪽)에서 찾아보겠습니다. (카니발로 가려는데)

중도 고마워. (반대쪽 거리로 얼른 가려다가 문득) 지훈인 데려다줬어?

우재 아, 지훈이 놓쳤습니다. 뛰어가버려서요. 죄송합니다.

중도 아니야. 괜찮아. (마음이 급하다) 알았어. 그럼 난 이쪽으로 갈게. (우산 쓰고 간다)

현재

중도 …지훈이 놓쳤다고 했었지.

우재 …네.

중도 그런데 너… 그날 밤에 지훈이 만났어? …한강 고수부지에서?

중도, 우재의 대답을 기다린다. 숨 막히는 듯한 몇 초가 지나는데….

우재 …네.

중도 !!

58….. 책수선실_ 안 (낮)

핸드폰을 손에 쥐고 있는 혜주. 어딘가에 전화를 걸려고 010까지 누른 상태로 주저하고 있다. 혜주의 앞에, 정경은 기자 명함 보인다.

정경은기자(E) (12회 신23에서) 하실 말씀 있으시면 언제든 연락 주세요.

혜주 …….

그때 문 노크 소리.

혜주, 순간 흠칫. 아무 소리 내지 않고 가만히 있다.

올 사람이 없는데….

승희(E) (문밖에서) …나야. 승희.

혜주 …!

승희(E) 문 열어. 당장.

혜주 !!

59..... 여의도 서울마리나 (낮)

중도 장우재 너, 지훈이… 죽였어…?

잠시 숨 막히는 정적 흐르는데….

우재 (중도 빤히 보며) 지훈이… 자살이잖습니까.

중도 …아니야. 자살… 아니야.

인서트 의원회관_ 지하주차장, 주차한 중도의 차 안 (오전, 차창에 커튼)

수빈 (당황) 제가 지훈이한테 헤어지자고 했다고요? 저희, 사귄 적도 없는데요?

중도 지훈이가 너한테 그런 메시지를 보냈던데. 헤어지자고 하지 말라고.

수빈 …아! 그게, 그 소리가 아니고요! 저보고, 제 남친한테 헤어지잔 소리 하지 말란 거였어요! 그 전에도 제가 몇 번 헤어지쟀다가 안 좋았었어서….

중도 …!

수빈 그날 밤에 통화했을 때 지훈이는, 제가 임신했다니까 제 남친한테 완전 빡쳐서, 가만 안 둔다고 했단 말이에요. 그러니까 거기서 자살했을 리가 없어요. 그날 지훈이, 술도 엄청 마셨고 비도 많이 왔잖아요! 그러니까 사고일 순 있지만 자살은 절대 아닐 거예요!

수빈을 보는 중도의 얼굴 위로,

현재중도(E) 거짓말 같진 않았어. 그래서 정말 사고인가 했는데….

플래시백 **신54. 중도 의원실_ 의원실 (낮)**

혜주(F) …지훈이 당신 만난 직후에 거기서 죽었잖아, 한강 고수부지에서.

중도 (통화, 순간 '한강 고수부지'에 멈칫하던!)

현재

중도 지훈이가 나를 한강 고수부지에서 만났다고 했대.

우재 …….

중도 이상하지. 나는 지훈이를…

인서트 **주차한 중도의 차 밖 (밤. 비 / 신57의 첫 번째 회상 직후)**

다급히 떠나는 중도의 택시. 남은 우재(우산). 옆에 중도의 차 서 있고. 이 장소는 한강 고수부지가 아닌 강남 뒷골목이다!

(중도가 지훈을 만난 곳이 강남이라는 사실이 처음으로 명확하게 화면에서 보여짐)

중도(E) (선행하는) 강남에서 만났는데.

현재

우재 (중도의 시선 피하지 않고 마주 보고 있는) …….

중도 그런데 그날…

인서트 달리는 중도의 차 안 (밤. 비)

중도가 빙모상 핑계 대고 지훈이 만나러 가던 길. 우재 운전. 중도, 뒷좌석. 옆자리 창문 위 손잡이에 (낮에 조문 갈 때 입었던) 검은 양복이 옷걸이로 걸려 있다[11].

차량 내비나 우재의 핸드폰 내비에 강남 주소 찍혀 있고. 신호등 걸려 멈춰 서 있는 차. 중도(검은 양복, 배지 없음), 심기가 불편한 얼굴로 차창 밖을 보고 있는데.

우재 의원님.

중도 (보면)

우재 지훈이가 오늘은 또 무슨 사골 쳤는지 들어봐야겠지만… 더 이상 의원님 앞길 막는 건, 제가 절대로 못하게 할 겁니다. 특히 (강조) 마약이나 성범죄 같은 건, 절대로요.

현재

중도 지훈이 만나러 가던 길에 니가 지훈이 마약, 성범죄는 절대 안 된다고, 반드시 막을 거라고 했었지. 그런데… 지훈이 옷 주머니에서 필로폰이 나왔고.

우재 …….

11 지훈이와 중도가 만나서 대화할 때는 이 양복(재킷, 바지)이 뒷좌석에 있습니다.

중도 말해봐, 장우재. 지훈이가 마약 갖고 있는 걸 봐서, 그래서 내 앞길 막을까봐… 지훈이한테 어떻게 한 거야?

우재 …….

중도 대답해!!

우재 …아닙니다.

중도 그럼 설명해봐! 그날 왜 지훈이 놓쳤다고 거짓말했는지!

우재 …….

60..... [우재 회상] 강남. 주차한 중도의 차 앞 (밤. 비 / 신57의 첫 번째 회상 직후)

중도의 택시가 떠나고. 우재(우산), 지훈이 뛰어간 쪽을 쳐다보면 이미 지훈의 모습 보이지 않는다. 그래도 뛰어가는 우재. (중도의 차는 그대로 세워져 있다)

61...... [우재 회상] 강남 골목 (밤. 비)

골목 꺾어지면, 저 앞에 우산('국회의원 남중도 후원회' 글자 보인다) 쓴 지훈이 멈춰 서 있는 뒷모습이 보인다. 우재, 뛰어가 잡으려는데, 지나가는 택시를 세우는 지훈!

지훈 (택시 타면서) 한강 고수부지요! (타서 문 닫는)

우재 ('고수부지' 소리 들었다) …!

지훈, 택시 타고 떠난다. 우재, 택시가 어느 길로 가는지 보고 급히 차로 돌아가는!

현재우재(E) 한강 고수부지… 거길 왜 가나 싶었는데, 생각나는 게 있었습니다.

62..... [우재 회상] 한강 고수부지_ 달리는 중도의 차 안, 공중화장실 앞[12] (밤. 비)

현재우재(E) 공중화장실… 전형적인 마약 던지기죠. 그래서 설마, 하고 따라갔는데….

빗속에 카니발을 운전해 온 우재. 이 새끼 어디 갔어, 하고 둘러보는데, 저 앞에 우산을 쓰고 서 있는 누군가의 모습이 보인다. (통화하는 모습)
우재, 차 세우고 얼른 내리는데(우산), 그사이 차창 밖, 지훈이 카톡 쓰는 모습. (잘 안 보일 듯. 멀기도 하고…)
지훈, 우산 쓰고 서서 뭔가 카톡을 보내더니 핸드폰 닫는데, 우재를 보고 당황한다.

우재 남지훈!

지훈 !

현재우재(E) …현장에서 바로 잡았고,

63..... [우재 회상] 한강 고수부지_ 물가 (밤. 비)

현재우재(E) …혼냈습니다.

물가에 나란히 서 있는 우재와 지훈. 각자 우산.
빗물에 불어난 강물이 넘실댄다.

12 지훈이가 (수빈이와) 핸드폰 통화하고 카톡 보내고 하는 것은 경찰이 확보한 CCTV 영상의 앵글 밖입니다. // 경찰이 확보한 CCTV 화면(공중화장실 문 바로 앞)에는 지훈이 쓴 우산의 '남중도 후원회' 글자 안 보이게/우재도 안 찍힘. 우재의 차가 근처까지 왔기 때문에 차량 라이트 불빛이 잠시 비출 수도 있겠습니다.

우재 (노려보며) 마약은 니가 지금까지 친 사고랑 차원이 달라. 사모님 아시면 정말 혼절하신다. 무슨 말인지 알아들어? 니 엄마 생각을 하란 얘기야!

지훈 (혜주 언급에 눈동자 흔들린다) …!

우재 니 오피스텔 데려다줄게. 따라와. 필로폰은 버리고.

지훈 (불만 가득한 얼굴로 대답 않는)

우재 그거 지금 버리라고!!

지훈, 마지못해 주머니에서 필로폰 봉지를 꺼내 강에 던진다.
우재, 거기까지 보고 먼저 차로 걸어간다.

현재우재(E) 그런데…

64….. [우재 회상] 한강 고수부지_ 주차한 중도의 차 앞 (밤. 비)

카니발 앞에 도착한 우재(우산), 돌아보면, 지훈이 없다.
따라오지 않았고, 보이지 않는다.

우재 (짜증, 부르는) 남지훈! 야, 남지훈!!

안 보인다. 우재, 다시 두리번거려보지만 사방이 어둡고 아무것도 안 보인다.

우재 (혼잣말) 아, 어디로 샌 거야… 하여튼 말 진짜 안 들어….

우재, 한숨 쉬고 카니발 운전석 문 열고 탄다.

65….. [우재 회상] 한강 고수부지_ 주차한 중도의 차 안 (밤. 비)

현재우재(E) 지훈이가 저를 안 따라왔고 보이지도 않아서… 혼자 떠났습니다.

운전석에 탄 우재, 시동 걸고 출발한다. (내비가 보인다면, 목적지 '신양경찰서')

(*차는 한강을 바라보는 방향으로 주차되어 있고, 그래서 한강 쪽으로 차를 약간 전진해 빼는 데서 신 마침 // 차 빼서 왼쪽 혹은 오른쪽으로 나가려던 것)

66..... [현재] 여의도 서울마리나 (낮)

중도 …이건 그때 얘기했어도 되는 거잖아.

우재 …….

중도 장우재. 지금 숨기는 게 뭐야!! 너 진짜, 지훈이 죽였어??

우재 아닙니다. 방금 말씀드린 그대롭니다.

중도 (못 믿겠다!)

우재 저를 못 믿으시는 건가요.

중도 (대답 않지만, 못 믿겠다는 뜻이다…) …….

팽팽한 시선 오가고. 우재, 이윽고 입을 뗀다.

우재 …꼭 들으셔야겠습니까. 저를 그냥 믿지는 못하시겠어요?

중도 …어. 반드시 들어야겠어. 내가 너를 '다시' 믿을 수 있게.

잠시 침묵 흐르고.

우재 …그날 의원님 차 블랙박스에 지훈이가 찍혔습니다. 제가 고수부지를 떠난 후에 지훈이가… 스스로 물에 들어가는 장면이요.

중도 !!

(E)　(선행하는, 문 두드리는 소리)

67..... 책수선실_ 안 (낮)

승희(E)　(문밖에서) 너 안에 있는 거 알아!

혜주, 심장이 빠르게 뛰는데… 순간, 작업대 한쪽에 있는 가위가 눈에 들어온다.
혜주, 잠시 주저하다가 가위를 집어 든다! 가위 든 오른손을 등 뒤로 하고… 심호흡하고 문 연다. 승희가 어떻게 나올지 두렵다. 문 열고 바로 물러서는 혜주.
승희, 얼어붙은 혜주를 보자 비웃는 얼굴로 들어온다. (혜주, 가위는 계속 등 뒤로 감추고 대화)

승희　내가 인터넷에 다 폭로했어. 봤니?

혜주　…어.

승희　어머, 봤어? 근데 너나 니 남편이나 왜 아무 반응이 없니? 지금 인터넷 난리 났는데.

혜주　승희야… 꼭… 그렇게 했어야만 했어…? 넌 왜, 내 말은 전혀 믿지 않아?

승희　니가 왜 도망쳐서 지금까지 숨어 살았는지 잊었어? 넌 거짓말로 사람을 죽였으니까! 떳떳하지 못해서 도망쳤던 거잖아!

혜주　…!

잠시 침묵 흐른다. 혜주, 승희의 말에 크게 상처받았지만 감정 누르려 애쓴다.

혜주　우리, 친구였는데… 넌 처음부터 내가 거짓말하는 거라고만 생각했잖아. 승호가 거짓말한 걸 수도 있다는 생각은… 왜 한 번도 안 해?

혜주, 원망과 서운함 등이 섞인 눈으로 승희를 보는데….

승희 …나랑 승호는 가족이니까. 넌 가족이 없어서 몰랐겠지만 가족은 그런 거야. 내가 내 가족을 못 믿으면 누굴 믿니?

혜주 …….

승희 비겁하게 잘만 숨어 살더니! 이제 와서 내 남편은 왜 꼬신 거야? 승호 하나론 부족했니?

혜주 …뭐?

승희 너 엊그제 여기서 기영이 만났잖아.

혜주 !

승희 거짓말할 생각 하지 마. 차 블랙박스랑 내비에 여기 주소까지 다 있어! 너 내 남편이랑 바람이라도 났니?

혜주 ! 그런 거 아니야!

승희 나보고 니 말을 믿으라고?

혜주 (참담하다) …니가 방금 그랬지. 가족은… 믿는 거라고. 그래, 나는 니 가족이 아니야. 근데 그럼 너, 기영이는 왜 못 믿어? 기영인 니 가족이잖아!

승희 (폭발) 넌 아무것도 몰라!!

혜주 !

승희 김재은 넌, 니 남편이 너 떠날 거라는 생각 한 번도 안 하고 살았지?

혜주 !!

승희 근데 나는 아니야! 나는 항상 불안했어, 기영이가 떠나버릴까봐! 나도 숨 막히는 이 집구석에 내가 걔를 억지로 붙잡고 있는 것 같았으니까!

플래시백 4회 신64. 승희 집_ 차고 (오전)

기영 나 이 집에서 사는 게… 너무 힘들어. 행복하지가 않아.

승희 !!

인서트 정순의료원_ 주차장, 주차한 기영의 차 안 (낮. 13회 신25 직후)

승희, 글로브박스를 뒤지다가 (9회 신52의) 비자 만기 안내문을 본다!
불안한 얼굴.

현재

승희 (눈물) 너 때문에 승호가 죽어서 나는 너무 불행해졌어…. 근데 너는 왜 행복해…?

혜주, 마음이 찢어질 것 같다. 나도 전혀 행복하지 않은데….

혜주 (다가가며) …승희야.

승희 (혜주가 다가오자) 이게 다 너 때문이야!!! (팔 치켜든다! 뺨 때리려는)

혜주 !!!

혜주, 놀라 반사적으로 승희 팔 잡는데… 그 바람에 손에 들고 있던 가위를 놓친다!
탁! 바닥에 떨어지는 가위. 날카로운 날.
혜주와 승희의 시선, 동시에 가위로 향하고. 혜주, 창백해지는데….
짧은 정적이 지나고. 승희, 차분한 얼굴로 가위를 집는다.
혜주, 순간 겁나서 한 걸음 물러나는데.

승희 (그런 혜주를 가만히 바라보다가) …내가 너 죽이러 온 줄 알았어?

혜주 …!

승희 (작업대 위에 가위를 가만히 올려놓고) …아니야. 나는… 니가 아니야.

혜주 …….

승희 재은아. 나는 니가 불행해지길 바래. 나처럼. 우리 가족처럼. 똑같이. 공평하게.

혜주 !

승희, 수선실을 나간다. 문 닫히고 발걸음 소리 멀어지지만, 그대로 우두커니 서 있는 혜주. 그때 작게 들리는 진동음(에코백 안에 있는 핸드폰에 전화 오는 중).

혜주, 순간 흠칫 놀라며 얼어붙는다. 가방 쪽을 돌아보지만, 쉽게 다가가지 못하는.

68..... 여의도 서울마리나 (낮)

중도 !! 지훈이가 왜 제 발로 물에 들어가!!

우재 …모르겠습니다. 하지만 영상을 보니… 강에 버린 필로폰을 다시 건지러 들어갔다가 사고가 난 것 같습니다.

중도 …!

우재 그래서… 말씀을 못 드렸습니다. 지훈이가 없어졌을 때 제가 거길 그냥 떠나지 않고 한 번 더 찾아봤어야 했습니다…. 정말… 죄송합니다.

중도 …!!

큰 충격에 아무 말도 못 하는 중도.

괴로움을 누르며 묵묵히 서 있는 우재.

69..... 지청중학교_ 일각 (낮)

점심시간. 인적 없는 곳에서 핸드폰으로 혜주와 통화하는 윤서. 교복 앞섶과 치마에 반찬과 국 자국이 흥건하다. (이미 한차례 닦아냈지만 워낙 진하게 많이 묻은)

윤서 (통화, 신경질) 엄마! 짜증나, 진짜! 애들이 나한테 식판 엎었어! 엄마 때문에 나 괴롭히잖아,

70 ..... 책수선실_ 안 (낮)

윤서(F) 사람 죽인 꽃뱀 딸이라고!! (팍 끊기는!)

혜주 !!

전화를 끊은 혜주. 고통스럽다.
눈물을 참으려 해도 결국 흐르기 시작하고,
곧 소리 죽여 오열하는 혜주에서….

71...... 여의도 서울마리나 근처 일각 (낮)

중도 혼자 있다. 보고 있는 핸드폰 화면, 우재와의 카톡 창인데, 우재가 조금 전 보낸 동영상 파일이 하나 있다.
영상을 쉽게 틀지 못하고 주저하는 중도. 재생버튼 위에서 주저하는 손가락 위로,

우재(E) 지훈이 사고 순간이 담긴 블랙박스 영상입니다. 사고 장면을 보시는 게 쉽지는 않으시겠지만… 이걸 보실지는 온전히 의원님 결정에 맡기겠습니다. 다만… 저에 대한 의심이 조금이라도 남아 있으시다면… 확인하세요.

갈등하다가… 결국 재생버튼을 누르는 중도의 손.
핸드폰에 재생되는 블랙박스 영상 속, 차를 향해 혼자 걸어오고 있는 우재의 모습이 보이기 시작한다. (블랙박스 영상이 다음 신으로 바뀐다)

72 ..... [과거] 한강 고수부지_ 주차한 중도의 차 앞 (밤. 비 / 신63과 신64의 사이 + 신64 보충)

차로 걸어오는 우재. 그 뒤로 멀리, 지훈이 땅에 뭔가(본인 명의 핸드폰임/대포폰은 주머니에 있음)를 내려놓고 우산을 씌워놓고 비를 맞으며

강물로 급하게 들어가는 모습이 어렴풋이 보인다! (우재는 못 보는) 비를 맞으며 강에 들어간 지훈, 가슴께 높이까지 들어가서는 핸드폰(대포폰) 플래시를 켜서 비 오는 수면 위에서 뭔가를 찾더니 뭔가를 건지고, 건진 것을 (물속에서) 바지 주머니에 넣으면서 나오다가… 미끄덩! 물로 쑤욱! 잠기더니 바로 사라진다!
그때 우재, 뒤를 돌아보면… 지훈의 모습 보이지 않는.

우재 (짜증, 부르는) 남지훈! 야, 남지훈!!

안 보인다. 우재, 다시 두리번거려보지만 사방이 어둡고 아무것도 안 보인다.

우재 (혼잣말) 아, 어디로 샌 거야… 하여튼 말 진짜 안 들어….

우재, 차 운전석에 타는. (여기가 영상 끝 지점)

73….. [현재] 여의도 서울마리나 근처 일각 (낮)

중도, 핸드폰 꽉 쥐고(영상 마지막 부분에서 멈춰 있다) 이 악물고 눈물을 참아보지만… 눈물 터진다. 소리 없이 오열하는 중도의 얼굴에서,

74….. 책수선실_ 안 (낮)

울음 그친 혜주. 적막함이 흐르는 수선실. 혜주의 고요한 얼굴.

승희(E) (신67에서) 니가 왜 도망쳐서 지금까지 숨어 살았는지 잊었어? 넌 거짓말로 사람을 죽였으니까! 떳떳하지 못해서 도망쳤던 거잖아!

혜주 …….

마음을… 정하는 혜주. 혜주의 젖은 눈에서…

혜주(E) (선행하는) 저는,

75 ..... YBS 방송국_ 뉴스 세트 (밤)

혜주 대한당 국회의원 남중도의 아내 김혜주입니다.

뉴스 생방송 출연한 혜주. 시청자가 보는 기준으로 화면 왼쪽부터 중도-혜주-앵커.

2회 신54의 YBS 앵커 있고. 뉴스 세트에 우재 와서 지켜보고 있다.

혜주의 왼손 약지에 다시 결혼반지 있고. 중도는 당 색깔 넥타이.

담담하고 진실되게 말하기 시작하는 혜주.

혜주 저는 이십 년 전, 같은 학교 남학생에게 성추행을 당했습니다. 당시 저는 경찰에 신고했지만

인서트 **정순의료원_ 유신의 병실 (밤)**

승희의 핸드폰으로 혜주가 출연한 YBS 뉴스를 보고 있는 유신과 승희. 각자의 표정!

(병실의 TV에서는 유신의 인터뷰가 나오고 있다[13]: SBC 뉴스)

혜주 (TV 속) 가해자는 바로 극단적 선택을 했고, 이에 공소권 없음으로

인서트 **영산. 골프레슨장_ 일각 (밤)**

13 얼굴은 블러 처리. 인터뷰 내용이 자막과 함께 나오고 있다. '진씨의 어머니'라고 자막 이름 표기. / 자막: 진씨의 어머니 / 초중고 내내 전교회장을 했고 평생 거짓말 한 번 해본 적 없는 아이였어요. 그런데 성추행이라니 정말 기가 차죠….

혜주　(TV 속) 경찰 수사 없이 사건이 종결되었습니다.

매장의 TV로 혜주가 출연한 뉴스를 보고 있는 기영의 담담한 얼굴. (일하다가, 늘 틀어놓는 TV에서 나오길래 보고 있는 것). 매장 직원 2명, 고객 3~4명도 보고 있다.

현재

혜주　그래서 저는 사건의 진실을 밝힐 기회를 빼앗겼고, 거짓말로 무고를 해 사람을 죽게 만들었다는 오해와 비난 속에… 고향을 떠나야만 했습니다.

혜주, 말 멈추고 숨 고른다. 그런 혜주를 보는 중도.
하지만 혜주, 중도와 눈 마주치지 않고 다시 정면을 보고, 결심한 듯 말 잇는다.

혜주　…저는… 저에게 큰 고통을 준 사람일지라도

76 ..... 칼국수집_ 안 (밤)

혼자 고요하게 앉아 있는 여진. (TV는 꺼져 있고, 부엌 쪽 전등 하나만 켜져 있다)

혜주(E)　그 사람이 스스로 생을 마감하길 바란 적이… 맹세코,

알약들을 한 번에 입안에 털어 넣는 여진의 모습 위로,

혜주(E)　…단 한순간도 없습니다.

77 ..... [과거] 혜주 집_ 서재 (밤. 2017년 2월 21일)

서재 문 조금 열려 있고. 집 안에 서재만 불 켜져 있다.

서재 안 풍경 살짝 보이면. 책상 위가 좀 흐트러져 있고, 바닥에는 밀려 떨어진 책들. 2017년 12월 페이지가 펴진 책상 달력(그 페이지가 펼쳐진 채로 달력이 넘어져 있고, 21일에 동그라미, 중도 글씨로 '지훈 졸업식' 쓰여 있다).

문틈으로 보이는 여진. 옷(실내복인 긴 치마) 추스르며 겨우 몸 일으키는, 넋 나간 모습. (서재 안에 중도도 있지만 화면에는 보이지 않음)

78 ..... [과거] 칼국수집_ 안 (밤. 비 / 8회 신22 보충)

우재 (크게 충격받고, 여진에게 되묻는) …네…? 방금 뭐라고….

여진 …5년 전에, 성폭행 당했어요.

79 ..... [현재] YBS 방송국_ 뉴스 세트 (밤)

(마악 발언을 끝낸, 정면을 보고 있는) 혜주를 보고 있는 중도의 얼굴 위로,

여진(E) (넘어오는) …남중도… 의원한테서요.

혜주, 중도 쪽으로 고개를 돌린다. 서로를 마주 보는 부부.

80 ..... [플래시백] 9회 신38. 혜주 집_ 부엌 (밤)

여진 숨길 거면 끝까지 제대로 숨겼어야지.

중도 그럼 어쩌라는 건데? 지금 이게 다 나 때문이라는 거야?

여진 (대답 대신 중도와 시선 마주하다가)

여진, 들고 있던 소주잔을 식탁 위에 탁, 올려놓고 바로 부엌을 나간다.

81...... [과거] 동_ 여진의 방 (밤. 9회 신39 + 보충)

들어온 여진. 문을 닫고 기대서고. 그대로, 문을 딸깍 잠그는 손(습관성).
그대로 한참을 문에 기대서 있는 여진의 얼굴.

82..... [현재] YBS 방송국_ 뉴스 세트 (밤)

혜주, 중도와 서로를 바라보면.
중도, 자신의 왼손으로 혜주의 오른손을 포개 잡는다.
혜주의 손을 힘주어 꽉 잡는 중도의 손. 중도 왼손 약지의 결혼반지.
단단한 신뢰가 가득한 눈빛으로 서로를 바라보는 혜주와 중도의 얼굴에서….

15회

진실(眞實)

1....... YBS 방송국_ 뉴스 세트 (밤)

혜주 안녕하세요. 저는, 대한당 국회의원 남중도의 아내 김혜주입니다[1].

2....... 동_ 대기실 (밤. 조금 전)

혜주와 중도. 혜주, 메이크업과 헤어 전.
혜주가 갈아입을 옷이 행거에 걸려 있고.
서늘한 공기.

혜주 나한테 거짓말한 것 지금 다 말해. 하나도 빠짐없이. 다. 더 이상 내가 모르는 게 없게.

중도 …….

혜주 그렇다고 당신을 용서한다는 뜻은 아니야.

3....... 동_ 뉴스 세트 (밤)

혜주 저는 이십 년 전, 같은 학교 남학생에게 성추행을 당했습니다.

중도 …….

4....... 동_ 대기실 (밤. 조금 전)

혜주 (중도의 고백을 들었다, 분노 누르며) …그게 다야? 내가 모르는 거, 더는 없어?

중도 …없어. …정말이야. 믿어줘.

혜주 …….

1 혹시 프롬프터가 화면에 잡힌다면, 동일한 대사가 텍스트로 떠 있는. // 그 이후 혜주 대사가 프롬프터에 띄워진 장면은 화면에 보이지 않았으면 합니다. (앵글상 프롬프터가 보일 수밖에 없다면 혜주의 대사는 프롬프터에서 빈칸으로: 대본 없이 본인의 생각을 진정성 있게 말하는 느낌으로. // 중도의 대사 역시 마찬가지로 프롬프터에서는 빈칸으로)

5....... 동_ 뉴스 세트 (밤)

혜주 …당시 저는 경찰에 신고했지만 가해자는 바로 극단적 선택을 했고, 이에 공소권 없음으로 경찰 수사 없이 사건이 종결되었습니다.

6....... 정순의료원_ 유신의 병실 (밤)

승희의 핸드폰으로 혜주가 출연한 YBS 뉴스를 보고 있는 유신과 승희. (병실의 TV에서는, 유신의 인터뷰에 이어 승희의 인터뷰가 나오고 있다: SBC 뉴스)

혜주 (핸드폰 속) 그래서 저는 사건의 진실을 밝힐 기회를 빼앗겼고, 거짓말로 무고를 해 사람을 죽게 만들었다는 오해와 비난 속에… 고향을 떠나야만 했습니다.

7....... YBS 방송국_ 뉴스 세트 (밤)

중도, 혜주를 보지만. 혜주, 중도와 눈 마주치지 않고. 감정 누르고 담담히 말 잇는.

혜주 제가 있지도 않았던 성추행을 빌미로 돈을 요구했다는 이야기는, 전부 거짓입니다.

중도 …….

YBS앵커 김혜주씨의 주장을 뒷받침할 증거가 있습니까?

혜주 …아니요. 없습니다.

중도 (혜주 다시 본다, 내가 도와줘야 할까 싶은데)

혜주 (중도 보지 않고, 다시 말 잇는) 하지만 그 이유는, 제가 거짓말을 했기 때문이 아니라, 제가 경찰에 신고한 직후 가해자가 극단적 선택을 함으로써… 공소권 없음으로 경찰 수사가 이루어지지 않았기 때문입니다.

중도 …….

혜주 …….

YBS앵커 네. 이번엔 남중도 의원님께 여쭤보겠습니다. 이번에 '남궁솔법'이라 이름 붙이신 형법 개정안을 발의하셨는데요. 성범죄 가해자가 사망하더라도 공소권 없음으로 수사가 중단되지 않고 계속되게 하자는 내용이죠.

중도 네.

8……. 기름집_ 안 (밤)

TV로 혜주와 중도가 출연한 YBS 뉴스를 보고 있는 귀순. 남궁솔법 얘기에 놀란.

9……. YBS 방송국_ 뉴스 세트 (밤)

YBS앵커 그런데 아이러니하게도 두 분께선 성폭행을 저지른 후 사망해 수사가 진행되지 않은 성범죄 가해자의 부모이기도 하십니다. 그렇죠? (중도와 혜주를 번갈아 쳐다본다)

혜주 …!

중도 …네. 그렇습니다. (하고 혜주 보면)

혜주 (입술 꾹. 힘들게 대답하는) …네. …맞습니다.

10…… 모텔_ 안 (밤)

TV로 YBS 뉴스를 보고 있던 수빈. 혜주가 지훈의 성범죄를 시인하자 놀란!

수빈 ! …아줌마!

혜주 (TV 속, 말 멈춘) …….

11 …… YBS 방송국_ 뉴스 세트 (밤)

혜주 …….

12…… [혜주 회상] 동_ 뉴스 세트 일각 (밤. 조금 전)

뉴스 출연 직전이다. (스튜디오 내의 중계 카메라들 뒤/앵커는 뉴스 시작 준비 중)

혜주, 뉴스 출연 의상으로 갈아입었고 헤어 메이크업도 한. (우재는 몇 걸음 뒤)

중도 (주저하다가) …앵커가 지훈이 얘기 할 거야. 아들이 성폭행을 했는데 그 부모가 남궁솔법을 발의한 거라고….

혜주 ! 지훈이 얘긴 사실이 아니잖아! 그리고 오늘 그 법안 꼭 얘길 해야 돼?

중도 (괴롭다) 지훈이 얘기가 남궁솔법의 진정성을 호소하기에 가장 효과적인 이야기잖아…. 당신 같은 사람들 더는 생기지 않게… 내가 반드시 법안 통과시킬게. 당신도 남궁솔법, 바라잖아… 응…?

혜주, 뭐라고 하려다가 중도를 보는데,
중도, 괴로워 눈시울 붉어진 얼굴.
혜주, 아무런 대답도 하지 못하는 데서…

현재중도(E) 저희 부부는…

13…… [현재] YBS 방송국_ 뉴스 세트 (밤)

중도 자식을 잘못 가르친 부모의 죄를, '남궁솔법'을 통해… 속죄하고자 합니다…. (혜주 본다)

혜주 …성범죄 가해자가 극단적 선택 등으로 사망하더라도, 수사가 멈추지 않고 계속되어 사건의 진실을 밝힐 수 있어야 합니다. (말 멈추었다가 다시) 저는… 저에게 큰 고통을 준 사람일지라도 그 사람이 스스로 생을 마감하길 바란 적이… 맹세코, …단 한순간도 없습니다.

YBS앵커 네. 말씀 잘 들었습니다. 그런데 남중도 의원님. 이 남궁솔법에는 법리적인 문제가 있지 않습니까? 처벌할 대상이 사라진 상황에서는 수사를 계속 해도 실익이 없다는 것과, 사망한 피의자의 방어권이 보장되지 않는다는 등의 문제죠. 성범죄 피의자의 사망 후 2차 가해를 당하는 피해자들을 위한다는 입법 취지엔 공감합니다만, 형사사법체계를 무시하고 국민감정에만 호소하신다는 생각도 드는데요.

중도 법이라는 것은 결국 사람을 위한 것이 아니겠습니까. (잠시 말 멈추었다가 이으려는데/ '저는 이 남궁솔법이')

혜주 (차분하게) 저는…

중도 (혜주 본다)

혜주 세상을 향한 제 남편의 선한 마음을… 단 한 번도 의심해본 적 없습니다.

중도 …!

혜주 제가 오랜 시간 바로 곁에서 지켜본 남중도라는 사람은, 약자의 편에서 서서 세상을 바꾸어나가는 것이 삶의 1순위인 사람입니다.

중도 …….

중계 카메라 뒤에서 혜주와 중도를 지켜보고 있는 우재.

혜주 그 사람의 극단적 선택으로 제 삶은 송두리째 망가졌습니다. 태어나서 근 스무 해를 살던 고향을 쫓기듯 떠나야 했고, 그 이십 년의 시간을 제 삶에서 강제로 지우고 끊어내야만 했습니다. 그리고 무엇보다도 저는

플래시백 14회 신67. 책수선실_ 안 (낮)

승희 (눈물) 너 때문에 승호가 죽어서 나는 너무 불행해졌어…. 근데 너는

왜 행복해…?

혜주(E) 사랑했던, 소중한 친구를 잃었으며

플래시백 13회 신40. 책수선실_ 안 (낮)

윤서 엄마 정말로 돈 때문에 거짓말했었던 거 아니지?

혜주(E) 다른… 사랑하는 이의 믿음을 잃었고

인서트 지청동 거리 일각 (3년 전 4월 初, 중도의 재선 출마 선거운동 기간. 낮)

중도의 선거운동원 10여 명(남녀, 20~40대)이 노래를 틀고 춤을 추고, 윙차 있다. 선거잠바 입은 운규, 민석, 자영, 두섭[2]도 보이고. 중도는 행인들에게 인사하고 악수.

길 건너에서는 보국보민당 후보(남, 50대 중반[3])와 부인(50대 중반), 선거운동원들(윙차)이 선거운동하고 있는데, 후보와 부인이 친근하게 웃으며 행인들에게 적극적으로 명함 나눠 주고 악수하는 모습 보인다.

장바구니 들고 가던 혜주, 멀리서 선거운동원들을 보자 얼른 뒤로 숨고. 고개 숙이고 돌아가는데… 미안한 마음으로 중도를 돌아보는 위로, (중도는 혜주를 못 본)

혜주(E) 혹시라도 누가 저를 알아보고 살인자라고 비난할까 두려워서, 남편의 선거운동은커녕… 아이의 학교 행사에도 마음 편히 갈 수가 없었습니다.

현재

2 각 보좌진의 설정에 따라, 지난 총선 선거캠프에 있었을 보좌진만 여기 등장.

3 보국보민당, 기호1번 박대성

중도 ……….

혜주 (담담하게) 남궁솔법이 통과되더라도 제 일에는 소급적용이 되지 않습니다. 하지만 저는… 저 같은 이들이 다시는 생기지 않기를 간절히 바라는 마음으로 오늘, 제 삶의 가장 큰 용기를 내어 이 자리에 나왔습니다.

중도 ……….

혜주 오랫동안 저는, 그때 내가 경찰에 신고만 하지 않았어도… 하고 생각했습니다. 하지만 지금 제 곁에 있는 이 사람(중도) 덕분에 저는, 그때로 시간을 되돌린다고 해도 저의 피해사실을 숨기지 않을 것이라는 확신을 얻었습니다. 저는 절대로… 다시는 도망치지 않을 것입니다.

혜주, 중도를 바라보면. 중도, 혜주를 본다.
중도, 자신의 왼손으로 혜주의 오른손을 포개 잡는다.
혜주의 손을 힘주어 꽉 잡는 중도의 손. 중도 왼손 약지의 결혼반지.
단단한 신뢰가 가득한 눈빛으로 서로를 바라보는 혜주와 중도의 얼굴에서… 타이틀 IN.

14…… 동_ 대기실 (밤)

복도의 사람들(방송국 고위직/50대 중반~60대 남1, 여1[4]/우재는 조용히 따라온)에게 인사하며 들어와 문 닫는 혜주와 중도.
문 닫히자마자 혜주의 얼굴 싹 굳고. 중도에게 잡혀 있는 손이나 어깨를 탁, 뺀다.

혜주 내일 변호사 만날 거야. 이혼은 변호사 통해서 정리해. (잠시도 더 끼고

4 고위직 여: 의원님, 언제 라운딩 한번 나가시죠? / 중도: 아, 제가 골프는 아직 문외한입니다. / 고위직 여: 아쉬워라~ 그럼 부부동반 식사 한번 하시죠. / 중도: 네. 연락드리겠습니다.

있기 싫다는 듯 결혼반지 빼려고 하는데)

중도 반지 빼지 마.

혜주 (반지 빼려던 것 멈추고, 노려보면)

중도 방금 뉴스 출연으로 당신과 남궁솔법은 전국적인 화제의 중심이 됐어. 그러니까 지금은 절대 이혼 못 해.

혜주 (어이없다) 당신 이렇게 뻔뻔한 사람이었어?

중도 (설득하려는) 남궁솔법, 총선 전에 매듭지어야 돼. 그 전에 해결 못 하면 국회 임기만료로 법안도 자동폐기 되니까. 그러니까 지금은 안 돼.

혜주 (화나지만 사실 중도의 말이 맞다…!)

잠시 말 끊기는데.

중도 …그리고… 윤서한텐 당분간 우리 일 얘기하지 마. 윤서 충격받아.

혜주 !! 당신이 지금 어떻게 윤서 핑곌 대?? //

(E) (바로, 노크 소리)

우재(E) (문밖에서) 의원님. 가실까요.

중도 (문 쪽으로) 어. 지금 나가.

혜주, 중도를 노려보고, 행거에 걸려 있는 (입고 온) 옷을 쇼핑백에 거칠게 넣는다.
혜주, 옆에 둔 (뒤집어놓은) 핸드폰을 집어 드는데, 저장 안 된 010번호에서 전화가 오고 있다(무음 모드).
혜주, 순간 멈칫하는데. 그 순간 바로 전화 끊기고. 액정화면에 뜨는 부재중전화(34), 문자메시지 65건, 카톡메시지 70건 알림[5]!

5 모두 저장 안 한 010번호에서 온 것들이고, 문자메시지와 카톡은 미리보기on 상태라 내용이 언뜻 보이는데, 모두 인터뷰 요청하는 내용들. 문자 미리보기: 재성일보 김빛나래 기자입니다, 인터뷰 가능하실까요? // 카톡 미리보기: 보낸 이는 '권일률', 메시지는 'QTBC 권일률 기자입

혜주 …!

혜주, 자신이 전국적인 화제의 중심에 섰다는 것이 실감나기 시작한다. 좀 무섭다.
혜주, 핸드폰 전원 얼른 끄려는데, 그 순간 전화가 또 온다.
그런데… 여진의 전화다!

혜주 …! (전화 계속 오고 있다)

혜주, 중도를 보면. 중도는 문 연 채로 복도의 우재와 대화 나누고 있다. ("차는?" "지하에 있습니다. 제가 운전하려고요.")

혜주 (망설이다가… 전화 받는다, 냉정한) 어. 왜. // ? 아… 네. 저 맞는데요. … 네? 정순의료원이요?

중도 (병원이라는 소리에 ? 해서 돌아보는)

혜주 (통화, 상대방 말 듣고) !! 네? 자살…이요?

크게 놀라는 혜주! 중도와 눈 마주치는 데서….

15…… 정순의료원_ 응급실 (밤)

뛰어 들어오는 혜주와 중도. 혜주, 방송 의상 그대로.
중도도 의원배지 단 그대로.

혜주 (여진이 어디 있지!) 언니!! 여진 언니!!

니다. 인터뷰 요청드립니다. 전화 부탁드립니다'

사람들이 수군대며 쳐다보지만 혜주, 그런 것 살필 겨를이 없다. 마음이 다급한데, 한쪽 베드에 의식 없이 누워 있는 여진(산소마스크, 링거 등)이 보인다! 곁에는 레지던트(남, 30), 경찰(남, 30). 혜주와 중도 급히 다가간다.

혜주 언니!

경찰 현여진씨 보호자십니까?

혜주 (다급) 네! 상태는 좀 어떤가요? (말을 잇지 못하는데)

레지던트 다행히 병원에 빨리 도착해서 현재 생명엔 지장이 없는 상탭니다.

혜주 (안도, 다리에 힘이 풀린다, 휘청하는데)

중도 (혜주 잡아주며) 어떻게 된 겁니까?

경찰 운영하는 식당에서 수면제를 다량 복용하고 의식을 잃었는데,

인서트 칼국수집_ 앞 (밤)

동네 주민(여, 40대), 지나가다가 가게 안의 희미한 불빛을 보고 갸웃. 출입문으로 다가가는 데서….

경찰(E) 지나가던 단골손님이 가게에 불 켜진 걸 보고 들여다봤다가 발견했습니다.

현재

혜주 …….

중도 …네. 그럼 이제 어떻게….

레지던트 아, 의식이 없어서 입원하셔야 하는데 지금은 병실이 그, 1인실…만 있어서요, 응급실에 좀 계셔야 합니다. (*1인실은 비싸다는 뉘앙스)

혜주 (조금의 망설임도 없이) 1인실로 올려주세요.

레지던트 네? 아! 네, 그럼 잠시만요. (가고, 경찰도 바로 간다. "그럼 가보겠습니다." 가

면서 중도 힐끔, 알아본. // 중도, "감사합니다." 정도 인사하는데)

혜주 (바로 중도에게) 가. 여긴 내가 있을게.

중도 가라고?

그때 다른 환자(남, 40대/이마 찢어진 상처, 처치 대기 중/남편)와 보호자(여, 40대/아내)가 혜주와 중도를 힐끔거리며 대화. "여보, 저기 저 사람, 우리 동네 국회의원 아니야?" "오, 맞아! 남중도! 좀 전에 뉴스 나왔는데? 아, 옆에 부인인데?" 대화를 듣는 혜주와 중도.

중도 (자기를 알아보는 환자와 보호자를 순간 의식하는데)

혜주 (베드 주위의 커튼 확 치고, 목소리 낮춰서) 둘이 살림 차리고 싶거든, 이혼하고 나서 해. 지금은 가.

중도 …알았어. 그럼… 연락할게. (가려는데)

혜주 윤서한테 말하지 마.

중도 (돌아본다)

혜주 …아무것도. 절대로.

중도 …알았어.

혜주 …….

16...... 모텔_ 안 (밤)

수빈, 핸드폰으로 좀 전에 혜주가 출연한 뉴스를 다시 보고 있다.

핸드폰 속 뉴스 영상/신9

YBS앵커 그런데 아이러니하게도 두 분께선 성폭행을 저지른 후 사망해 수사가 진행되지 않은 성범죄 가해자의 부모이기도 하십니다. 그렇죠? (중도와 혜주를 번갈아 쳐다본다)

혜주 …!

중도 …네. 그렇습니다. (하고 혜주 보면)

혜주 (입술 꾹. 힘들게 대답하는) …네. …맞습니다. [영상 정지]

동영상 정지하는 수빈.

수빈 회상 도로변_ 주차한 혜주의 차 안 (오후~저녁)

운전석 혜주, 조수석 수빈. 혜주가 방송국 가기 전에 잠깐 만난 것.

수빈 (혜주의 말에 어이가 없어서) 오늘 같이 뉴스에 나갈 거라고요? 아저씨가 불륜한 거 알고도, 아줌만 그럴 생각이 들어요?

혜주 …미안해. …하지만 세상에 진실을 알리려면 지금은 다른 방법이 없는 것 같아….

수빈 그래도요!!//

하지만 수빈, 혜주의 얼굴을 보자… 입을 다문다.
혜주의 마음을 알겠다….
수빈을 보는 혜주의, 슬픔과 괴로움을 누르는 얼굴에서,

현재

정지된 동영상 화면 속, 혜주의 같은 얼굴로. 수빈, 혜주가 뉴스에서 지훈 이야기를 왜 시인했는지 이해하지만… 마음이 복잡하고 답답하다. 괴로운 수빈.

17...... 의원회관_ 외경 (밤)

18...... 동_ 상행 엘리베이터 안 (밤)

중도와 우재. 올라가고 있는 엘리베이터. 10층 버튼 눌러져 있고. 침

묵 흐르는데.

중도 (우재와 시선 맞추지 않고) …봤어, 블랙박스. 지훈이… 영상.

우재 ! (중도 본다)

중도 장보 탓, 안 해. 못 믿고 의심했던 거 미안하고… 이번 일로 실망시켜서 미안해.

우재 …아닙니다.

중도 …….

19…… 동_ 사무실 → 의원실 (밤)

뉴스에 대한 반응을 뜨겁게 전하는 보좌진즈의 인사("수고하셨습니다!" 등등)를 받으며 의원실로 들어오는 중도. 들어와서 문 닫는 틈으로 사무실에서 바쁘게 야근 중[6]인 빛나, 민석, 자영, 강호 보인다. (우재는 자기 자리로 갔음)

중도, 의원실 문 닫고. 책상에 털썩 앉는데(혹은 재킷 벗어 걸다가) 가족사진(액자)에 시선 머문다. 사진을 물끄러미 바라보고 있는 중도. 사진 속 행복한 중도, 혜주, 지훈, 윤서의 모습 위로,

(E) (디지털 카메라 셔터음) 찰칵!

20….. [인서트] 지청중학교_ 강당 (낮. 2017년 2월 21일 오전)

신19의 사진을 찍은 직후의 중도, 혜주, 지훈, 윤서의 모습으로 이어진다. (누가 사진을 찍었는지 아직 드러나지 않음)

(사진을 찍었으니) 바로 살짝 떨어져서 이야기 나누는 지훈(꽃다발 2개),

6 뉴스 직후에 시민들이 늦은 밤임에도 불구하고 사무실로 전화해 남궁솔법에 대한 응원과 지지를 보내고 있다. 보좌진 한두 명의 책상전화로 전화벨이 울리거나 전화를 받는 모습….

중도(코트 안으로 양복 깃의 의원배지 살짝 보인다./다른 사람들은 각자 사진 찍느라 바빠 중도를 의식하지 못하는), 혜주, 윤서[7].

강당은 가족사진 찍는 학생들(남녀/교복, 겨울옷/꽃다발, 졸업장)로 시끌시끌하다.

중도가 온 것이 너무 좋아서 입이 다물어지지 않는 지훈의 얼굴이 유달리 빛나는.

즐거운 얼굴로 대화 나누고 있는 네 명을 바라보는 시선, 여진이다. 손에 작은 디지털 카메라. 흐뭇한 얼굴로 네 명을 바라보는 여진의 얼굴에서….

21...... [현재] 정순의료원_ 여진의 병실 (밤)

1인실. 아직 의식 없는 여진의 얼굴로. 곁에 있는 혜주, 윤서와 통화 중.

혜주 (통화, 작은 목소리로) 어, 윤서야. 학원 갔다 왔어?

22..... 혜주 집_ 부엌 (밤)

실내계단과 부엌에만 불 켜져 있고. 윤서(교복/집에 방금 들어온/가방은 2층에), 물 마시려고 방금 따른 채로 싱크대 앞에 서서 혜주와 핸드폰으로 통화 중이다.

윤서 (통화) 어, 방금 왔어. 엄마! 나 뉴스 봤어! 댓글 보니까 사람들이 엄마 응원하고 있어! 너무 다행이야, 진짜…. 엄마 언제 와? // 응? 오늘 못 와? 왜? // (혜주가, 중도와 함께 일이 있다고 하자) 아, 아빠도? 알았썽….

7 중도: 지훈이 졸업 축하해~ / 지훈: 헤헤, 아빠 당연히 못 올 줄 알았는데! / 윤서: (지훈과 중도 말하는데 막 끼어드는, 아빠가 너무 반가워 손잡고 흔들면서) 아빠아빠~ 엄마가 오늘 짜장면 사준댔다? / 혜주: (기쁨) 못 온다더니 어떻게 왔어? 점심 먹고 갈 수 있어? / 중도: 아니, 가야 돼. 잠깐 나온 거야.

아, 근데 엄마, 이모 어디 갔어? 집에 없는데? // 아아~ 시골?

23..... 정순의료원_ 여진의 병실 (밤)

혜주 (통화) …어. …그럼 문단속 잘 하구…. // (윤서가 뭔가 말하자) 응?

윤서(F) 저번에 내가… 엄마한테 혹시 거짓말 아니었냐고 한 거 진짜 미안해….

혜주 (통화, 울컥) !!

윤서(F) 엄마, 힘내. 사랑해.

혜주 (통화) 고마워. 엄마도 사랑해. 응. 그럼 잘 자. (끊고, 감정 가라앉히는)

그때 또 010번호에서 전화(기자 전화) 온다. 혜주, 바로 핸드폰 전원 끈다.

24..... 동_ 일각, 여진의 병실 근처 복도 (밤)

정경은 기자와 통화하는 승희.

승희 (통화, 분노) 김재은이 거짓말하는 거라니까요? // 네. 저랑 김재은 대면 인터뷰 당장 잡아주세요! (팍 끊는)

승희, 굳은 얼굴로 유신의 병실 쪽으로 가면, 근처의 다른 병실 비추는 카메라. 병실 문에 달린 창문으로 병실 안이 보이면… 여진의 병실이고 혜주가 보인다!

25..... 동_ 여진의 병실 (밤)

아직 깨어나지 못하고 있는 여진. 그 곁의 혜주, 마음이 복잡하고 괴롭다.

혜주 …….

26..... 중도 의원실_ 사무실 (밤)

새벽 2시 10분 정도. 민석, 빛나, 자영, 강호는 각자 자리에서 바쁘게 일하고 있고. 우재, 프린터기에서 뭔가를 가져간다든지 해서 (문 조금 열려 있는) 의원실 문 앞을 지나가다가 안으로 시선 가면. 중도, 창가에 서서 밖을 보며 생각에 잠겨 있는 뒷모습.

우재 ……….

27..... 국회의사당_ 일각 (오전)

국회의사당 본관이나 의원회관 배경으로 리포팅하는 기자들 5팀 정도. (다 다른 방송국/취재기자+카메라기자가 한 팀/정경은 기자는 없음/리포팅 대사 조금씩 들린다[8])

28..... 중도 의원실_ 사무실 (오전)

의원실 문은 닫혀 있고. 빛나, 민석, 자영, 강호.

회의실 안, 신문기자1(남, 30대)과 사진기자1(남, 30대/카메라)이 대기 중. 강호는 두 사람에게 커피 갖다주고 있고. 자영은 자리에서 책상전화 받고 있고. (남궁솔법을 응원한다는 시민의 전화다. 공손하게 "네, 선생님. 네. 남궁솔법을 지지해주셔서 감사합니다. 네. 네." 등등)

민석 (자기 핸드폰 화면을 빛나에게 보여주며) 이거 오늘 아침 강남이래요. 남궁솔법 지지 서명운동도 여기저기서 하고 있다는데?

빛나, 보면. 트위터에 올라온 도심 길거리의 남궁솔법 지지 1인 시위

8 혜주 TV 출연 후 남궁솔법에 대한 지지 여론이 확 늘어난 느낌을 주는 취재 대사들: 어제 혜주와 중도가 TV에 출연해 남궁솔법을 지지해달라 호소한 이후 밤사이 온라인을 중심으로 뜨겁게 찬반여론이 거세어지고 있다… 등등.

사진이다. 누군가가 지나가다가 보고 찍어서 올린. (해시태그 #남궁솔법_지지합니다/RT 폭발)

빛나 와~

자영 (O.L., 좀 전에 전화 끊었고, PC 화면 잠깐 보고) 오! 의원님 후원금 연간한도 지금 다 찼어요! 오늘만 육천만 원!

민석/빛나 웬일이야~! // 와 대박!

그때 의원실 문 열리고, 중도와 인터뷰 마친 신문기자2(남, 40)와 사진기자2(남, 40/카메라) 나온다. 의원실에서 함께 나와 배웅하는 중도와 우재. ("의원님 오늘 인터뷰 감사합니다." "제가 감사하죠. 그럼 조심히 가십시오." 등등[9])

신문기자2와 사진기자2가 의원실을 나가면. 중도와 우재, 회의실 안에서 대기하던 신문기자1과 사진기자1을 맞이해 의원실로 데리고 들어간다. (중도 "대호일보 신재현 기자님[10]이시죠? 안녕하세요. 의원실로 가실까요?")

29..... 우진석 의원실_ 의원실 (오전)

진석, 이수민 의원, 원내대표, 최고위원1, 2. 각자 커피(찻잔, 잔 받침).

원내대표 지금 여론이 남궁솔법 지지 쪽으로 쏠리는 분위긴데, 그럼 이거 당에서 밀어야 하지 않겠습니까?

이수민의원 아니요. 당에는 한마디 상의도 없이 남중도 의원이 독단적으로 한 행동입니다. 남궁솔법이 법리 문제로 법사위에서 통과가 될지 여부도

9 기자가 나갈 때 보좌진즈도 자리에서 일어나고. 한두 명은 "안녕히 가십시오." 말하며 인사.

10 오늘의 인터뷰 일정과 매체, 기자명을 다 꿰고 있는….

불투명한데, 당론으로 채택해 밀려면 명분이 있어야죠.

원내대표 여론이 최고의 명분 아닙니까.

의원들이 설왕설래[11]하는 가운데, 생각이 많은 진석.

30...... 의원회관_ N층[12] 엘리베이터 홀 (오전)

강순홍, 형태와 상행 엘리베이터 호출하고 기다리고 있는데. (14회 신 42의) 같은 당 의원, 비서(여, 25)와 같이 온다. (같은 당 의원의 비서, 하행 호출버튼 누른다)

같은당의원 (강순홍을 보자마자 눈치 없이) 어이쿠, 최고위원님. 괜찮으십니까?

강순홍 ? 네? 무엇이요…?

같은당의원 남중도의 부인이 옛날에 자기를 성추행하고 자살했다고 주장하는 그 게, 처조카분이잖습니까. 어젯밤에 그 부인이 뉴스 출연해서 자기가 피해자라고 주장한 게 지금 꽤 먹히는 분위깁니다.

강순홍 (짜증나지만 표정 관리하고) 처가와 저는 왕래가 없은 지 오랩니다.

같은당의원 아! 그럼 정말 다행입니다. 제가 괜한 걱정을….

그때 하행 엘리베이터 땡! 와서 문 열리고. 같은 당 의원, "아, 저, 그럼…." 하고 타고 가면. 남은 강순홍, 심기 불편한!

31...... 정순의료원_ 일각 (낮)

지나가는 환자, 간호사 몇. 혜주를 찾아온 우재. 혜주, 아직 뉴스 출연

11 원내대표: 근데 이수민 의원도 남궁솔법 공동발의 서명했잖아요. // 이수민 의원: 네, 근데 당을 배제하고 독단적으로 이렇게 움직이는 건 당 기강 차원의 문제잖아요?

12 꼭 1층 로비층이 아니어도 됩니다. 강순홍 의원실이 7층이니 7층도 좋고, 두 의원이 서로 다른 방향으로 가기만 하면 됩니다.

때의 옷.

우재 (쇼핑백 내밀며) 어제 차에 두고 가신 옷입니다.

혜주 (받는다, 쇼핑백 안으로 혜주의 옷 보인다) 아… 네. 감사해요.

우재 지금 곁에 계시는 거 불편하실 텐데 병실엔 제가 있겠습니다.

혜주 (보면)

우재 깨어나시면 그때 다시 상의하시죠. 제가 있을 테니 사모님은 가세요.

혜주 (중도의 불륜을 알고 있구나…) …알고 계셨어요? …두 사람 사이요.

우재 …네.

잠시 침묵 흐르고.

혜주 잠시 잊고 있었네요. 우재씨, 아니 보좌관님의 1순위가 그 사람이라는 걸요. …언제 아셨어요? 저만 모르고 있었던 건가요?

우재 (대답 않는) …….

혜주 …여긴 제가 있을 거예요.

혜주, 가버리면, 우재의 표정.

32….. 동_ 입원병동 밖 (낮)

우재, 입원병동을 올려다본다. 이렇게 가면 안 되는데… 방법이 없다. 돌아서는.

33….. 동_ 대합실 혹은 휴게실 (낮)

병실로 돌아가는 승희. 얼굴 굳었다. 대합실 지나는데, 환자 목소리 들린다.

환자(여/40대) 남중도, 이 동네 국회의원이잖아.

승희 (본다)

승희, 멈춰 서서 환자 쪽으로 시선 가면. 환자와 보호자(여, 40대)가 보고 있는 대합실 TV 화면, 어제 뉴스에 출연해서 발언 중인 중도와, 중도를 바라보고 있는 혜주의 신뢰 넘치는 얼굴(투샷)이다. 그 위의 띠자막: 남중도, "아내의 과거 루머 사실 아냐… 법적대응할 것"

(환자와 보호자의 대화 계속 이어진다. TV 화면에 꽂힌 승희는 못 듣고 시청자에게만 작게 들리는[13])

승희, 분노해 핸드폰을 쥔 손에 힘이 꽉 들어가는데, 저쪽에서 TV에 시선 두고 있는 혜주를 본다! 승희, 순간 멈칫한다. 혜주가 왜 여기에?? 하는데…

혜주, 승희를 보지 못한 채 돌아서서 간다!

34..... 지청중학교_ 윤서 교실 (낮)

반친구1(여) 너네 아빠 어제 티비 나오신 거, 완전 멋지시더라~

반친구2(여) 너네 엄마도 이제 오해 풀린 것 같아!

반 친구들, 윤서 둘러싸고 중도와 혜주가 멋지다고 칭찬하고.

윤서 어깨 으쓱한데.

하누리와 무리들, 좀 떨어진 곳에서 들으라는 듯 비아냥댄다.

하누리 (자기 무리에게) 그래봤자 남윤서네 오빠는 성폭행범 아닌가? 나 같음 쪽팔려서 학교 못 다님. (웃는)

13 보호자 "어! 나 어제 응급실에서 저 사람 봤는데?" // 환자 "진짜? 뭐, 이 동네 살면 큰 병원이 여기니까, 근데 응급실 왜 왔지?"

윤서 !!

윤서, 순간 상처받아 아무 말도 못 하고. 하누리, "자퇴 안 하냐?" 등등 깔깔 웃는데.

다솜 (자기 자리에 혼자 있다가 하누리에게 소리치는) 야! 윤서가 잘못한 것도 아닌데 그만해! 너네 학폭위 가고 싶어?

윤서 (다솜의 변호에 깜짝 놀라는) !

윤서, 다솜을 쳐다보면. 다솜, 윤서를 본다. (*화해할 분위기)
(하누리 무리들은 학폭위 소리에 입 닫고 자기들끼리 "아 깜놀." 등 구시렁대는)

35..... 모텔_ 안 (낮)

수빈, 핸드폰으로 아프리카TV BJ의 영상을 보고 있는데. 얼굴 굳었다. BJ(남, 30대)가 가면을 쓴 여성(수빈 또래/선정적 옷차림)을 스튜디오(자기 방)로 초대해 대화 중. 화면엔 댓글 폭주 중. 자신이 수빈인 척 천연덕스럽게 거짓말하는 가면여성.

영상 속

가면여성 (거짓 훌쩍) 네. 저, 남중도 아들한테 한 50번쯤 당했어요. 그런데 남중도가 제가 마치 한 번 당한 것처럼 말하더라구요.

BJ 진짜 죽어도 싼 놈이었네요. 근데 보통 아들은 아버지를 닮는다고 하던데…(이어지는[14])

[14] BJ: (과장된 제스처로 입 막으며) 흡! 판사님 저는 아무 말도 하지 않았습니다! (알사탕 소리) 와우! 남가네극혐님 알사탕 2000개 감사합니다 때댕큐!

수빈, 빠르게 올라가는 실시간 댓글들을 본다. 모두 가면여성의 말을 진짜라고 믿고 지훈을 욕한다(상습 성폭행과 마약사범이라고 비난).

수빈 (분노, 혼잣말) 이거 다 거짓말이야!! (핸드폰으로 '아줌마'에게 전화 걸면서 혼잣말) 아줌마, 이건 진짜 아닌 것 같아요….

그러나 걸자마자 '지금은 전원이 꺼져 있어…' 나온다.
수빈, 벌떡 일어난다.

36..... 정순의료원_ 여진의 병실 (낮)

아직 못 깨어난 여진. 곁에 앉아 있는 혜주(옷 갈아입음). 마음이 복잡한데. 좀 멀리 둔 여진의 핸드폰에 전화가 온다(진동 소리).
혜주, 진동 소리에 움찔, 돌아보는데. 끊기지 않는 전화. 혜주, 다가가 핸드폰 집어 드는데(받으려는 것은 아님, 무음으로 만들려는 것), '제일부동산'의 전화다.
그때 전화 끊기는데. '30분 전'에 이미 와 있는 카톡메시지가 떠 있다(미리보기ON): 저번에 가게 보신 분 계약한대요~^^ 전화 주세요~~
혜주, 차가워지는 얼굴. 여진의 핸드폰을 내려놓고 여진 쪽을 돌아보는데… 멈칫.
여진이 깨어난 듯하다. 천천히 눈을 뜨는 여진. 혜주와 눈 마주치는데….

혜주 (다가가지 않고, 차갑게) …깼어?

여진 …….

혜주 의사 부를게. (나가려고 문손잡이 잡는데… 멈추고, 돌아본다) 부동산 연락 왔어. 두 사람 사이 들킬까봐 가게 내놓고 야반도주라도 할랬는데 나한테 들통난 거야? 그래서 약 먹은 거야?

여진 …….

혜주 내가 옛날 그 일로 얼마나 고통스러워했는지 알면서, 어떻게 이래!! 내가 그렇게 미웠어?? 그래서, 죽어서 나를 괴롭히고 싶었어??

여진 …….

혜주 언니가 정말 너무 밉지만 죽길 바라진 않았어!! 근데 지금 이게 뭐야!! 나한테 조금이라도 미안했으면 이러진 말았어야지!! (운다)

혜주를 보는 여진. 마음 미어진다. 혜주, 오열하는데… 여진의 목소리가 들린다.

여진 (흐느낀다) …미안해… 솔직하게 말을 못 해서….

혜주 (분노) 솔직?? 나를 기만해놓고 솔직하게 말 못 해서 미안하다는 거야, 지금??

여진 (O.L.) 아니야, 그게 아니야, 혜주야…//

혜주 (O.L.) 뭐가 아니라는 건데!!

여진 …내가… 거짓말했어….

혜주 (멈칫) …거짓말?

여진 내가… 당한 거야….

혜주 (귀를 의심한다) !! …뭐라고?

여진 니 남편이 나를 성폭행했다고!!

혜주 !!

얼어붙는 공기. 충격에 휩싸여 여진을 보는 혜주.
그런 혜주를 보는 여진의 얼굴.

37 ….. [여진 회상] 혜주 집_ 서재 문 앞 (밤 / 14회 신77 + 보충)

문틈으로 조금 보이는 서재 안의 모습.

책상 위가 좀 흐트러져 있고, 바닥에는 밀려 떨어진 책들. 2017년 2월 페이지가 펴진 채로 떨어진 책상 달력. 21일에 동그라미, 중도 글씨로 '지훈 졸업식'.
문틈으로 보이는 여진. 옷(실내복인 긴 치마) 추스르며 겨우 몸 일으키는, 넋 나간 모습. (서재 안에 중도도 있지만 화면에는 보이지 않음)
크게 충격받은, 여진의 얼굴에서….

혜주(E) (선행하는, 방문 밖에서) 언니-

38..... [여진 회상] 동_ 여진의 방 (오전. 다음 날)

혜주(E) 언니 많이 아파? (잠시 기다렸다가) 나 출근해. 죽 해놨어, 먹어-

혜주의 발소리 멀어지면, 텅 빈 얼굴의 여진.
그런데 조금 후 방문 노크 소리. 여진, 흠칫해서 돌아보는데. 방문 열린다. 중도다! (방금 집에 와서 코트까지 다 입은/코트 안, 슈트 깃에 의원배지 보인다)

여진 !!

여진, 크게 놀라 벌떡 일어나 핸드폰을 집어 든다.
중도, 들어와 방문 닫는!

여진 (핸드폰 열며) 가까이 오지 마! 경찰에 신고할 거야!! (112 누르려는데)

중도, 무릎을 꿇는다!

중도 미안해. 어제는 실수였어! 제발 용서해줘.

여진 (분노) 실수? 넌 그게 실수였어? 니가 사람이니? 니가 어떻게!! 어떻게 이래!!

중도 제발 한 번만 기회를 줘, 제발 한 번만… 응? 다시는 그런 일 절대 없을 거야, 약속해…. 그러니까 어젯밤 일은, 제발 없었던 일로 해줘, 응?

여진 (화장대 위 물건들을 손에 잡히는 대로 집어 중도에게 던진다) 그걸 어떻게 없었던 일로 해, 어떻게!!

중도 (다 맞으면서) 진심으로 반성하고 있어…. 누나가 나 한 번만 용서해주면 앞으로 더 좋은 국회의원 되어서 세상에 빚 다 갚을게…. 내가 어떤 마음으로 정치 시작했고, 어떻게 일하고 있는지… 누나도 잘 알잖아….

여진 ! 너 그걸 지금 변명이라고 하는 거야?

중도 약속할게…. 그러니까 혜주한테도 말하지 말아줘… 응? 혜주도 이 일 알면 절대 감당 못 해… 그러니까 누나 제발….

여진 (혜주 이름에) …! 니가 지금 어떻게 나한테 혜주 핑계를 대! 어떻게 니가!! (오열한다)

중도 …….

39….. [여진 회상] 동_ 여진의 방 (저녁. 시간 경과)

방문에 기대 무릎 모아 세우고 우두커니 앉아 있는 여진. 창밖에 해 지고 있는데.

(E) (노크 소리)

혜주(E) (노크 소리와 동시에, 문밖에서) 언니-

여진 (흠칫, 문에서 등 떼고 돌아본다) …!

혜주(E) (방문 밖에서) 언니- 많이 아파?

여진 (숨죽여 가만히 있는다)

혜주(E) 약, 문 앞에 있어. 빨리 나아. (멀어지는 발소리)

여진 (눈물 조용히 흐르기 시작한다. 무릎에 고개 묻는…)

40..... [여진 회상] 동_ 여진의 방 (밤. 같은 날)

깜깜한 방. 뒤척이는 여진. 그때 방문 밖에서, 작게 들리는 현관문 소리(중도 귀가).

여진 !

여진, 흠칫 놀라 일어난다. 혹시 또 내 방에 오는가 싶어 공포스러워 심장이 빠르게 뛰고 겁이 나는데! 어둠 속에서 방문 손잡이가 보인다.
여진, 얼른 문손잡이의 잠금단추를 눌러 잠근다. 딸깍.
그리고 가만히 소리 죽여 문밖의 소리에 집중하는데….
그러나 중도가 계단을 올라가는 발소리가 들리고, 이윽고 고요해지면… 여진의 뺨에 다시 흐르기 시작하는 눈물.

여진 (혼잣말) 나보고 도대체 어떻게 하라고….

41...... [여진 회상] 편의점_ 안 (낮)

종합감기약 코너 앞의 여진. 물끄러미 약들을 바라보고 있다. 핼쑥하고 핏기 없는. (옆에, 화이트데이 사탕 판촉코너 있다./채은이 생일이 3월 14일)

42..... [여진 회상] 혜주 집_ 여진의 방 (밤. 2017년 3월)

여진, 낱개 포장된 감기약을 하나하나 뜯어 협탁 위에 알약을 모아놓은 것을 물끄러미 보고 있다. 알약 수십 알, 옆에는 뜯은 껍질도 수북한데. 노크 소리. 여진, 멈칫.

혜주(E) (방문 밖에서) 언니… 자…?

여진 (아무 대답 못 하는데)

혜주(E) (방문 밖에서) …언니 요새 몸이 너무 안 좋은 것 같아서 내일 병원 예약했어. 같이 가자.

여진 …!

혜주(E) (방문 밖에서) …그리구… 지금 미역국 끓였거든. 내일 채은이 생일이잖아….

여진 !

인서트 10회 신13의 인서트. 다세대주택(빌라)_ 여진의 집(반지하) 문 앞 (낮. 2007년 3월. 이른 아침)

보온병 열어본 여진, 눈시울 붉어진다. 뜨거운 김이 올라오는 미역국이다. 바닥의 쇼핑백 안, 인형 위에 붙여놓은 메모종이:

채은이에게 전해주세요. 지훈이 엄마 드림

현재

혜주(E) (방문 밖에서) 내일 나도 같이 가.

여진 (울컥) !!

혜주(E) (방문 밖에서, 여진이 아무 말 없자) 그럼 잘 자… 푹 쉬어.

멀어지는 혜주의 발걸음 소리. 여진, 마음 미어진다. 소리 죽여 오열하는. 협탁 위, 수북한 알약 근처에 활짝 웃는 채은이 사진 액자.

현재여진(E) 그날 결심했어… 다 잊고… 그냥… 살겠다고. 하지만…

43..... [여진 회상] 동_ 1층 거실 (새벽. 다음 날)

부엌과 실내계단 정도만 불 켜져 있고, 3월의 이른 아침이라 아직 어두컴컴하다.

방에서 나가는 여진(신42와 같은 옷). 그때 2층에서 내려오는 중도(겨울 코트까지 입고 내려온)와 마주친다. 눈 마주치는 두 사람. (중도도 여진을 볼 거라 생각 못 한)

여진, 순간 움찔하는데, 싱크대에서 녹즙 담고 있던 혜주가 두 사람을 돌아본다.

혜주 (여진에게) 아, 언니 일어났어? (중도에게) 잠깐만- 다 됐어. (녹즙보틀 가지고 둘에게 온다)

여진 ……. (심호흡하고 중도에게, 아무 일 없다는 듯) …출근해?

중도 (잠시 시선 마주하다가) …어. (여진을 스쳐 지나가 현관으로 간다)

혜주, 중도를 따라 (여진을 스쳐 나가) 현관으로 가고. 중도가 신발 신자 기다렸다가 "잘 갔다 와. 어, 잠깐만." 하고 옷매무새 만져준다. (여진은 혜주와 중도를 등지고 있어, 등 뒤에서 둘의 대화가 들린다. 애정 뚝뚝 떨어지는 혜주의 말들[15])

그때 여진의 눈에, 문이 좀 열려 있는 서재가 보인다.

여진, 저도 모르게 숨 멈추고, 얼른 시선 돌리자 그제야 숨이 쉬어진다. (여진의 뒤에서는 아무것도 모르는 혜주가 중도 배웅 중, 중도가 현관을 나가고 있다)

애써 평정을 찾으려는, 그러나 힘겨운 여진의 얼굴.

현재여진(E) …쉽지는

44..... [여진 회상] 안영인 정신의학과_ 진료실 (낮. 2022년 7월)

15 (녹즙보틀 주며) 녹즙 여기. 이번 주 계속 영하 10도래. 자기 코트 더 두꺼운 거 하나 살까? // 괜찮아, 어차피 계속 실내야. // 알았어, 그럼 잘 갔다 와. // 어, 갈게.

현재여진(E) (넘어오는) 않았어….

2022년 7월 책상달력. 정신과 의사(여, 40대)와 여진. 한여름 옷.

정신과의사 (안타까운) 벌써 오 년째 내원하시는데 이렇게 아무 얘기도 안 하시면 제가 도와드릴 수가 없어요.

여진 (씁쓸) …죄송해요. 그냥 수면제만 주세요. …….

45….. [현재] 정순의료원_ 여진의 병실 (낮)

혜주, 이 이야기를 도저히 바로 믿기가 어렵다.

혜주 왜 그럼 그날 불륜 맞다고 한 건데!

46….. [인서트] 14회 신31. 혜주 집_ 서재 (밤. 비 / 여진 시점에서)

여진 (혜주만 본다) 맞아. 니가 생각하는 그런 사이.

혜주 !!

중도 !!

정적 흐른다. 너무 큰 상처와 충격을 받은 혜주를 보는 여진의 얼굴 위로,

현재여진(E) 니가… 진실을 알게 될까봐… 두려웠어….

47….. [현재] 정순의료원_ 여진의 병실 (낮)

여진 그래서 거짓말한 거야…. 니가 불륜이라고 믿으면… 더 이상… 진실을 알려고 하지는 않을 테니까….

혜주 !!

충격에 말을 잇지 못하는 혜주. 겨우 입을 뗀다.

혜주 (겨우) 그럼 그날 낮에… 지훈이가 수빈이랑 집에서 들었다는 대화는…

여진 오해야….

혜주 (충격으로 눈앞이 캄캄) !!

여진 (운다) 오 년 동안 그 일을 잊으려고 부단히도 애썼어. 하지만… 서재엔… 못 들어가겠더라. 방문이 열려 있는 것만 봐도 숨을 쉴 수가 없었어…. 그런데… 그날 낮에…

48..... [여진 회상] 혜주 집_ 부엌 (낮. 지훈 사고 날)

장 본 것 정리하고 있는 여진. (집에 들어온 지 얼마 안 되어서 옷도 안 갈아입은)

그때 2층에서 중도가 내려온다(검은 양복, 검은 넥타이, 의원배지).

여진, 발소리에 돌아보면, 중도가 검은 옷을 입고 팔에 다른 옷(1회 신38의 재킷과 바지)을 걸쳐 들고 있다. 중도, 들고 온 옷을 부엌 식탁의자에 걸쳐놓는다.

여진 ? 옷(걸쳐놓은 옷) 빨 거야?

중도 아니, 갖고 나가려고. 이따 후원회장님 식사자리에 새까맣게 입고 가긴 좀 그래서. (서재로 들어가며) 지금 입은 건 지역사무소에 여벌로 갖다놓게.

여진 (관심 끝, 다시 장 본 것 정리하는데)

중도 (서재에서 나와서) 서재에 내 경조사 봉투, 다른 데 놨어?

여진 (순간 표정 확 굳어서) 몰라. 난 거기 안 들어가.

중도 (귀담아 듣지 않는다, 좀 짜증 섞인 한숨 쉬며 혼잣말처럼) 안 들어가긴. 서재 청소 맨날 하면서. (다시 서재로 들어가려는데)

여진 (갑자기 터진다) 너는 어떻게, 내가 거길 들어갈 거라고 생각해?

중도 (순간 무슨 얘기지, 했다가 알아듣는다) …갑자기 왜 그 얘기야?

여진 갑자기? 너한텐 갑자기니? 나는 한순간도 잊은 적이 없어!

중도 말꼬리 잡지 마. 그건 사과했잖아. 내가 실수한 거라고.

여진 실수라고 하지 마! 실수라고 하면 뭐가 달라져?

중도 …조용히 해. 혜주가 알면 가만 안 둬.

여진 왜. 혜주가 알까봐 두렵니?

중도 …….

여진 …더 이상 이렇게는 못 지내. 넌 그냥 실수였을지 몰라도 난 계속 혼란스럽고 힘들어. 혜주 얼굴 보긴 더 힘들고.

중도 누나만 입 다물고 있으면 혜주는 우리 절대 의심 안 해. 그러니까//(그냥 조용히 있어!)

여진 (O.L.) 계속 이런 식일 거면 그만둬! 더 이상 얘기하고 싶지 않아!

49….. [현재] 정순의료원_ 여진의 병실 (낮)

여진 서재 얘길 아무렇지도 않게 하는데… 참을 수가 없어서 화를 냈어…. 근데 그걸 애들이 오해한 거야…. (지훈 생각에 마음이 너무 아프다. 우는데)

혜주, 너무 충격이 크고 혼란스러워 아무 말도 하지 못하고 여진에게 다가가지도 못한 채 얼어붙어 있는!

50….. 동_ 일각 (낮)

혼란과 충격에 휩싸여 있는 혜주.

플래시백 13회 신8. 책수선실_ 안 (밤. 편집)

혜주 지훈이… 사고난 날 밤에 말이야… 당신… 지훈이 만났어?

혜주 왜 아무 말도 안 해!//

중도 (O.L.) 지훈이 안 만났어.

혜주 …!!

플래시백 13회 신63. 신66. 혜주 집_ 안방 (밤. 편집)

중도 …그날… 지훈이 만났어.

혜주 그날 지훈이 만났다고? 정말이야? 어젠 안 만났다며…!

중도 (눈물 참으며) …그날… 내가… 지훈이를… 혼냈어.

중도 (눈물 참으며) 내가 화를 많이 냈는데, 그 직후에 지훈이가 그렇게 되어서… 미칠 것 같았어….

혜주 …!

중도 그래서 어제 당신이 물었을 때… 너무 당황해서… 거짓말을 했어….

혜주, 우는 중도를 안고 같이 울던.

인서트 중도 의원실_ 사무실 (낮. 12회 신13 직전 혹은 직후)

TV 속, 중도의 기자회견을 보고 있는 혜주. 지훈이 성폭행을 했다는 충격적인 기자회견 내용에 망연자실해 있는.

중도 (TV 속, 단호) 성범죄는 한 사람의 인격과 존엄을 파괴하는 범죄입니다.

혜주 (표정)

플래시백 신36. 정순의료원_ 여진의 병실 (낮)

여진 니 남편이 나를 성폭행했다고!!

혜주 !!

현재

혜주, 미칠 것 같다. 믿기도 안 믿기도 어려운 대혼란 속에 있는데…

순간, 멈칫!

플래시백 신47. 정순의료원_ 여진의 병실 (낮)

여진 (운다) 서재엔… 못 들어가겠더라. 방문이 열려 있는 것만 봐도 숨을 쉴 수가 없었어….

인서트 혜주 집_ 서재 문 앞 (밤. 비 / 14회 신31의 혜주 시점)

서재 문 닫혀 있고. 여진, 물컵을 든 채 서재 안의 대화를 듣고 얼어붙은. 그때 문이 확 열린다! 여진, 움찔 놀라는데. 혜주다. 서로 놀라는 두 사람.

혜주 …잘됐네. 언니한테 가려고 했었는데. …들어와.

여진 (움직이지 않는다) …….

혜주 들어와서 얘기해. 위에 윤서 들어.

여진 …….

망설이다 서재 문지방을 넘는 여진의 얼굴(14회 신31과 조금 다르게 여진의 얼굴을 한 번 짚어주는). 그런 여진을 싸늘하게 보던 혜주의 얼굴에서,

현재

혜주 (뭔가를 깨닫고 얼어붙어서) 아아, 언니….

인서트 혜주 집_ 1층 거실 (저녁. 범행 얼마 후 / 2017년 2월 말)

혜주, 인화한 지훈이 졸업식 가족사진(2장)을 액자 2개에 넣고 있다가, 여진이 뭔가 말해서 쳐다본다. (똑같은 액자 2개: 하나는 현재 중도 의원실에 있는…)

혜주 응? 서재 청소? (서재 문은 닫혀 있다)

여진 …어. 1층 청소는 내가 하잖아. 근데 괜히 뭐 잘못 치울까봐서. (긴장해 혜주 살피는데)

혜주 (대수롭지 않게) 그래, 서재 내가 할게.

여진 (안도하지만 숨기고) …고마워.

혜주 (액자 보여주며, 웃는) 언니 사진 잘 찍었다~ 저번부터 가족사진 하나 사무실에 두고 싶대서 이걸로 뽑았어. (일어나서 액자 하나를 들고 서재로 들어가며) 하나는 서재에 두려고.

혜주, 서재로 들어가 불 켜고 액자 놓는데.
여진, 서재 문 열린 것 보고 흠칫, 고개 돌린다. 그때, 액자를 놓고 돌아서서 나오던 혜주가 그런 여진을 본다. 얼어붙어 있는 여진이 조금 의아한 혜주.

혜주 ? 왜 그래?

여진 (서재 쪽 못 본다) …문 좀 닫아줘.

혜주 ? 서재? 응, 알았어. 찬바람 들어오지? (서재 문 닫고 아무 의문을 갖지 않은 채 부엌으로 가던)

여진 (표정, 혜주는 모르는)

현재

혜주 !! 언니… 어떡해! 아 어떡해…!! (비명처럼 오열하는!)

51...... 동_ 여진의 병실 (낮)

핏기 없는 얼굴로 우두커니 앉아 있는 여진.
그때 병실 문 벌컥 열리고, 혜주가 울면서 뛰어 들어온다.
혜주, 바로 여진을 껴안고 오열한다.

혜주 언니, 미안해, 미안해… 내가 아무것도 모르고…! (몸부림치면서 오열하는)

여진 (운다) …!

우는 혜주와 여진….

52..... 중도 의원실_ 의원실 (낮)

중도, 신문기자(남, 40대 중후반의 중견기자/우재보다 윗 연배)와 남궁솔법 관련 인터뷰 중. 우재, 사진기자(남, 30대 중반/중도 사진을 간간이 찍는다) 동석. 중도와 우재 앞에는 기자의 명함이 얌전히 놓여 있고. 모두 찻잔(잔 받침 함께/커피).

신문기자 국회에서 누가 사회적 약자들을 위해 가장 애쓰는가, 하면 의원님이 1등이실 겁니다. 의원님의 지난 행보를 팔로잉해온 저는 그 남궁솔법의 발의자가 남 의원님이라는 것도 정말 너무 당연했습니다.

중도 (웃고) 감사합니다.

신문기자 예전에 그, 이름이… 채은이였죠? 아버지한테 살해당한 여자아이요.

중도 (갑작스럽다, 보면)

우재 (신문기자 본다)

신문기자 부모의 자녀 살해도 가중처벌하라고 헌법소원하셨을 때, 취재했었거든요.

중도 아… 네.

신문기자 지난 임기 때 같은 법안 발의하셨죠? 통과는 못 되었지만요.

우재 이번 임기에도 발의하셨고, 현재 법사위 계류 중입니다.

기자 아! 역시 그렇군요. 그 어머니와 다른 피해자들이 의원님 덕분에 정말 많은 힘을 얻을 겁니다.

중도 (미소 짓지만 마음 복잡한) …네, 감사합니다.

우재 ……․

53..... 정순의료원_ 여진의 병실 (낮)

조금 진정되어 대화를 나누고 있는 여진과 혜주. 둘 다 눈이 부었다.

여진 …신고… 못하겠어….

혜주 왜…! 경찰서 가자… 응…?

여진 이미 오 년이나 지난 일이라 아무 증거도 없는데… 사람들이 내 말을 쉽게 믿어줄까…?

혜주 그래도….

여진 사람들한테 거짓말쟁이 취급받는 거… 그게 얼마나 힘든 일인지 너도 알잖아…. 그 싸움, 나는 할 자신이 없어….

혜주 (안다… 그래서 강하게 이야기하지 못하겠는…) …….

여진 (눈시울 붉어지는) 그리고 채은이 일도 있으니까… 나는… 그냥… 지금까지처럼… 있을게….

혜주 (여진의 마음을 누구보다 더 잘 이해한다… 눈물 흐르는)

54..... 영산. 골프레슨장 (낮)

회원들로 붐비는 매장. 기영, 아이패드로 업무 서류 보면서 로비에서 타석 쪽으로 움직이며 레슨 받는 고객들 지켜보는데, 매장 TV를 보는 회원1, 2 대화가 들린다. (회원1, 2 외에 스윙이나 퍼팅 연습하던 고객들 중 3명 정도가 TV를 보고 있다)

회원1(여, 30대) (작게, 회원2에게) 어, 저거~ 여기 이 집 얘기다~?

회원2(여, 30대) 헐!! 진짜?? 그, 국회의원 와이프 옛날에 성추행하고 자살했다던?

회원1 (쉿! 제스처, 목소리 낮춰서) 어~ 그게 이 집 아들~!

기영 !

기영, TV 보면. YBS 뉴스(음소거)인데, 유신이 화면[16]에 보인다.

띠 자막: 남중도, "강순홍, 처가와 불법 땅투기 결탁한 증거 확보"

TV를 보고 있는 회원1, 2의 대화가 계속 들린다.

회원1 (자막 보고) 저 남중도가 그 여자 남편인데, 완전 작정하고 물어뜯네.

회원2 그러게~ 증거도 확보했다니까 뭐….

기영 (마음이 복잡한) …….

55..... 정순의료원_ 유신의 병실 (낮)

혼자 있는 유신, TV에서 (신54와 같은) YBS 뉴스 보고 있는데, 분노와 경악한.

YBS기자 (TV 속, 드넓은 임야 앞에서 리포팅) 실제로 강순홍 의원의 처제 이 모씨의 토지 매입 직후 국토개발부의 개발공시가 나면서…(이어지는[17])

유신 승희야!! 얘 어디 갔어, 승희야!!!

56..... 동_ 여진의 병실 문 앞 (낮)

(방금 병실에서 나온) 혜주가 얼어붙은 채 보고 있는 사람,

혜주를 노려보는 승희다!

승희(E) (선행하는) 다 들었어.

16 얼굴 모자이크지만 누군지 알아보기 충분한 정지화면. 14회 신47에서 진행한 정경은 기자 인터뷰 때의 화면이다. 화면 구석에 "자료제공: SBC"

17 땅의 시세는 열 배까지 치솟았습니다. 바로 이곳인데요. 근방 주민은 이 땅에 대해 이렇게 얘기했습니다. (60대 남성 주민 인터뷰 나온다) / (자막) 주민 충북 영산시 / (인터뷰 내용도 자막 함께 나온다) 여기가 아무도 관심 없는 땅이었는데, 갑자기 누가 땅을 다 샀다는 소문이 돌더니 갑자기 개발이 된다고. 그래서 다들 놀랐지요.

57..... 동_ 일각 (낮)

승희 니 남편 얘기.

혜주 !!

인서트 승희 회상. 동_ 여진의 병실 문 앞 (낮)

조금 연 문틈으로, 여진의 병실 안의 대화를 엿들은 승희. 당황과 충격의 얼굴. (문에 달린 창문 안으로 병실 안이 보인다면, 서로 안고 울고 있는 혜주와 여진)

현재

승희 너, 뉴스 인터뷰 다시 해. 어제 한 얘긴 다 거짓말이고, 니가 승호 무고해서 죽인 거라고!

혜주 !

승희 안 하면 니 남편이 그분한테 무슨 짓 했는지 내가 다 폭로할 거야!

혜주 !!

중도(E) (선행하는) 실수였어.

58..... 책수선실_ 안 (저녁)

혜주, 중도.

중도 딱 한 번. 실수한 거야….

혜주 !! 그걸 어떻게 실수라고 해?? 어떻게, 그런 일을 실수로 할 수가 있어?? 정신 차려!! 당신은 지금, 바람을 피운 게 아니야!! 언니한테 어떻게, 대체 왜 그랬어!! 대체, 왜, 왜…(말 못 잇는)

중도 혜주야, 그날은…//

혜주 (O.L.) 아니!!

중도 (말하려던 것 멈춘다) !

혜주 말하지 마. 당신이 왜 그랬는지 변명 같은 거, 듣고 싶지도 않고 들을 필요도 전혀 없어. 그러니까 말하지 마.

침묵 흐른다.

중도 미안해. 내가 정말 잘못했어….

혜주 그런 끔찍한 일을 저질러놓고선, 어떻게 남궁솔법을 얘기했어? 속으로 한 번도 찔린 적 없었어? 그 일은 당신 기억에서 완전히 지웠던 거야?

중도 남궁솔법은 진심이었어!!

혜주 !

중도 나는 사과했고, 반성했고, 속죄의 마음으로 더 세상을 위해 살려고 했어! 당신도 알잖아, 지난 몇 년간 내가 어떻게 살아왔는지…!

혜주 …!

인서트 혜주 회상. 혜주 집_ 2층 거실 (밤. 2, 3년 전 한겨울)

수건 등 빨래 개는 혜주. TV 틀어져 있다. 빨래 다 개고 일어나려는데, 문득 시선이 가는 TV 화면. 뉴스에 중도가 나오고 있다. TV속 중도, 국회 앞의 시위대표(남, 40대, 울분에 차서 중도와 대화 중/옆으로, '국회는 시설보호 종료아동 자립지원 방안을 확대하라!' 현수막을 든 시민 10여 명/남녀, 20~30대/한겨울 의상)와 대화하며 경청하고 있다. 그림 위로 띠 자막: 남중도, "시설보호 종료아동 자립지원 시스템 마련할 것"

기자(E) (작은 볼륨) …남중도 의원은 '보호기관 연령 상향 조정 및 연장 요건 완화' 등을 검토하겠다고 약속했습니다. (이어지는[18])

18 기자 리포팅 대사: 대한시설보호종료아동협회는 오늘 오전 국회 정문 앞에서 시설보호 종료

혜주 (TV 속, 시위대의 말을 경청하는 중도의 얼굴과, 중도를 보며 고마워하고 안심하는 듯한 시위대의 얼굴을 보는) …….

인서트 혜주 집_ 안방 (밤. 2, 3년 전 한겨울)

퇴근한 중도. 코트 벗고 있고. 혜주, 대한성폭력상담센터에서 발송한 편지봉투를 들고 있다. (오늘 받은 우편물/받는 사람 이름: 남중도 후원자님)

혜주 대한성폭력상담센터, 여기도 후원 시작했어?

중도 어. 아, 비상금 숨겨뒀던 건 아니고, 용돈 줄여서 하려고.

혜주 (웃으며) 지금에서 더 줄이면 어떡해.

중도 좋은 일인데 뭐. (돌아서서 배지 떼는 등 옷 갈아입는다)

혜주 (고맙고도 안쓰럽게 중도 뒷모습 보는) …….

현재

혜주, 그 기억들이 떠오르니 미칠 것 같은….

중도 나 정말… 진심으로 반성하고 바르게 살려고 노력했다고…!

혜주 (눈물 난다) 제발, 바르게 살았다고 하지 마…. 당신은 지금 언니, 나, … 그리고 남중도라는 사람을 믿고 뽑아준 사람들의 믿음을 모조리 다 배신한 거야. 근데 어떻게 지금, 바르게 살았다는 말을 해… 응?

중도 …….

혜주 지금 가서 자수해. 안 그러면 내가 폭로할 거니까!

중도 …아니, 자수는 못 해.

아동 자립지원 방안을 촉구하는 시위를 열고, 청와대까지 도보 행진을 벌였습니다. 시위 현장을 방문한 대한당 남중도 의원은 '보호기관 연령 상향 조정 및 연장 요건 완화' 등을 검토하겠다고 약속했습니다. 이에 본 시위를 주도한 대한시설보호종료아동협회의 박성재 협회장은 "큰 관심을 받지 못하는 시설보호 종료아동의 자립지원 방안에 관심을 가져달라"며….

혜주　!! 뭐??

중도　남궁솔법이 지금 흐름을 탔어. 이대로 가면 정말 통과될 수 있을지도 몰라. 그런데 지금 자수를 하라고? 그 법안, 내가 발의했어. 근데 내가 지금 자수를 하면 남궁솔법은 여기서 끝이라고!

혜주　(터진다, 환멸) 그놈의 남궁솔법! 제발 남궁솔법 얘기 좀 그만해!! 이제 그 이름 듣기도 싫어!!

중도　윤서 생각도 해봐!!

혜주　(멈칫) !

중도　지금 이게 세상에 알려지면 윤서는? 학교 제대로 다닐 수 있겠어? 정말, 그래도 괜찮아? 응?

혜주　(분노) 그 입에서 지금 윤서 이름이 나와?? (하지만…)

인서트 책수선실_ 안 (낮. 14회 신69, 신70의 혜주 시점)

윤서와 통화 중인 혜주.

윤서(F)　애들이 나한테 식판 엎었어! 엄마 때문에 나 괴롭히잖아, 사람 죽인 꽃뱀 딸이라고!! (팍 끊기는!)

혜주　…!

현재

혜주, 아무 말도 할 수가 없다. 중도의 말이 맞다. 비참하다….

잠시 정적 흐르는데.

혜주　…수빈이가 처음에 찾아와서 지훈이 아이 임신했다고 했을 때… 내가… 뭐라고 했었는지 알아…?

플래시백 2회 신27. 혜주 집_ 지훈의 방 (밤)

혜주　(주저하며 묻는) 혹시 우리 지훈이가… 혹시… 수빈씨가 원치 않는데… 혹시… 그런 건지…. (숨도 못 쉬고 대답 기다리던!)

수빈　(빤히 혜주 보다가) …강제로 했냐구요?

혜주　(뭐라 말을 못 하는데)

수빈　…아니에요, 그런 건.

혜주　(!! 순간 안도하는)

현재혜주(E)　그래서… 괴로웠어. 내가 그래도 엄만데… 아들을 그렇게까지 의심했다는 게….

현재

혜주　…하지만 나… 당신은 한 번도 의심해본 적 없어… 왜냐면… 당신한테 이런 일은… 상상조차 하지 못했으니까… 그만큼 당신을 믿었어….

중도　…….

혜주　…지훈이가 오 년 전 그날… 당신을 보고… 왜… 불륜이라고 오해했는지 알아…?

중도　(보면)

혜주　(눈물 꾹꾹 누르며) 지훈이도… 당신을… 믿고 있었으니까.

중도　…!

혜주　지훈이도… 당신이… 설마… 그랬을 거라고는… 상상도 못 했으니까… 불륜이라고… 오해한 거야….

중도　!!

서로를 마주 보는 혜주와 중도에서. (혜주는 참아도 눈물이 흐를 수도/ 중도는, 혜주의 마지막 지훈 언급이 마음을 날카롭게 파고들었지만 울지는 않습니다)

59..... 칼국수집_ 앞 (저녁)

칼국수집을 찾아온 수빈. 그런데 문 잠겨 있다. 안을 들여다봐도 불 꺼져 있다.

수빈, 의아해하며 돌아서는데, 지나가는 모녀의 대화가 들린다. (결혼한 딸(30대, 만삭 임신부)이 친정에 다니러 온…. 엄마(60대)는 장바구니 들었다)

딸 헐! 칼국수집 주인아줌마 자살했다고? 왜??

수빈 ?!!

엄마 몰라~ 암튼 어젯밤에 119 오고 난리 났었어!

수빈 (큰 충격! 얼어붙은)

인서트 수빈 회상. 혜주 집_ 1층 현관 (낮. 8회 신72의 인서트 + 보충)

복통 심한 수빈, 여진의 부축을 받고 나가다가 협박하던.

수빈 (식은땀, 심한 복통으로 이 악물고) 아줌마, 아저씨랑 불륜이잖아요. 저랑 지훈이가 다 봤어요!

여진 (얼굴이 하얗게 질려서) 지훈이가… 알고 있었다고…?

수빈 네!! 그러니까 저 지금 이거, 아줌마한테 말하지 마시라구요. 아시겠어요? 아줌마한테 말하면, 불륜 다 폭로할 거예요!

여진 !!

플래시백 14회 신1. 책수선실_ 건물 앞 (밤. 비)

수빈 아줌마 남편, 그 아줌마랑 불륜이에요.

현재

수빈 (설마 나 때문인가! 근처 가정집으로 들어가는 모녀를 잡는) 저기요!

엄마 아이구 깜짝이야! 네?

수빈 (감정 격해져서) 저기 가게 사장님, 진짜로… 자살했어요??

엄마 네. 근데 병원 가서 어떻게 됐는지 아직 몰라요. 왜요?

수빈 (죽지 않았을 수도 있구나!) !! 병원 어딘지 아세요?

엄마 아마 정순의료원? 거기가 가까우니까… 근데 누구세요?

60..... 중도 지역사무소_ 건물 외경 (밤)

지역사무소 층 불 꺼져 있다.

61...... 동_ 의원실 (밤)

사무실은 불 꺼져 있고 의원실만 불 켜져 있다. 중도와 우재. (음료 같은 건 없다)

중도 !! …알고 있었다고?

우재 …네.

중도 ! 근데 어떻게 그렇게 모르는 척을 했어. 언제 처음 안 거야. 아니, 어디까지 알고 있었던 거야??

우재 …다요.

중도 …!

우재 …처음엔… 외도하신 거라고 생각했습니다.

인서트 한강 고수부지_ 주차한 중도의 차 안 (밤. 비)

지훈(E) 아빠 여진 이모랑 불륜이잖아!! 엄마한테 다 말할 거예요!!

중도(E) (비웃는) 엄마가 니 말을 믿겠니? 어??

블랙박스에서 들리는 대화에 크게 놀란 우재(흠뻑 젖은 손/운전석). 젖은 얼굴.

(블랙박스 화면: 강남 뒷골목에 주차한, 비 오는 차 앞 유리 풍경)

현재우재(E) 그때는… 저만 모른 척하면 된다고 생각했습니다. 어쨌든… 그날 이후 지훈이는 그걸 폭로할 수 없게 되었으니까요. 그런데…

우재 회상 칼국수집_ 안 (밤. 비 / 8회 신22 보충)

현재우재(E) 제 계산 미스가 났습니다.

우재 오늘 즐거웠습니다~ (일어나는데)

여진 남 의원이… 저를 성폭행했어요.

우재 …네? (충격, 여진을 보며 되묻는) 방금 뭐라고…

여진 …오 년 전에, 성폭행 당했어요.

우재 !!

여진 남중도… 의원한테서요.

아득해지는 우재의 얼굴에서,

현재우재(E) 하지만… 제가 아는 의원님은 같은 실수를 두 번은 안 하시니까….

짧은 jump

다시 마주 앉은 우재와 여진. 우재, 충격을 감추고 대화하는.

우재 사모님께 얘기를요? 아니요. 아무것도 하지 마세요.

여진 !

우재 혹시라도 이 일이 알려지면 현 사장님, 감당하기 어려우실 겁니다. 언론은 집요하게 들쑤실 거고 여론은 들끓겠죠. 무엇보다도 사모님 충격이 가장 크실 거고, 결국 현 사장님 혼자 남게 되실 겁니다.

여진 !!

우재 현 사장님 생각해서 드리는 말씀입니다. 이 일은… 묻어두시죠.

여진 (눈동자 흔들리는!)

현재우재(E) …그냥 제가 조용히 수습하면 된다고 생각했습니다.

우재 회상 칼국수집_ 근처 골목 (밤. 비 / 여진의 고백을 들은 직후)

우재(우산), 좀 전에 침착하게 대응하던 것과 달리, 충격이 매우 크다. 담배 피우려고 라이터 불붙이려는데 손 떨려 안 되고. 몇 번 하다가 라이터 집어던지고, 아악! 소리 지르거나 전봇대 아래 종량제 쓰레기 봉지 같은 것을 마구 걷어차는….

현재우재(E) 의원님이 계속 정치를 하시는 것이 저와 이 세상에는

현재

우재 더 옳은 선택이었으니까요.

중도 …….

잠시 말 끊기는데. 속내 털어놓는 중도.

중도 …아내가 안다는 걸 알았을 때만큼이나 지금… 죽고 싶은 기분이야.

우재 …….

잠시 침묵 흐른다.

중도 그 일이 있고 나서… 세상을 더 나은 곳으로 만들기 위해… 정말로 더 열심히 살았어. 그게 속죄라고 생각했으니까. 그런데… 아이러니하게도 그래서 지금 나는… 자수도 못 해. (자조적으로 힘없이 살짝 웃는다)

우재 …….

중도 나는 정말로 이 법안을 통과시키고 싶어. 이게 옳다고 생각하니까….
그래서 고통스럽지만 지훈이 명예까지 희생시켰는데 지금 내가 이걸 어떻게 망쳐…. 아내에게도 윤서 핑계까지 대면서 침묵하라고 했는데….

중도, 너무 괴롭다…. 그런 중도를 보는 우재.

우재 …사모님이 침묵하실 거라고 생각하십니까.

중도 (자신감 아닌, 자조) …그 정도 자신감도 없이 어떻게 여기까지 왔겠어.

우재 …….

중도 …지금까지 혜주는 결국 다 내 선택에 따라줬어. 이번에도 결국엔 그럴 거야.

우재 …사모님을 믿으시는 겁니까.

중도 …믿지 않으면 지금 어떡하겠어.

우재 …….

62..... 대한당 당사_ 대회의실[19] (밤)

재벌기업 대회의실 같은, 아주 긴 책상과 무거운 의자들이 있는 곳.
혜주, 길고 압도적인 책상의 끝에 앉아 있다. 혜주 앞에 찻잔(잔 받침도) 하나.
창밖으로 국회의사당 본관의 야경이 보이고. 벽 한쪽에 대형 태극기 깃발과 당 이름/로고가 있는 깃발이 있다. 생각이 많은 혜주.
그때 회의실 문 열린다. 혜주, 보면. 진석이 들어온다.

19 크로마키 이슈 등으로 로케 장소 섭외가 불가능할 경우, 진석 의원실로 변경하셔도 됩니다. (대한당 당사로 설정한 건, 혜주가 중도나 우재 혹은 다른 보좌진들과 마주칠 가능성이 있는 의원회관보다는 당사로 갈 것 같아서입니다)

혜주 (일어나려고 하는데)

진석 아, 일어나지 마세요. (앉으며) 안녕하세요. 정식으로 뵙는 건 처음이네요. 어쩐 일로 이 시간에 저를 찾으셨습니까?

혜주 (쉽게 입이 떨어지지 않는데)

혜주, 진석과 시선 맞춘다. 그리고… 용기를 낸다.

혜주 …오 년 전에 제 남편 남중도 의원이… 어떤 여성을… 성폭행했습니다.

진석 …!

63….. 중도 지역사무소_ 의원실 (밤)

중도, 우재. 우재, 핸드폰으로 걸려온 전화(경민의 전화)를 받고 있다.

우재 (통화) …네? …아, 네. 알겠습니다. (끊고 중도에게) 사모님이 당대표님을 찾아와 지금 독대 중이라고 합니다.

중도 !! (벌떡 일어난다, 혜주와 진석에게 가려는 것 같은!)

64….. 대한당 당사_ 대회의실 (밤)

진석 (혜주의 이야기를 듣고 크게 놀란) …….

혜주 …저는 경찰에 신고를 하고 싶지만 피해자가 두려워하고 있어요. 이 일이 세상에 공개되었을 때 벌어질 일들 때문에요. 그래서… 어떻게 해야 할지… 해서 뵈러 왔습니다. 당대표님이… 그 사람을 발탁하신 분이니까요….

진석 …….

혜주 (기다린다)

진석 …저라면, 침묵하겠습니다.

혜주 …!!

65..... 정순의료원_ 1층 로비 (밤)

수빈, 오긴 왔는데… 여진이 어디 있는지 모르겠다.

그때 중도가 급히 와서 가는 걸 본다! 따라가는 수빈.

66..... 대한당 당사_ 대회의실 (밤)

혜주 …!

진석 남궁솔법, 법리적으로 문제가 많아 통과되기가 불가능할 거라 보았는데, 지금처럼 여론이 뜨겁다면 법안 개정까지는 못해도 유의미한 변화는 만들어낼 수 있을 겁니다. 그런데 지금, 이 뜨거운 지지 여론을 만들어낸 장본인의 성범죄가 폭로된다면… 남궁솔법의 미래는 명약관화이지 않습니까. …김혜주씨도 남궁솔법을 바라는 게 아니었나요?

혜주 …!

잠시 침묵 흐른다. 진솔하게 마음의 혼란을 털어놓는 혜주.

혜주 그 사람은… 자기는 반성했고 진심으로 세상을 위해 살았다, 무엇보다도 남궁솔법을 생각해달라고 했지만 저는… 솔직히 혼란스러워요. 그 사람의 지난 행보가 진심이었다는 걸 인정하기엔… 그러면 안 될 것 같고 역겹다는 생각이 들고, 그렇다고 그게 다 거짓, 껍데기였다고 하면… 너무 허무하고… 비참해요….

진석 …….

혜주 정말… 모르겠어요. 남궁솔법 같은 거… 거기에 이 사람의 진심이 있고 없고가… 지금 이 상황에서 중요한가 싶고…(말을 잇지 못하는데)

진석 …저는 남 의원의 범행을 옹호하려는 생각은 전혀 없습니다. 다만 지금껏 국민을 위해, 세상을 위해 정치를 해온 사람으로서 말씀드린다면… 남 의원이 앞으로도 계속 정치인으로 남아 있게 될 경우, 남궁솔법을 포함해 이 세상이 좀 더 '좋은' 세상, 아마도 김혜주씨가 바라는 세상과 크게 다르지 않을 세상이 될 거라고 생각합니다.

혜주 …!

진석 하지만 어떤 이들에게는 남궁솔법을 포함한 많은 것들이 무너진다 해도 남 의원의 일을 숨기지 않고 밝히는 것이 '더 좋은' 세상일 것이고요.

혜주 !

진석 그러니… 어느 쪽이 세상에 더 이롭고 보탬이 될 선택일지는 김혜주 씨가 판단하실 일입니다.

혜주 …!

67….. 정순의료원_ 여진의 병실 (밤)

여진을 찾아온 중도. 위협의 태도가 아니지만 일단 겁먹은 여진. 중도의 갑작스런 방문, 그리고 중도와 단둘이 있는 것부터가 두렵다.

중도 (애걸에 가까운) 부탁이야. 제발, 이 일만 무마시켜줘. 혜주는 누나가 폭로를 거부하면 혼자는 어쩌지 못할 거야. 하지만 혹시라도 혜주가 폭로하면… 무조건 부인해줘.

여진 …!

중도 그렇게 해주면… 남궁솔법만 통과시키고 바로 정계 은퇴할게. 약속해.

여진 …!

중도 누나만 침묵해주면 세상이 더 나아지는 거야… 그러니까 제발, 부탁해….

여진 (내적 갈등, 아무 대답도 하지 못하는!) …….

68….. 동_ 여진의 병실 문 앞 (밤)

인적 없는 병실 복도. 살짝 열린 병실 문틈. 병실 안으로 핸드폰 내밀어 동영상 촬영하고 있는 수빈! 두 사람의 대화를 듣고 경악(중도의 성폭행을 지금 알았다!)했다.

수빈 (영상 녹화하며, 작게 혼잣말) …개새끼. (하는데 멈칫!)

수빈의 앞에, 누군가가 왔다! (슈트 입은 남성의 뒷모습 혹은 구두 신은 발, 그림자)

69..... 동_ 비상계단 (밤)

우재와 수빈. 우재, 수빈의 핸드폰에서 동영상을 삭제하고 있다. 갤러리에서 지우고, 갤러리 내 '휴지통'까지 들어가서 한 번 더 지우는 우재.

우재 (다 지웠다) 클라우드 연동은 안 해놨고. 그럼 이게 다네.

수빈 지워도 상관없어요! 내가 다 들었으니까!

우재 아무 증거가 없는데 사람들이 니 말을 믿을까?

수빈 믿을지 안 믿을지는 두고 보면 알겠죠!

우재 (바로) 너, 마약 떤지기 했지?

수빈 (순간 당황) !! 아니에요!

우재 (다 안다는 듯, 피식하고 핸드폰 주며) 자. 말로 하는 경고는 이게 마지막이다. (수빈과 잠시 시선 맞추는)

우재, 비상구로 나가고. 혼자 남는 수빈. 다리에 힘 빠져 벽에 기댄다. 그러나 중도를 생각하니 분노가 다시 차올라 핸드폰을 꽉 쥐는 손.

70..... 동_ 상행 엘리베이터 안 (밤)

병원임을 알 수 있는 포스터나 각종 안내문들이 붙어 있는 엘리베이터. 혜주, 여진의 병실이 있는 층으로 올라가고 있고. 혜주보다 위층 버튼 하나 눌려 있다. 의사(여, 50/혜주보다 윗 연배20)가 같이 타 있는데. 의사,

혜주를 힐끔 본다. 혜주는 생각이 너무 많아 전혀 눈치채지 못하는.
엘리베이터, 혜주가 가는 층에 멈추고 문 열린다. 혜주, 힘없이 내리려는데….

의사 (주저하다가) …저기… 남중도 의원님 사모님이시죠?
혜주 …! (흠칫, 하는 얼굴에서)

71...... 동_ 여진의 병실 (밤)

여진, 멍하니 있는데… 문소리. 흠칫 놀라 보면… 수빈이다.
수빈, 여진과 눈 마주치자마자 운다.

수빈 …아줌마. …저… 다 들었어요…. 아저씨가 아줌마한테 무슨 짓 했는지요.
여진 …!
수빈 그런 일 겪고도 왜 아무 말도 안 하고 있었어요, 네? 당장 경찰에 신고하세요!
여진 (대답 못 하는)
수빈 (펄펄 뛰는) 왜 대답을 안 하세요! 아줌마가 안 하면, 제가 할 거예요!//
혜주(E) 수빈아!

수빈과 여진, 보면. 병실로 들어온 혜주다.

혜주 지금 뭐하는 거야! 언니한테 그러지 마!!
수빈 왜요! 아줌마가 경찰에 신고 안 하겠다잖아요!
혜주 수빈아. 언니한테 강요하지 마!
수빈 강요하는 게 아니라 진실을 밝히라는 거예요!
혜주 수빈아… 지금 가장 힘든 사람은 언니야…. 나는 옛날 그 일이 내 뜻과 상관없이 세상에 알려져서… 정말 많이 힘들었고… 지금도 그래…. 그러니까 부탁할게…. 지금 언니한테 그러지 말고… 밖에다도 이 일, 말하지 말아줘… 부탁이야….

잠시 침묵 흐르고.

수빈 (혜주에게) …어제 아줌마가 뉴스 나가서 지훈이가 성폭행범이라고 거짓말했잖아요.

혜주 (보면)

수빈 그 덕분에 지금 지훈이는 상습 성폭행범이라는 루머까지 퍼져서 욕먹고 있어요.

혜주 !

수빈 지훈이는 거짓말로 성폭행범 만들었으면서, 진짜로 성폭행한 사람은 모른 척 해주려는 거예요? 왜요?!

혜주 …!

여진 …!

잠시 침묵 흐른다.

혜주 (천천히 입 뗀다) 지금 이 일이 알려지면… 남궁솔법은 여기서 끝날 거야….

인서트 동_ 일각 (밤. 신70 직후)

의사 저도 오래전에 사모님 같은 일을 겪었어요….

혜주 …!

의사 그놈이 죽은 것에 대해 안타까움은 없어요. 솔직히, 잘 죽었다고 생각해요. 하지만 저는… 있지도 않았던 일로 사람을 죽게 했다는 비난을 받았어요….

혜주 !

의사 저는 그 법이 꼭 통과되어서… 사모님이나 저 같은 사람들이… 더는 안 생겼으면 좋겠어요…. (눈물 글썽)

현재

혜주 …하지만 세상에는 남궁솔법을 기다리는 많은 사람들이 있고… 나는 나 같은 사람들이 또 생기는 걸 정말로 바라지 않아…. 그러니까… 이 일을 드러내지 않는 게 세상을 위해 더 좋은 선택일 수도 있다고 생각해.

서로를 바라보는 혜주와 수빈.
수빈, 혜주의 마음을 이해하지만 이 상황이 슬프다.

수빈 …아줌마도… 옛날에 거짓말했다고 몰려서 고통받았잖아요. 그런데 지금… 진실을 밝히고 싶다면서 다른 진실을 묻어도, 아줌만 괜찮아요?

혜주 !!

여진 …….

72 ..... 동_ 일각 (밤)

속상해 엉엉 우는 수빈. 혜주와 여진의 마음도 이해가 가서 더 속상한….

73 ..... 동_ 여진의 병실 (밤)

여진과 혜주. 수빈이 쏟아내고 간 여파로 무겁게 가라앉은 공기.
둘 다 생각하는데… 혜주, 여진을 본다. 동시에 혜주를 보는 여진.

74 ..... 몽타주

74-1.....대한당 당사_ 대회의실 (밤)

진석, 혼자 창가에 서서 길 건너 국회의사당(야경)을 바라보고 있는[21].

74-2.....중도 의원실_ 의원실 (밤)

사무실, 의원실 모두 깜깜하다. 의원실 창가에서 밖을 내다보고 서 있는 중도.

74-3.....정순의료원_ 여진의 병실 (밤 → 새벽)

잠든 여진. 곁에서 뜬눈으로 밤을 지새운 혜주. 해가 떠 밝아오는 창 밖으로 시선을 옮기는 얼굴에서….

74-4.....혜주 집_ 윤서 방 (이른 아침)

막 일어난 윤서(잠옷/머리도 자다 일어난 상태 그대로/눈에 졸음이 가득), 혜주에게 이끌려 침대 모서리에 앉아 있는.

혜주 (결심하고) …윤서야.

윤서 (영문을 모른다) 응?

해맑은 윤서의 얼굴을 보는 혜주의 괴로운 얼굴 위로,

혜주(E) (선행하는) 저는,

75 ..... 기자회견장_ 안 (오전)

21 혜주를 본인 의원실에서 만났다면 이 신에서 진석은 국회 잔디마당 중앙 혹은 의원회관 출입구에서 의사당 본관을 바라보고 있는 것으로…. // 밤늦은 시간이라 국회 마당에 인적 없음.

단상의 혜주. (결혼반지 뺐지만 15회에서는 왼손 반지 없는 것이 부각되지 않음) 수어통역인 1인. 기자들 아주 많다.

혜주 (원고 첫줄에 '국회의원 남중도의 아내 김혜주입니다'라고 쓰여 있는 것 보인다. 종이를 접고) …김혜주입니다. …제 아들은… (말 멈춘다)

혜주, 입술이 떨어지지 않는다. 하지만… 결심한다.

혜주 성폭행을 저지르지 않았습니다. …저는… 진실을 알면서도 거짓말을 했습니다. …그리고…

76 ..... 일각_ 주차한 우재의 차 안 (오전)

핸드폰으로 혜주의 기자회견 뉴스 생방(YBS 채널. 띠 자막: [생중계] 대한당 남중도 의원 부인 김혜주씨 긴급 기자회견)을 보고 있는 우재(운전석).
현재 혜주는 앞 신의 말만 하고 잠시 말을 멈춘 상태라, 핸드폰의 중계 화면에는 혜주를 향해 쉴 새 없이 터지는 카메라 플래시 세례 소리만 들리고 있다.

77 ..... 동_ 주차한 우재의 차 근처 (오전)

우재의 차를 등지고 서서 풍경을 바라보고 있는 중도. 그 얼굴 위로,

혜주(E) (다시 말 잇는) 제 남편은…

78 ..... 기자회견장_ 안 (오전)

혜주 …오 년 전, 한 여성을 성폭행했습니다.

파바박 터지는 플래시 세례 속, 정면을 바라보는 혜주의 얼굴에서….

최종회

선택(選擇)

1 .... 기자회견장_ 복도 (오전)

길고 고요한 복도를 걸어가는 혜주. 손에 반으로 접은 종이(원고, A4 1장) 있고.

혜주의 앞, 앞서가는 직원1(여, 50/팀장급), 직원2(남, 40), 직원3(여, 30대 초반), 직원4(남, 30대 초반) 있다. 혜주의 얼굴 위로,

혜주(Na) (진석에 보내는 편지를 읽는 것처럼) 우진석 당대표님.

복도 끝, 문 앞에 도착하는 혜주. 멈춰 선다.
이 문만 열면, 기자회견장이다.
직원1, 2, 3, 4. 혜주를 재촉하지 않고 기다린다. 마음 고르는 혜주.

혜주(Na) 제게 말씀하셨지요. 어느 쪽이 세상에 더 이롭고 보탬이 될 선택일지는 제가 판단할 일이라고요. …저는…

플래시백 15회 신71. 정순의료원_ 여진의 병실 (밤)

수빈 …아줌마도… 옛날에 거짓말했다고 몰려서 고통받았잖아요. 그런데 지금… 진실을 밝히고 싶다면서 다른 진실을 묻어도, 아줌만 괜찮아요?

혜주 !!

인서트 정순의료원_ 여진의 병실 (밤. 15회 신73 보충)

여진 (흐느끼며 혜주에게) 난 한 번도 진심으로 사과받았다고 느낀 적 없어…. 더 좋은 세상을 만드는 걸로 속죄하겠다고, 그러니까 침묵해달라고, 없었던 일로 해달라고만 했잖아…. 나는 그런 걸 바란 게 아니었는데…. 나는 이 일로 제대로 처벌받는 걸 보고 싶어….

혜주 (흐느끼는 여진을 보는 얼굴)

혜주(Na) …선택했습니다.

현재

기자회견장으로 들어가는 문을 바라보고 있는 혜주.

혜주(Na) 지금 이 순간 저는 몹시 두렵습니다. 하지만 더 이상은 다른 이의 선택 뒤에 남겨지거나,

혜주, 직원1, 2와 눈 마주치고. 작게 고개 끄덕이면. 문을 활짝 여는 직원1, 2.

혜주(Na) 도망치고 싶지… 않습니다.

문밖에서 쏟아져 들어오는 조명빛, 요란한 플래시 셔터음 세례.
혜주, 눈이 부시다. 순간 다시 두려워지지만… 결심한다.
문밖, 눈부신 빛이 쏟아지는 기자회견장을 향해 내딛는 혜주의 발걸음에서….

2....... 동_ 안 (오전)

홀로 단상에 선 혜주. 원고는 단상 위에 올려놨고.
앞을 보면, 조명과 카메라 플래시에 눈이 부셔 앞이 잘 보이지 않는다. (기자들이 얼마나 있는지도 제대로 보이지 않는다)
혜주, 왼손을 들어 불빛을 좀 가리는데, 왼손 약지에 결혼반지 없다.
빛을 가리자 혜주의 시야에 또렷이 들어오는 풍경. 기자회견장을 꽉 채운 기자들.

혜주 …….

카메라 셔터 소리만 계속 울릴 뿐, 아무 소리도 들리지 않는 적막한 공기.
혜주, 단상 위 원고로 시선 내리는데… 원고의 첫 줄이 보인다.
'저는 국회의원 남중도의 아내 김혜주입니다.'

혜주 ……. (고개 들고, 어렵게 입을 뗀다) 저는… (말 멈추고)

혜주, 종이를 반으로 접는다. 그리고 다시 정면 바라보며 말 잇는다.

혜주 …김혜주입니다. …….

혜주(Na) 그리고 저는… 제 자신과 세상에… 진실하고 싶습니다.

혜주 …제 아들은… (말 멈춘다, 입술이 떨어지지 않는… 그러나 결심하고) …성폭행을 저지르지 않았습니다. …저는… 진실을 알면서도 거짓말을 했습니다. (말 멈추고 감정 가라앉히는)

요란하게 터지는 플래시. 정면을 바라보는 혜주의 얼굴 위로,

혜주(Na) 하지만… 그 모든 것보다 제가 결정적으로 결심하게 된 것은… 제 아이 때문입니다.

윤서(E) (선행하는, 울부짖는) 하지 마, 엄마!!

3……. [인서트] 혜주 회상. 혜주 집_ 윤서 방 (이른 아침)

혜주에게 울며 소리치는 윤서.
혜주, 중도 일을 털어놓으며 이미 눈이 빨개진.

윤서 (멘탈 나갔다, 혜주에게 울부짖는) 폭로하지 마, 엄마! 제발 하지 마!!

혜주 (가슴 미어진다)

윤서 (악쓰며 난리치는) 엄만 나를 성범죄자 딸로 만들고 싶어?? 아니지?? 절대로 폭로하지 마!! 절대로!!

혜주 (너무 미안하고 마음 아파 눈물 흐르는데)

윤서 아빠는 정치하면서 앞으로 더 많은 일들을 할 수 있는 사람이잖아!! 그러니까 이건 그냥, 티끌! 그래, 티끌이야! 옷에 묻어도 티 안 나는 티끌! 아빠가 지금, 사람을 죽인 것도 아니잖아!!

혜주 …!!

순간 충격받은 혜주의 얼굴 위로,

혜주(Na) 그 순간… 결심했습니다.

윤서 (울부짖다가 애걸하다가 난리가 나는) 내가 지금, 아빠가 잘했다는 거 아니잖아…. 근데 아빠는 계속 정치하면서 어려운 사람들 돕고 있잖아!! 그러니까 엄마랑 이모만 모른 척 해주면 되는 건데 왜 그래!! 내가 앞으로 이모한테 더 잘할게!! 그러니까 제발! 폭로하지 마!! 응?? 엄마, 제바알…. (울면서 혜주 팔 잡고 매달려 애걸하는)

혜주 …….

혜주(Na) 이 아이를 위해서라도… 제 선택을 믿고 따라가야겠다고요.

윤서, 계속 "엄마 제발! 하지 마! 제발 하지 마…!" 하고 울고불고 하는데… 윤서를 갑자기 끌어안는 혜주!
혜주 품 안의 윤서, 울면서 버둥거리고 뿌리치려 난리치지만 ("이거 놔! 폭로하면 엄마 평생 저주할 거야! 절대 하지 마! 절대!!")

혜주, 윤서를 더 꽉 안고, 운다….

혜주(Na) 제 선택이 지금 당장 제 아이를 힘들게 할지라도… 저는,

울면서 "이거 놔!" 하며 버둥거리던 윤서, 이윽고 혜주 품에 얼굴 묻고 "엄마… 엄마…." 하면서 크게 오열한다. (*윤서가 더 이상 버둥거리지 않는 것은 혜주의 선택을 이해하거나 폭로에 동의해서는 아니고, 악쓰며 울다가 지쳐 오열하는…)

혜주, 윤서를 꽉 끌어안은 채, 하염없이 눈물 흘린다.

창에서 들어오는 이른 아침의 햇살이 윤서 책상의 가족사진을 비춘다. 그 위로,

혜주(Na) 이 아이가… 선택의 순간에 도망치지 않고 자기 자신에게 진실해지는 법을 배우기를 바랍니다. 그것이…

4....... [현재] 기자회견장_ 안 (오전)

혜주(Na) 제 선택의 이유입니다.

혜주 …그리고… 제 남편은… 오 년 전, 한 여성을 성폭행했습니다.

파바박 터지는 플래시 세례 속, 정면을 바라보는 혜주의 얼굴에서…

타이틀 IN.

5....... 일각_ 주차한 우재의 차 근처 (오전)

풍경 보고 있는 중도.

중도의 뒤, 주차한 차 운전석에서 우재가 내려 중도에게 다가온다.

우재 (중도 뒤에서) …방금… 끝났습니다.

중도 (돌아보지 않는다) …….

6……. 중도 의원실_ 사무실 (오전)

복도 쪽 문 닫혀 있고. 벽시계 보인다면 11시 15분 정도.

TV 앞에 모여 있는 빛나, 민석, 자영, 강호. 모두 크게 충격받았다[1].

다들 쉽게 믿지 못하는 분위기. (TV는 혜주가 퇴장한 직후의 빈 단상만 보이고 있고, 웅성대는 현장 소리 작게 들리고 있다. YBS 채널)

띠 자막: [속보] 대한당 남중도 의원의 과거 성범죄 의혹 폭로돼

7……. 우진석 의원실_ 의원실 (오전)

TV로 기자회견 보고 있는 진석(혼자다). 신6과 같은 채널. 띠 자막은 바뀌어 있다: [속보] 남중도 부인 "남편이 5년 전 다른 여성 성폭행"

진석 …….

8……. 국회 소통관_ 기자회견장 (오전. 같은 시각)

강순홍 (기자회견 중, 표정 안 좋음) 저는 맹세코 제 처제의 토지 매입 과정과 아무 관련이 없습니다. 하지만,

그때 기자들(특별히 많지는 않고 적당히 있는) 조금 술렁인다. 그걸 느끼는 강순홍.

강순홍 (뭐지? 싶지만) 국민 여러분께서 상처받으셨다면 사과드립니다.

1 모두 충격받아 아무 말도 하지 못하는데. 빛나만 겨우 "…말도 안 돼…." 할 수도.

9....... 동_ 기자회견장 앞 복도 (오전)

형태, 기자회견장 출입문 근처에서 통화 중이다.

형태 (통화, 목소리 낮춰서, 한숨) 남중도한테 너무 세게 물렸어. 총선이 코앞이니 그 땅 팔아서 사회환원하겠다고 선수라도 쳐야지 어쩌겠냐?//

비서(여, 30[2]) (뛰다시피 기자회견장을 향해 오면서, 형태를 보고, 숨차다) 보좌관님!

형태 (봤다, 전화에) ? 잠깐만. (비서에게, 좀 짜증) 왜?

10...... 동_ 기자회견장 (오전)

강순홍 (마무리 중) 하지만 이유 불문하고 이 일로 국민 여러분께 심려를 끼쳐드린 바, 해당 토지는 즉시 매각해 차익을 사회에 환원하겠습니다.

강순홍, 단상 옆으로 나와서 꾸벅 허리 숙이고 그대로 몇 초 머문다.

11 ...... 동_ 기자회견장 앞 복도 (오전)

회견문 원고 종이(A4 1장)를 거칠게 접으며 나오는 강순홍. 문 앞에 형태.

강순홍 (원고를 형태에게 던지듯 주며) 이건 버려라!

형태 (당황한 얼굴, 강순홍에게 다가가) 저, 의원님. (귓속말하면)

강순홍 (듣고) 뭐?? 남중도가 성폭행?? 언제 터진 거야!

형태 (눈치 보며) 방금… 그 부인이 기자회견을 했습니다. (말끝 흐리는)

강순홍 (분노) 그걸 왜 모르고 있었어?? 미리 알았으면 이딴 기자회견 같은 거 안 했지!!

12...... 정순의료원_ 유신의 병실 (오전)

2 목걸이형 국회직원증 착용

퇴원 준비하다가[3] TV로 기자회견 본 유신과 승희. (SBC 채널, 신6과 다른 각도 같은 화면[4])

띠 자막: [속보] 남중도 부인 "남편의 과거 성범죄 고발"

유신 (놀라서 말을 잊었다가 띠 자막 보고, 찔리는 게 있으니 괜히 더 큰소리) 저것 봐! 애초에 김재은 걔 남편이라고 했을 때부터 저런 놈일 줄 알았다니까?!

승희 (혜주가 직접 폭로한 것에 대해 많이 놀라고 마음이 복잡한) …….

13...... 영산. 골프레슨장_ 일각 (오전)

매장 TV(YBS 채널, 혜주의 기자회견 영상/음소거) 보고 너무 놀란 기영.

띠 자막: 대한당 남중도 과거 성범죄 논란… 부인이 폭로

고객들도 같은 TV 보면서 놀라 자기들끼리 작게 수군대고 있는데.

그때 화면, 강순홍의 기자회견 장면으로 바뀌고(단신뉴스 느낌) 띠 자막 뜬다: 강순홍, "불법 투기 논란된 영산 땅 매각해 차익 사회환원"

기영 (놀란) !

14...... 우진석 의원실_ 의원실 (오전)

진석, 원내대표, 이수민 의원, 최고위원1, 2. 비상대책 논의 중. 찻잔 같은 건 없고.

원내대표 아니, 남중도는 그런 짓을 해놓고 본인이 남궁솔법을 발의한 겁니까? 얼른 제명시킵시다!

3 여행용 보스턴백 하나 있고. 승희가 유신(사복)에게 겉옷 입혀주고 있다가 TV 보는.

4 좀 웅성거리는 현장음만 넘어오고 있고 기자 리포팅은 아직 없다.

최고위원1 일단은 좀 지켜보시죠. 아직은 일방적인 주장 아닙니까.

이수민의원 네. 국민들도 쉽게 믿진 못하는 분위깁니다. 남 의원의 그간 행보도 있고, 그 부인이 자기가 아들을 성폭행범으로 날조했었다고 고백도 한 데다가 본인도 과거 성범죄 무고 의혹도 아직 정리가 안 돼서요.

최고위원2 남 의원 본인 입장 발표를 기다려보시죠. 사실여부 확인도 안 되었는데 저 주장만으로 바로 손절하긴 좀 아깝습니다.

진석 …….

원내대표 (중도에게 전화 걸고 있던 핸드폰[5]에서 '지금은 전원이 꺼져 있어…' 나오자 버럭) 남중도는 지금 대체 어디서 뭘 하고 있는 거야!

진석 (생각이 많은) …….

15…… 기름집_ 안 → 내실 (오전)

문밖에서 기자들 서너 명이 문 두드리며 "안에 계십니까!" "조귀순씨! YXN 뉴스입니다!" 등등 하는 소리 들린다. (귀순이 문 걸어 잠그고 가게 불 꺼놓은 상태)

가게 내실. 크게 충격받은 귀순. 진정이 되지 않아 손 떨린다. (TV는 꺼놨다)

귀순 (혼잣말, 믿기 힘든) 사모님, 분명 오해하신 거예요… 우리 의원님이 그러셨을 리가 없어요….

16…… 모텔_ 안 (오전)

TV로 혜주의 폭로 기자회견을 다룬 뉴스를 보고 있는 수빈. 마음이 복잡하다. (YBS 채널. 화면은 혜주의 기자회견 모습)

띠 자막: 남중도 현재 연락두절… 혐의 인정 여부에 촉각

5 액정이 보인다면 중도를 '대한당 남중도 신양갑2선'으로 저장해놓았습니다.

기자(여/E) (리포팅) 남중도 의원실이 현재 남 의원이 연락이 닿지 않는 상태라고 밝힌 가운데, 오늘 폭로된 성범죄 의혹에 대해 남중도 의원이 어떤 입장을 내놓을지 귀추가 주목되고 있습니다. (이어지는[6])

17...... 임시 숙소_ 거실 (낮)

서울 어딘가의 중급 호텔이나 레지던스, 혹은 에어비앤비로 빌린 방 2개짜리 숙소. 너무 화려한 느낌은 아닌 곳. 커튼[7]은 빈틈없이 다 쳐놨고. 전등도 안 켰다.

여진, TV로 뉴스 보고 있다. 앞 신의 뉴스가 이어지고 있다. 띠 자막은 바뀐: 남중도 부인 "피해자 신상정보 공개할 수 없어"

기자(E) (리포팅) 한편 오늘 기자회견에서 김혜주씨는 피해자의 입장문을 대독한 것 외에 성폭행 주장을 뒷받침할 증거자료나 피해자의 신상정보를 전혀 공개하지 않았습니다.//(따라서 남중도 의원이 오늘 의혹을 부인할 경우, 진실 여부를 가리는 데 짧지 않은 시간이 걸릴 것으로…)

여진 (괴롭다, 더 이상 못 보겠다. 리모컨으로 TV 끈다) …….

여진의 얼굴 어둡다. 괴로운 한숨 내쉬며 일어나는데(부엌에서 물을 가져오려는 등), 방문 틈으로 거실의 TV를 내다보고 있던 윤서(교복 아님/학교 안 갔음)와 눈이 마주친다! 윤서, 여진과 눈이 마주치자 여진을 외면하고 바로 방문 탁! 닫는다.

여진, 마음이 좋지 않다. 방문 앞으로 다가가는데, 발치에 손도 안 댄

6 "한편 오늘 남 의원의 과거 성범죄 의혹을 제기한 부인 김혜주씨는 고등학교 시절 성범죄를 당했다며 동급생을 가해자로 지목해 극단적 선택을 하게 했다는 의혹이 제기된 바 있어…"

7 여진이 커튼을 빈틈없이 꼭꼭 단속하는 장면이 있어서 가능하면 블라인드보다 커튼이 있는 게 좋을 것 같습니다. 암막 커튼은 아니라서 밖에서 햇볕이 커튼을 투과해 희미하게 들어오긴 하는.

도시락[8] 있다.

여진　(닫힌 방문 앞에서) …윤서야. (안에서 아무 소리도 들리지 않지만) 도시락 데워줄까? 너 오늘 아무것도//(안 먹었잖아)

벌컥! 갑자기 방문 열리고,

윤서　(울음 터진다) 우리 아빠가 정말로 그랬어?? 정말이야??

여진　(아무 말도 못 한다, 마음 미어지는) …….

윤서　(계속 울면서) 그러면 이모가 경찰서에 갔어야지 왜 우리 엄마가 기자회견을 한 건데?! 왜?!!

여진　(아무 말도 못 하고 눈물만 흘리는데)

혜주(E)　윤서야!!

어느새 돌아온 혜주! 얼굴 확 굳어서 윤서를 다그친다.

혜주　지금 이모한테 무슨 소리 하는 거야! 이모가 그 일 엄마한테 털어놓기까지 얼마나 어려운 결정을 한 건데! 그리고 말했잖아, 아빠도 아빠가 그런 거, 엄마한테 인정했다고!!

윤서　(울면서 소리 지르는) 그러니까 내 말이!! 아빠가 인정했으면 그럼 조용히 따로 얘기해서 해결할 수도 있는 거였잖아! 그걸 꼭 이렇게 전국에 광고를 했어야만 했어?

혜주/여진　…!

윤서　(혜주에게) 엄마 아빠가 남지훈 성폭행범이라고 거짓말해서 나 애들한테 욕 엄청 먹었어. 근데 이젠 아빠가 성폭행범이라는 거잖아!! 나 이

8　편의점 도시락과 일회용 숟가락, 젓가락, 500ml 생수.

제 학교 절대 못 다녀! 자퇴할 거야!! (문 쾅! 들어가는)

정적 흐른다. 혜주와 여진, 윤서의 마음을 이해한다. 마음이 찢어질 것 처럼 아픈….

18...... 동_ 윤서 방 (낮)

(구석에 집에서 가져온 풀지도 않은 작은 캐리어 1개, 책가방 있다)

윤서, 카톡창을 보고 있는데, 카톡 감옥이다. (첫 줄에 "하누리님이 남윤서님을 초대하셨습니다." 보이고, 바로 욕설 메시지들이 빠르게 올라가는 중[9]/무음 모드)

윤서, 이 악물고 카톡창에 "너네 학폭위 신고할 거야!"라고 빠르게 쓰다가, 전송하지 않고 바로 핸드폰을 침대에 던져버리더니 엎드려 엉엉 크게 운다.

19...... 동_ 거실 (낮)

윤서 우는 소리가 거실까지 (작게) 들린다. 그 외는 적막한 거실.

혜주 (화제 돌리려 억지 미소 지으며) 언니. 몸은 좀 어때? 뭐 좀 먹었어?

혜주, 부엌 쪽 돌아보면, 손 안 댄 편의점 도시락 1개와 수저 세트가 그대로 있다.

혜주, 얼굴 어두워지지만 일부러 밝게 여진에게 말 건넨다.

혜주 우리 뭐 맛있는 거 시켜 먹을까? 잘 먹고 힘내야지//

9 하누리가 초대한 다른 친구들 3명(문예리, 남진범, 정찬수) 있고, 마지막에 윤서를 초대한 것. 다솜은 없음. // 윤서가 이미 방을 한 번 퇴장했지만 또 바로 초대된 상태라는 것이 채팅창 화면에 보여도 좋겠습니다.

여진 (O.L.) 미안해, 혜주야….

혜주 (보면)

여진 …내가 겁이 많아 앞에 나서지 못해서… 모든 부담을 너 혼자 지게 해서 미안해….

혜주 (다가가 여진을 꽉 안는다) …아니야. 언니가 미안해할 거 하나도 없어.

여진 (눈물 참지만 흐른다)

혜주 나는 알아… 언니는 언니가 낼 수 있는 최대의 용기를 낸 거야. …나도 도망치지 않기로 마음먹는 데 이십 년이나 걸렸는걸….

흐느끼는 여진을 토닥이며 달래는 혜주. 그러나 혜주도 눈물 고인….

20…… 일각 (낮)

신5와 동일한 곳[10]. 중도와 우재. 뒤에 우재 차 있고. 중도의 뒤에 서 있는 우재.

우재 …의원님.

중도 (돌아보지 않는다, 생각이 너무 많아 못 들은 듯한…)

우재 의원님.

우재를 천천히 돌아보는 중도. 위태위태해 보인다. 우재, 억장이 무너지지만 중도의 약해진 마음을 단단히 잡아야 한다고 생각한다.

우재 자수는 절대로 안 됩니다.

중도 …!

10 투신 등의 위험이 연상될 수 있는 곳은 아니어야 할 것 같아요. 예를 들어 한강의 다리 위라든지….

우재 오늘 폭로는 현 사장님의 무고인 걸로 정리하겠습니다. 마침 부동산에 가게를 내놓았던데, 최근 경제적인 어려움으로 의원님께 돈을 요구했다 거절당하자 앙심을 품은 거라고 하면 됩니다. 사모님은 지훈이 일과 본인 과거 일이 터지면서 심리적으로 매우 불안정한 상태라 현 사장님의 말을 믿어버린 거구요.

중도 (일목요연한 정리에 좀 놀라고, 마음이 복잡한) …장우재.

우재 (전혀 흔들림 없이) 의원님 결혼생활은 이미 깨졌습니다. 그러니 무조건 부인하세요. 아무 증거도 없으니 법적 공방이 벌어져도 결론까진 오래 걸리고, 그때쯤이면 사람들은 다 잊습니다. 그러니까 자수는 절대 안 됩니다!

중도 …….

우재 (중도가 아무 대답 없자 강하게) 왜 아무 말도 안 하세요! 대답하세요, 의원님!

중도 (아무 말 못 하고 우재 보는데, 흔들리는 눈동자) …….

우재 (미치겠다, 중도 멱살 잡는다!) !! 제 말 이해하셨어요? 자수는 절대 안 된다고요!! 대답하세요!! 약속하세요!!

중도 (아무 말도 못 하자)

우재 자수는 절대로 안 됩니다!! 제가 의원님 위해서 대체 무슨 짓까지 했는데요!!! (목구멍까지 말이 차오르지만 겨우 삼키는!)

인서트 한강 고수부지 (밤. 비)

비 퍼붓는 한강. 물가 잔디밭에 펴져 있는 우산 하나. 우산 천에 인쇄된 '국회의원 남중도 후원회' 글자가 어렴풋이 보이는데. 그 우산을 집는 손, 흠뻑 젖은 우재다!

(우산 집어 드는데, 비 맞지 말라는 듯 우산 아래에 놓인 지훈의 본인 명의 핸드폰이 살짝 보인다)

현재

우재 (말 삼키고) 빨리 대답하세요!! 자수, 안 하시겠다고요!!

중도 (우재에게 멱살 잡힌 채로, 우재를 보는) …….

두 사람의 시선 부딪히고. 잠시 침묵 흐른다. 멱살 놓는 우재.

우재 의원님 지금까지 매 순간 진심으로 일하신 거, 제가 압니다. 그런데 지금 혐의 인정하시면 그동안 일하신 것, 앞으로 계획하셨던 것, 다 물거품 되고 폄하될 겁니다. 정말 그걸 원하세요?

중도 …!

우재 그러니까 혐의 사실 부인하시고, 남궁솔법 통과시키시고, 지금까지처럼 세상에 이로운 좋은 일들 하시고… 좋은 세상 만드세요. 그게… 의원님이 하실 수 있는 속죄입니다.

중도 …….

21...... 혜주 집_ 근처 골목 (낮)

핸드폰을 귀에 댄 채 걸어가고 있는 수빈. 핸드폰에서 "지금은 전원이 꺼져 있어…" 나오자 귀에서 떼면, 액정화면에 '아줌마'에게 걸고 있던 것이 보인다.

수빈, 걱정스러운 얼굴로 핸드폰 닫는데, 어디선가 시끌시끌한 소리가 들린다.

그때 멈칫하는 수빈.

저 앞, 혜주의 집 대문 앞에 사람들이 많이 모여 있다! 전부 기자들이고, 유튜버 장비를 들고 중계하는 유튜버들도 4, 5명 보인다.

수빈 …!

22..... 동_ 대문 앞 (낮)

대문 앞은 이미 여러 방송사 기자들과 유튜버들로 가득하다. 유튜버 1명은 카메라가 달린 드론을 날려 혜주 집 2층 창가로 붙이며 라이브방송을 하고 있고. (혜주 집 안은 불이 다 꺼져 있다) 멋대로 택배기사용 아이스박스를 열어 간식을 꺼내 먹는 유튜버들도 있고.

수빈, 가까이 다가가는데… 멈칫. 낯익은 얼굴이 보인다. 영선이다. 정경은 기자와 인터뷰 중인! (SBC 카메라맨이 촬영 중, 옆에서 유튜버 몇도 영선을 촬영하거나 라이브 중계 중)

영선 (인터뷰) 제가 그 여자 식당에서 일했어서 잘 아는데요, 절대 성폭행 아니에요. 그렇게 젊고 예쁜 와이프 놔두고 그런 여자한테요? 상식적으로 말이 안 되죠! 그리고 그게 진짜면, 어떻게 한 지붕 밑에서 계속 같이 살고 있었겠어요?? (함께 찍는 유튜버 몇, 고개 끄덕)

정경은기자 (영선에게) 그럼 그분이 왜 이런 일을 벌였다고 생각하세요?

영선 그 여자가 의원님 좋아했거든요! 아 맞다, 그 여자, 옛날에 남편이 딸 죽여서 의원님이 재판 도와준 적 있거든요? (정경은 기자, 바로 누군지 알겠다는 얼굴이고) 그때부터 의원님 좋아했는데 자기 마음 안 받아주니까 성폭행 당했다고 한 거예요! 의원님 좋아하는 거 제가 눈치챘더니 식당에서 저 바로 짤랐다니까요?//

수빈 (O.L.) 다 거짓말이에요!!

수빈의 난입에 영선, 정경은 기자는 물론 주변에서 뻗치기하고 있던 기자들, 유튜버들이 모두 쳐다본다.

수빈 이 아줌마, 가게에서 돈 훔치다가 짤려서 지금 악담하는 거예요!!

영선 (당황, 수빈을 알아봤다) 내가 훔치긴 뭘 훔쳐!!

수빈 내가 다 봤어요! (정경은 기자에게) 이 아줌마 말, 다 거짓말이니까//(민지 마세요!)

정경은기자 (O.L.) 그런데 누구시죠?

수빈 …!

정경은기자 그 여성분에 대해 아세요? 아님 김혜주씨를 아세요?

수빈, 순간 말문이 막힌다. 마땅히 설명할 말이 떠오르지 않는데.
모든 기자들, 카메라들, 유튜버들의 시선이 수빈에게 집중되어 있다.

정경은기자 (재촉하는, 압박하듯 묻는) 그분들과 어떤 관계세요?

수빈 …그냥… (이 말밖에 표현할 말이 없어서 슬프다) …아는… 애예요. …….

23..... 승희 집_ 거실 (낮)

귀가한 유신, TV 보면서 중도를 욕하고 있다. (SBC 채널, 뉴스 리포팅 중. 화면 절반은 혜주의 기자회견, 다른 절반은 중도의 의정활동 영상(미래가 밝은 정치인 느낌)) 그 위로 띠 자막:
남중도 '과거 성범죄' 논란… 부인이 폭로해 충격

기자(E) 한편 남 의원의 부인 김혜주씨는…(이어지는[11])

유신 (TV 보며 삿대질) 꼴좋다~! 김재은 쟤 지금, 승호 죽인 벌 받는 거야!

승희 (듣기 싫다, 리모컨 뺏어서 TV 끈다) 엄마. 이제 그만해. 아무리 그래도 승호 일이랑 저 일은 별개잖아.

유신 별개? 내가 지금 저 집에 승호 일만 걸려 있는 줄 알아? 내가 그 땅 어떻게 될까봐 잠도 못 잤는데 남중도가 절로 망해주니 얼마나 잘됐어! 그 땅, 차익이 최소 300억이야, 300억!!

11 "한편 남 의원의 부인 김혜주씨는 고등학교 시절 성범죄를 당했다며 동급생을 가해자로 지목해 극단적 선택을 하게 했다는 의혹이 제기된 바 있어…"

승희 (땅 얘기, 돈 얘기에 질린다) …….

유신 (핸드폰 열며) 그렇지, 형부한테 전화 좀 해봐야겠다.//

그때, 기영이 현관으로 들어온다.

기영 …장모님. 승희야.

승희 (기영이 올 줄 몰라서 좀 놀랐다, 서먹서먹) …어, 기영아.

유신 (핸드폰에서 강순홍 번호 검색하며) 퇴원을 하는지 마는지 들여다보지도 않더니, 숟가락 얹을라고 왔니? 이 땅 문제, 최 서방 니가 해결한 건 하나도 없으니까 그런 건 꿈도 꾸지 마! (발신버튼 누르려는데)

기영 오늘 이모부님이, 그 땅 팔아서 차익을 기부하시겠다고 기자회견 하셨습니다.

승희 !

유신 (놀라 발신버튼에서 손 떼며) 뭐? 팔아서 기부?? 내 땅을 누구 맘대로!!!

기영 (담담한 얼굴로 유신에게) 남중도가 장모님하고 이모부님이 땅투기 결탁하신 증거, 확보했잖아요. 그래서 이모부님이 장모님 손절하신 거예요.

유신 (믿을 수 없다) 말도 안 돼… 형부, 형부!! (바로 전화 거는데, 걸자마자 전원이 꺼져 있다고 나오자 하얗게 질린다) …!! (기영에게) 너 당장 남중도한테 전화해서, 그 증거 다 내놓으라 그래, 당장!!!

기영 (차갑다) 남중도가 미쳤다고 그 증거를 공짜로 다시 내놓겠어요?

유신 (눈 돌아가서 아무것도 뵈지 않는다) 그럼 거래하자 그래! 거래! 김재은 일은 싹~ 다 없던 일로 해줄 테니까 이 땅 좀 놔달라고 하면 되잖아!

기영 그게 무슨 거래예요! 재은이 건은 장모님이 거짓말하신 거잖아요!!

유신 (승희는 눈에 뵈지도 않는다, 기영에게 악쓰는) 그게 무슨 상관이야!! 사람들이 다 내 말을 믿었는데!!

승희 …!!

유신 (계속) 가서 내가 뭘 해주면 되냐고 물어봐! 김재은이 거짓말 안 했다

는 각서라도 쓰라면//(쓸 테니까)

승희 (O.L. 비명 같은) 엄마아!!!

유신과 기영, 말 멈추고 승희를 본다. 승희, 하얗게 질린.

승희 엄마… 지금 이게 다 무슨 소리야…?

유신 !!

승희 말해봐, 재은이가… 승호한테 정말로… 성추행 당했었단 거야…? 그걸 엄만 알고 있었고…?

정적 흐른다. 승희, 맞구나… 확신한다. 충격이 너무 크다.

승희 엄마, 대답해!! 뭐라고 말 좀 해봐!!

유신 그래! 내가 거짓말했다! 그 어떤! 경우에도 남의 새끼보다 내 새끼가 소중한 거야!! 그게 부모야!!

무거운 침묵 흐른다.

승희 (너무 슬프다) …엄마… 부모이기 이전에 우린… 사람이잖아….

유신 …!

승희 엄마는 지금… 내 자식 잘못한 거 감추겠다고… 다른 사람의 인생을 완전히 망친 거야… 근데… 사람은 그러면 안 되는 거잖아….

유신 (악쓰는) 그럼 나보고 내 새끼가 무슨 짓 했는지 떠벌리라고?? 차라리 죽고 말지, 난 절대 못 해!! (하다가)

쓰러지는 유신!!

승희 !! 엄마!!

기영 장모님!! (달려간다)

승희 엄마아!!!

24..... 영산병원_ 유신 입원실 앞 복도 (낮)

멀리 지나가는 의료진 몇 보이고.

승희, 넋이 나가 있다. 그런 승희가 안쓰러운 기영.

승희 (눈물) …나는… 정말로 재은이가 거짓말했다고 생각했어…. 어떻게 이십 년 동안이나 나는… 엄마나 승호를… 한 번도 의심 안 했을까…?

기영, 승희를 안아주고. 오열하는 승희.

기영도 마음 아파 눈물 흐른다.

25..... 달리는 우재의 차 안 (낮)

우재 운전. 중도는 조수석의 뒷좌석. 차창 밖, 한적한 교외, 지방국도. 우재, 운전하다 룸미러로 중도 살짝 보면. 중도, 말없이 창밖만 보고 있는.

우재 …제 후배네 별장인데, 저랑 같이 계시면서 머리 좀 식히시죠.

중도 …….

우재 …….

우재, 저만치 앞에, 길가에 있는 편의점 보고 깜빡이 켠다.

26..... 교외 지방국도 도로변_ 편의점 앞[12], 주차한 우재의 차 안 (낮)

12 시골길에 편의점만 덩그러니 있는 그런 곳이면 좋겠습니다. (낚시용품을 같이 판매할 수도요!)

편의점 앞에 차 세우는 우재. 시골길에 덩그러니 있는 편의점이다.

우재 당장 필요한 것들 좀 얼른 사오겠습니다. 잠시만요. (차에서 내린다)

편의점 안으로 들어가는 우재의 모습이 차창 밖으로 보이고.
혼자 남는 중도. 생각이 너무 많고 괴로운데… 핸드폰 꺼내 주저하다가 전원을 켠다.
전원이 켜지는 것을 보고 있는 중도, 괴롭고 긴장되고.
전원이 다 켜지자, 문자메시지와 카톡[13], 캐치콜 메시지 수백 건이 쏟아지는데.
중도, 떨리는 손으로 카톡을 열면… 온통 기자들과 동료 의원들의 연락들인데(대부분 기자들의 인터뷰 요청). 스크롤을 내리는 중도. 멈칫한다. 혜주가 보낸 카톡이 있다. 기자회견 직후인 오전 11:28에 보낸 카톡이다.

중도 …!

중도, 혜주의 카톡을 열면… 음성메시지 하나다.

짧은 jump
핸드폰으로 혜주의 음성메시지를 듣고 있는 중도.

혜주(E) (메시지 v.o.) …나야. 방금… 기자회견 했어.

인서트 기자회견장_ 대기실 (오전. 기자회견 직후)

13 중도 핸드폰은 미리보기 OFF. 캐치콜은 대부분 저장 안 된 010번호들.

핸드폰으로 중도에게 음성메시지 남기고 있는 혜주.

혜주 (전화에) 나는… 당신이 속죄의 방법을 먼저 선택해서는 안 되는 일이었다고 생각해. 예전에 나도… 그 사람의 이기적이고 무책임한 선택 뒤에 남겨져버렸고… 그래서… 진실을 밝힐 기회도, 나의 미래도… 모두 빼앗겼어. …그건 여진 언니도 마찬가지야.

플래시백 15회 신38. 혜주 집_ 여진의 방 (오전. 편집)

중도 그러니까 어젯밤 일은, 제발 없었던 일로 해줘, 응?

중도 진심으로 반성하고 있어…. 누나가 나 한 번만 용서해주면 앞으로 더 좋은 국회의원 되어서 세상에 빚 다 갚을게….

오열하는 여진의 얼굴 위로,

혜주(E) 당신은… 더 좋은 세상 만드는 걸로 죗값 치르겠다고 했지만… 당신이 선택한 속죄의 방법과 방향에, 언니는 없었잖아….

인서트 기자회견장_ 대기실 (오전. 기자회견 직후)

혜주 (전화에, 음성 남기는) 하지만… 누구도 그런 식으로… 일방적인 선택 뒤에 남겨져버려서는 안 된다고 생각해….

현재

중도 (듣고 있는) …!

혜주(F) 나는… 당신과 내 생각이 다르지 않기를 진심으로 바래… 그것만은 당신을 믿고 싶어.

중도 (표정)

음성 끝났다. 귀에서 핸드폰 떼는 중도.

무엇이 잘못되었는지 깨닫자 참을 수 없을 만큼 후회되고… 부끄럽다.

두 손에 얼굴 묻는 중도. 흐느끼는….

27 ..... 편의점_ 계산대 (낮)

우재, 카운터에 500미리 생수 한 팩, 소주 3병, 컵반 4개, 햇반 4개, 컵라면 4개, 속옷과 양말 두세 켤레 올려놨고. 사장(남, 50대), 물건 하나의 바코드를 찍고 있는데 바코드 리더기가 잘 안 되어서 삐빅, 삐빅. "어, 왜 안 되지." 하면서 계속 해본다.

우재, 좀 답답해 한숨 내쉬며 기다리다가 문득 소주병에 시선 머무는데… 소주병 집는 우재[14]. (사장은 계속 삐빅삐빅 다른 물건 바코드 시도 중이고)

우재 이건 안 할게요. (소주병 집어 들고 냉장고로 가려다가 문득 문밖으로 잠깐 시선 가는데… 멈칫!)

편의점 앞에 우재의 차가 없다!

28 ..... 임시 숙소_ 거실 + 편의점_ 앞 (낮. 교차)

(여진은 방에 들어갔고) 혜주, 거실에서 혼자 생각에 잠겨 있는데… 핸드폰에 전화 와서 액정에 불이 들어온다(무음모드). 집어 들어 보면, 우재(빈손으로 편의점에서 나온)다. 혜주, 받기 싫지만… 받는다.

혜주 (통화) …여보세요. // 네?

우재 (통화) 혹시… 의원님 연락 있으셨어요?

14 혹시라도 중도가 술 마시고 안 좋은 생각 할까봐 빼려는….

혜주 (통화) 아니요.

우재 (통화) 의원님이 제 차를 몰고 사라지셨어요. 핸드폰도 꺼져 있고요.

혜주 …!

우재 (통화) 사모님 기자회견 후에 의원님 그렇게 아무것도 못 하고 넋 나간 얼굴은 처음 봤습니다. 어디 가셨을지 짐작 가시는 데 있으세요?

혜주 (통화) 아니요, 전혀…(하다가 퍼뜩 떠오르는 데가 있다!) !!

29….. 고속도로_ 달리는 혜주의 차 안 (낮)

마음 급하고 불안한 혜주. 운전하며 중도에게 핸즈프리로 전화 걸고 있는 핸드폰에서, 전원이 꺼져 있다는 안내메시지 나온다!

플래시백 6회 신33. 혜주 집_ 1층 부엌 (새벽. 편집)

중도 …총선 지나고 우리… 속초 갈까?

중도 총선 이제 금방이니까… 조금만 기다려줘. 봄에 우리 꼭 여행 가자.

현재

혜주, 자꾸 눈물 나지만 참으면서 운전하는!

30….. 속초 바닷가_ 해안도로, 달리는 혜주의 차 안 (낮)

달려오는 혜주의 차. 저 앞에, 해안도로가에 주차되어 있는 우재의 차가 보인다!

혜주 !!

31…… 동_ 모래사장 (낮)

차에서 급히 내리는 혜주, 모래사장으로 뛰어간다.

32..... 동_ 물가 (낮)

물가의 중도. 발끝이 파도에 조금씩 젖을 정도로 가까이 서 있다.
바다를 바라보는 중도, 눈시울 붉어지고.
천천히 걸어 들어가는 중도.
바닷가 모래사장 물가에, 중도가 벗어놓은 겉옷(and/or 구두)가 덩그러니 남겨져 있고. 서서히 물에 잠기는 중도의 모습.

33..... 동_ 모래사장 (낮)

혜주 (여기저기 둘러보며 찾는) 여보! 윤서 아빠!!!

그러나 고요한 바다. 혜주, 핸드폰 꺼내 119 누르고 통화버튼 누르려는 순간! 저 멀리 물가에 뭔가 보인다. (중도가 벗어놓은 겉옷 and/or 구두)

혜주 !!

혜주, 바로 뛰어가려는데, 물속으로 깊이 걸어 들어가고 있는 중도를 본다!

34..... 동_ 물가 → 바다 → 물가 (낮)

중도를 향해 뛰어가는 혜주. 중도, 물에 이미 많이 들어갔다.

혜주 !! 여보!! 안 돼!! 안 돼!!!

혜주, 정신없이 물속으로 뛰어든다!
첨벙첨벙 뛰어 들어가지만 곧 물이 깊어지고!
겉옷이 그대로라 힘겨워 허우적대는 혜주.

혜주 (중도를 향해 죽을힘을 다해가면서, 물 먹으면서) 여보!!!

물에 잠겨가던 중도, 어디선가 혜주가 자기를 부르는 소리가 들리는가 싶은데… (마치 꿈결 같은…) 그때,

중도 …!!

혜주, 중도를 잡았다! 눈이 마주치는 두 사람!
그러나 이미 지친 혜주, 더 이상 어쩌지 못하고 물에 빠져버리고!

중도 !!

중도, 온 힘을 다해 혜주를 붙들고 물 밖으로 끌어내려 하는데…
이미 둘 다 지치고 물에 젖어 힘에 부친다.
같이 위험해지지만 결국 사력을 다해 물 밖으로 혜주를 끌어내는 중도.
혜주와 중도, 둘 다 기진맥진 상태로 물 토해내고.
지친 중도, 잠시 멍해 있는데… 정신이 드는 혜주.

혜주 (중도 붙들고) 왜… 왜 죽으려고 했어!!

중도 (눈물 난다, 혜주를 똑바로 못 보겠다)

혜주 당신 이렇게 죽어버리면! 언니한테, 나한테, 모두한테, 정말 못할 짓인거 알면서 이랬어?? 이렇게 죽어서, 끝까지 도망친 사람으로 남고 싶었어??

중도 (운다) 미안해… 내 잘못이 너무 수치스러워서… 견딜 수가 없었어… (말 잇지 못하는)

혜주 (울면서 소리치는) 그럼 그 수치 안고 살아!

중도 …….

혜주 그 마음 갖고 살아서 벌 받아. 비겁하게 도망치지 말고, 살아서 벌 받으라고!!

중도 (운다)

우는 혜주와 중도. 멀리, 해가 지기 시작한다.

35..... 한강 고수부지 일각 (낮. 다음 날)

지훈이가 발견된 곳. 조금 거리를 두고 나란히 서 있는 혜주와 중도. 뒤쪽 멀리, 둘의 대화가 들리지 않을 거리에 중도의 차(카니발) 서 있고, 우재가 운전석 옆에 나와 서 있다. 그 옆에 혜주 차도 있고.

중도 …누나에게 직접 사과를 하지 못해서… 그게 마음에 걸려. 만나기 싫다는데 내가 억지로 찾아갈 순 없어서….

혜주 …….

중도 염치없지만… 윤서한테도… 정말 미안하다고 전해줘.

혜주 …그래. 그럴게.

잠시 말 끊긴다. 바람 불고. 혜주, 흐르는 강물을 말없이 보다가,

혜주 나 마지막으로 한 가지 확인하고 싶은 게 있어.

중도 (보면)

혜주 …지훈이 사고… 당신하고 정말… 관련… 있어?

중도 …….

혜주 솔직하게 말해줘.

중도 …아니야.

혜주 (가만히 중도 본다)

중도 (혜주 시선 마주하다가) 그날 밤 내 차 블랙박스 영상에… 지훈이가 찍혔어.

혜주 …!

중도 …지훈이가… 강에 버린 필로폰을 다시 건지려다가… 사고가 난 것 같아.

혜주 !! 버린 걸 다시 건지려고 했다고? 왜??

중도 …모르겠어.

혜주 (충격, 혼란스러운데)

중도 …왜 그랬는지는 영원히 알 수 없겠지만… 이 모든 건 다… 내가 그 일을 저질렀기 때문이잖아…. 그래서… 지훈이에게… 너무 미안해….

침묵 흐른다. 혜주, 혼란스러움을 힘겹게 정리하고.
중도, 감정 가라앉히는.

중도 …그 영상… 당신은… 안 봤으면 좋겠지만… 내 말 못 믿겠으면… 줄게.

혜주 (중도 눈 바라보다가) …아니… 괜찮아.

중도 …….

혜주 …당신이 지훈이 해치지 않았다는 그 말…만큼은… 믿어보고 싶어.

중도 …….

침묵 흐른다. 바람 불고. 흐르는 강물.

중도 그럼… 갈게.

혜주 …….

중도 (혜주가 대꾸 없자 차로 두어 걸음 걷다가 멈춰 서고, 돌아본다) 나는… 내가 저지른 일을 진심으로 반성하고 사과했기 때문에… 용서받았다고 생각했어. 그래서 속죄하는 마음으로 세상을 위해 진심으로 노력했는데… 그게 다 내 오만이었어. …용서받을 방법을 정하는 것도 용서를 하는 것도, 내가 먼저 선택하고 결정해서는 안 되는 거였는데….

혜주 …….

중도 …미안해.

잠시 동안 서로를 바라보는 두 사람.
이윽고 차로 걸어가는 중도. 중도의 뒷모습을 보고 있는 혜주.

36….. 서울지방경찰청_ 건물 1층 앞 (낮)

아주 많은 기자들(정경은 기자 포함), 유튜버 10여 명(20~60대)이 기다리고 있는데. 중도의 차(카니발) 도착한다[15]. 바로 에워싸는 기자들. 중도, 뒷좌석 문 열고 내리면. (반대편 문에서는 변호사 1인(남, 50) 내리고)
기자들이 밀치고 큰 소리로 질문하는 통에 소란스럽지만, 아무 말 않고 고개 숙이고 건물로 향하는 중도. (변호사 동행/길 내달라고 소리치는 등의 행동은 하지 않음)
건물 출입문 앞에서 멈춰 서는 중도. 뒤로 돌아선다. 무수한 언론사 마이크가 앞에 모이고. 앞을 바라보는 중도. 자신을 향한 수많은 눈들과 카메라들. 지나가던 행인들 몇(민원인들 몇, 경찰복 입은 경찰들도 몇 명)도 좀 떨어진 곳에서 보고 있다.

중도 …죄송합니다. (말 멈춘다, 카메라 플래시 파바박 터지고) 피해자분께 진심으로 사죄드립니다. 저를 믿어주신 신양구민분들과 국민 여러분께도 깊은 사죄드립니다.

중도, 말 멈추면. 기자들 질문 쏟아진다[16]. 그중 YBS 기자(남, 30대)의

15 우재가 운전해 왔지만 진한 선팅 때문에 이 시점에서는 우재의 모습이 보이지 않습니다.

16 언제 어디서 범행하셨습니까 // 정말 한 번뿐이었습니까 // 술 때문이었습니까 // 음주 상태였습니까 // 금전을 노린 무고라는 주장이 있는데 사실입니까 // 일각에서 성폭행이 아닌 불륜이라는 설이 제기되고 있는데 사실입니까 // 피해자에 직접 사과하셨습니까 // 혐의 인정하

질문이 중도 귀에 꽂힌다.

YBS기자 범행 동기가 뭡니까?

중도 …….

YBS기자 (중도에게 재차 마이크 들이대며) 왜 그랬습니까?

MBS기자(여, 30) (끼어드는) 범행 장소는 어딥니까? 횟수는 한 번입니까? 피해자가 반항은 안 했습니까?[17]

중도 (이 질문들에 답하려는 것 아니고, 이 기자들을 쳐다보지 않는다) …….

그때, 정경은 기자의 날카로운 목소리가 날아든다.

정경은기자(E) 남궁솔법을 추진한 건 본인의 성범죄 폭로를 대비한 전략이었습니까?

기자일동 (정경은 기자 쪽을 쳐다본다)

중도 (동시에, 목소리가 들린 쪽 본다)

정경은기자 사회적 약자들을 향했던 그간의 행보도 모두 다 이런 폭로를 대비한 정치적 전략이었다고 봐도 무방할까요?

중도 (정경은 기자와 잠시 눈 맞추다가 대답 대신 모두에게) …피해자분과… 저를 믿어주셨던 모든 분들께 다시 한번 사죄드립니다.

다시 질문 쏟아지기 시작한다.

카메라, 중도의 차 쪽으로 가면. 운전석에서 내려 차 옆에 서 있는 우

시는 겁니까 // 김혜주씨는 어떤 입장입니까 // 부인의 폭로를 전혀 예상하지 못했습니까 // 피해자의 현재 상태는 어떻습니까 // 2차 가해라고 하셨는데 피해자가 항의한 겁니까 // 피해여성이 직접 폭로를 하지 않아 생긴 부작용이라고는 생각하지 않으십니까 // 피해여성은 현재 어디 있는 거죠? // 왜 부인이 대신 폭로를 했나요?

17 자극적이고 선정적인 질문들.

재, 기자들의 질문세례를 받고 있는 중도를 마음 복잡한 얼굴로 보고 있는.

플래시백 신20. 일각 (낮)

우재 제가 의원님 위해서 대체 무슨 짓까지 했는데요!!! (목구멍까지 말이 차오르지만 겨우 삼키는!)

37..... [몽타주] 우재와 지훈의 진실

37-1..... 인서트 한강 고수부지_ 물가 (밤. 비. 14회 신63 + 보충)

우재와 지훈(각자 우산). 지훈, 한 손에 필로폰 봉지 들고 있는데 불퉁하다. (우재가 꺼내라고 해서 마지못해 꺼낸)

우재 (실물을 보자 미치겠다) 너 이거 언제부터 했어, 팔 좀 내놔봐! (주사자국 있나 보려고 지훈의 왼팔 잡는데)

지훈 (우재가 팔 잡자 확 뿌리치며) 놔요!! 나 마약 안 해요!!

우재 그럼 지금 그건 뭔데!! 떤지기로 산 거 아니야?

지훈 아니에요! 친구가 떤지기한 거 훔친 거예요! 아빠 엿 먹이려고요!

우재 뭐?

지훈 이거 갖고 경찰한테 잡혀서 아빠 정치 인생 끝장내려고 했다고요!!

우재 !! 야!!

우재, 미치겠는데… 지훈 우산의 '국회의원 남중도 후원회' 글자를 본다.

우재 …너 그 우산, 아까 의원님이 쓰고 가라고 주신 거지.

지훈 (대꾸 않지만 부정하지 않는다) …….

우재 아빠는 아들 비 맞는다고 우산을 주는데, 그 아들은 아빠 인생 망치려고 기를 쓰네. …정신 좀 차려라, 어?

지훈 (우재 노려보며) 두고 보세요. 내가 아빠 꼭 은퇴시킬 거예요, 정치 더는 못 하게!!

우재 (O.L.) 야 이 새끼야!!

지훈 (벼락같은 호통에 순간 움찔)

우재 (노려보며) 마약은 니가 지금까지 친 사고랑 차원이 달라. 사모님 아시면 정말 혼절하신다. 무슨 말인지 알아들어? 니 엄마 생각을 하란 얘기야!

지훈 (혜주 언급에 눈동자 흔들린다) …!

우재 니 오피스텔 데려다줄게. 따라와. 필로폰은 버리고.

지훈 (불만 가득한 얼굴로 대답 않는)

우재 그거 지금 버리라고!!

37-2.....플래시백 14회 신64. 한강 고수부지_ 주차한 중도의 차 앞 (밤. 비)

카니발 앞에 도착한 우재(우산), 돌아보면, 지훈이 없다.
따라오지 않았고, 보이지 않는다.

우재 (짜증, 부르는) 남지훈! 야, 남지훈!!

안 보인다. 우재, 다시 두리번거려보지만 사방이 어둡고 아무것도 안 보인다.

우재 (혼잣말) 아, 어디로 샌 거야… 하여튼 말 진짜 안 들어….

우재, 한숨 쉬고 카니발 운전석 문 열고 탄다.

37-3.....인서트 한강 고수부지_ 주차한 중도의 차 안 (밤. 비 / 14회 신65

+ 보충)

운전석에 탄 우재, 시동 걸고 출발한다. (내비가 보인다면, 목적지 '신양경찰서')

차 몰고 가려다가 별생각 없이 한강 쪽 보는데… 멈칫. 물속에서 뭔가 솟아올랐다.

우재 (저게 뭘까, 1초쯤 후 깨닫고 급브레이크) …어!

37-4.....인서트 한강 고수부지_ 물가 (밤. 비)

우재, 차에서 내려 물가로 급히 뛰어간다! (우산 쓰지 않아 흠뻑 젖음)

우재 (뛰어가며 소리치는) 야! 남지훈!!

물가가 가까워지자, 강에 빠진 게 지훈임이 확실하다! 물가에 도착한 우재, 뛰어들기 위해 재킷을 급히 벗다가(젖어서 잘 안 벗겨진다)… 순간 멈칫.

지훈(E) (신37-1에서) 두고 보세요. 내가 아빠 꼭 은퇴시킬 거예요, 정치 더는 못 하게!!

우재 …!

우재, 강을 보면, 지훈의 머리가 물살 사이로 보인다!

우재, 재킷을 다시 벗으려다가… 다시 멈춘다.

우재 …….

고요해지는 우재의 얼굴. 우재, 재킷 벗지 않는다.

비 퍼붓는 깜깜한 강물을 바라보는 우재의 얼굴. 지훈은 사라졌다.

짧은 jump

지훈이 물가 잔디밭에 둔 '국회의원 남중도 후원회' 우산을 집는 우재의 손.
지훈이 펼쳐놓고 간 우산 밑, 잔디 사이에 지훈의 본인명의 핸드폰이 슬쩍 보인다.

37-5.....인서트 한강 고수부지. 주차한 중도의 차 안 (밤. 비 / 15회 신61의 인서트 + 보충)

흠뻑 젖은 채로 블랙박스 SD카드 재생 중인 우재인데. 흘러나오는 목소리.

지훈(E) 아빠 여진 이모랑 불륜이잖아!! 엄마한테 다 말할 거예요!!
중도(E) (비웃는) 엄마가 니 말을 믿겠니? 어?? (갑자기 호통) 니 현실 파악이나 제대로 해!!
우재 !!

재생 정지시키는 우재. '불륜' 소리에 크게 놀랐다. 하지만… 차가워지는 얼굴.
지훈의 사고를 방임하기를 '잘'했다고 생각하는.
우재, (더 듣지 않고) 블랙박스의 SD카드를 뺀다.

37-6.....플래시백 신양구 일각_ 상가건물 1층 출입구 앞 (밤. 비)

운전석 우재. 흠뻑 젖었다. 빗속 운전 중. 상가건물 앞 도로변에 차 세운다.
조수석 쪽 창밖을 보면, 건물 1층 출입구에 중도 모습 보인다.

우재, 내리려고 문 열려는데, 비가 많이 오고 있다.

조수석 보면, 아무렇게나 둔 (젖은) 우산 하나 있다(접은 후 끈으로 동여매지 않은 상태). 천에 인쇄된 '국회의원 남중도 후원회' 글자 보인다. (우재가 의식하고 글자를 보는 것은 아니고, 화면에만…)

우재, 반사적으로 우산으로 손 뻗다가… 손 거둔다. 우산 없이 그냥 차에서 내린다.

우재 (비 맞으며 중도에게 뛰어가며) 의원님!

우재 윤서는, 아직이에요?

중도 (우산을 우재에게 씌워주며) 어.

우재 그럼 저는 차 좀 대놓고 이쪽(거리 한쪽)에서 찾아보겠습니다. (카니발로 가려는데)

중도 고마워. (반대쪽 거리로 얼른 가려다가 문득) 지훈인 데려다줬어?

우재 아, 지훈이 놓쳤습니다. 뛰어가버려서요. 죄송합니다.

중도 아니야. 괜찮아. (마음이 급하다) 알았어. 그럼 난 이쪽으로 갈게. (우산 펼쳐 쓰고, 간다)

우재 (가는 중도를 잠시 바라보다가, 카니발로 뛰어가서 타는) …….

37-7.....인서트 한강 고수부지 (밤)

시신으로 발견된 지훈을 보던 우재의 얼굴.

38..... [현재] 서울경찰청_ 건물 1층 앞 (낮)

우재, 경찰청 입구 쪽을 다시 보면.

기자들, 들어가는 중도 에워싸고 따라가며 질문세례 퍼붓고 있고.

중도, 대답 않고 고개 숙인 채 들어가고 있다. (변호사 동행)

이윽고 중도의 모습, 건물 안으로 사라져 더 이상 보이지 않고. 기자들만 남는다.

우재 …….

카메라, 서 있는 우재 뒤의 카니발 조수석 발치를 살짝 보여주면, '국회의원 남중도 후원회' 글씨가 인쇄된 우산 하나가 있다.

39….. 지훈 납골당_ 안 (낮)

중도의 뉴스를 보지 않고 이곳에 온 혜주. (작은 꽃다발 들고 왔다)
지훈의 중학교 졸업식 가족사진에 시선 머무는….

40….. 임시 숙소_ 윤서 방 (낮)

방문 닫혀 있고. 엎드려서 소리 죽여 흐느끼고 있는 윤서. (핸드폰은 보이지 않음)

41….. 동_ 거실 (낮)

고요히 앉아 있는 여진. 담담해 보이는 얼굴에 눈물 한 줄기 흐른다. (미소 아님)
빈틈없이 꼭꼭 쳐져 있던 커튼이 반 뼘 정도 열려서 햇빛이 새어 들어오고 있다.
(여진은 아직 그늘 안에 있지만…)

42….. 국회의사당_ 정문 앞 (낮)

14회 신41과 같은 장소. 같은 1인 시위자가 판넬 들고 1인 침묵시위 중인데.
출근시간대가 아니기도 하지만 (중도 사건의 영향으로) 14회에서와는 달리 사람들의 관심이 거의 없는 수준이다. 국회로 들어가는 국회 직원 2명이 판넬 쳐다보고는 안 됐다는 얼굴로 자기들끼리 소곤대며 가고. 나머지(5, 6명)는 무관심으로 지나치는.

43..... 국회 소통관_ 기자회견장 (낮)

기자들 꽉 찼고. 진석, 기자회견 시작하고 있다. (원고 없다)

진석 안녕하십니까. 대한당 당대표 우진석입니다. (말 잠시 멈추고, 회견장 가득한 기자들을 바라보는…)

인서트 **진석 회상. 일각_ 주차한 진석의 차 안 (이른 아침)**

차 뒷좌석의 혜주와 진석. 혜주가 폭로 기자회견 전에 진석에게 연락, 만나서 폭로하겠다는 결심을 전한 직후다.

혜주 …먼저 알려드려야 한다고 생각했어요. 이 일은 개인의 일이지만… 저희의 일만은 아니니까요.

진석 …네. …고맙습니다.

진석, 혜주의 눈을 바라본다. 혜주가 마음을 바꾸지 않으리라는 것을 알지만….

진석 남궁솔법이 어떻게 될지 조금 기다려보면 어떻겠습니까.

혜주 (진석 바라보며, 살짝 미소 짓는데 서글픈…) …이혼도 지금은 안 된다… 폭로도 지금은 안 된다… 그럼… 언제 해요.

진석 (크게 와닿는!) …!

서로를 마주 보는 진석과 혜주의 얼굴에서,

현재진석(E) (기자회견) 남중도 의원의 성폭력 사건에 대해 당 대표로서

현재

진석 피해자와 국민 여러분께 죄송하다는 말씀드립니다. (잠시 말 멈추자 플래시 파바박 터지고) 대한당은 남중도 의원에 대해 출당 및 제명조치를 밟기로 결정했습니다. (말 멈춘다)

인서트 진석 회상. 일각_ 주차한 진석의 차 안 (이른 아침. 앞 인서트에 이어서)

진석 (반으로 접은 작은 메모지 1장을 내밀며) 연락해보세요. 기자회견에 도움을 받을 수 있을 겁니다.

혜주 …!

현재

진석 추후에도 대한당은 성폭력 무관용 원칙을 적용할 것을 약속드립니다. 피해자와 국민 여러분께 다시 한번 죄송하다는 말씀드립니다.

단상 옆으로 나와 고개 숙이는 진석.

44..... 중도 의원실_ 사무실 → 의원실 (낮)

TV는 꺼져 있고. 복도 쪽 문도 닫혀 있다. 침통한 얼굴로 각자 짐 싸고 있는 민석, 빛나, 자영, 강호. 무거운 침묵 흐르는데.
빛나, 짐 싸던 책상으로 시선 내리면, 다양한 사회적 약자들을 위한 2023, 2024, 2025년도 정책계획안들이다. (출력한 문서들)

빛나 …….

민석, 자기가 싸던 짐으로 시선 주면, 역시 2023~2025년 정도를 논의한 다른 장기정책안이 있다.

민석 (마음 복잡하다) …….

무거운 침묵 속에서 다시 짐 싸기 시작하는 보좌진즈.
우재 책상 보이면, 모든 짐이 아직 그대로 있고.
의원실(중도 방) 문은 열려 있지만, 불은 꺼져 있다.
의원실 안[18]으로 카메라 들어가면,
중도의 책상 위, 덩그러니 놓인 의원배지. 배지 뒤, 가족사진 액자 보인다. 그 위로,

(E) (선행하는, 날달걀이 대문에 부딪혀 깨지는 소리) 퍽!

45..... 혜주 집_ 대문 앞 (낮)

대문에 맞고 깨져 흐르는 날달걀. 던진 사람, 귀순이다.
이미 대문 앞에서 진 치고 있던 언론사 기자들과 유튜버들, 귀순을 안쓰럽게 보거나 혹은 한두 명 정도는 흥미로운 시선으로 보며 카메라로 촬영하기 시작하는 등.
귀순, 날달걀(한 판)을 던지며 눈물만 하염없이 흘리는…. (*아무 말 하지 않습니다)

46..... 킨코스_ 사진인화 서비스 코너_ 안 (낮)

직원(여, 30대) (성함 물어보고 대답 듣고) 김수빈님이요? 잠시만요.

수빈 네.

직원, 수빈이 맡긴 사진을 찾기 시작하고. 수빈, 기다리려고 앉는데…
핸드폰에 카톡 온다. 보면, 정대다. 미리보기ON이라 열지 않아도 보

18 중도가 아직 짐을 빼 가거나 하지는 못한 상황.

이는데.

정대(E) (메시지 v.o.) 니 시아버지 남중도 대박 ㅋㅋㅋ

다음 메시지들이 바로 연달아 와서 뜬다.

정대(E) (두 번째 메시지 v.o.) 근데 피해자는 무슨 피해자

정대(E) (세 번째 메시지 v.o.) 같이 즐긴 거 아니야? ㅋㅋㅋㅋㅋ

분노하는 수빈!!

47..... 동_ 앞 + 건물 지하주차장 (낮 / 교차)

가게를 나와서 정대와 전화통화 중인 수빈. 정대, 지하주차장에서 차 타러 가면서 통화 중이다. 정대 손에 외제차 키.

수빈 (통화) 야! 너 사람 함부로 모욕하지 마!

정대 (피식 웃고) 왜 니가 화를 내냐? 아아~ 너도 남지훈이랑 즐겼어서? 근데 걔네 엄마가 남지훈은 아니라고 그러던데? 합의금 얼마 받았냐?

수빈 (통화, 분노했다가 차갑게 식는다) …너 그거 알아? 나 임신했던 거, 지훈이 애 아니고 니 애였어.

정대 뭐?

수빈 (통화) 근데 지웠어! 너 같은 새끼하고 절대 엮이기 싫어서!

정대 나 같은 새끼?? 그럼 너 나한테 지금까지 구라친 거야??

수빈 (통화) 내가 너 절대 가만 안 둘 거야, 너 하나도 안 무서워!!

48..... 지청중학교_ 일각 (낮)

나란히 앉아 바나나우유 하나씩 먹고 있는 윤서와 다솜.

윤서 뭐? 너네 엄마가 벌써 알고 계셨다고? 너네 아빠 불…(하다가 말실수 깨닫고 황급히 말 멈추면)

다솜 (괜찮다) 어. 아빠 불륜 이미 알고 있었는데… 내가 상처받을까봐 모르는 척 하려고 했었대.

윤서 …….

다솜 우리 엄마… 곧 이혼할 거야. (눈물 글썽, 참는)

윤서 (가만히 다솜 바라보다가 꼭 안아주는) …괜찮아. 니 잘못 아니야. (포옹 풀고) 나는… 니가 엄마한테 말씀드린 거, 잘했다고 생각해.

다솜 …고마워.

잠시 침묵 흐르는데.

다솜 (조심스럽게) 너… 아직도 엄마 원망해? 너네 아빠 일… 폭로하신 거?

윤서 (갑작스러워 다솜 본다/*이 시점까지 혜주와 데면데면한 사이) …….

다솜 …있잖아, 사실 나… 너네 엄마 덕분에 용기 낸 거야.

윤서 (조금 놀라) 우리… 엄마…?

다솜 어. 아무리 괴로운 진실이래도 그걸 숨기지 않기로 결심한다는 거, 진짜 엄청난 용기더라…. 나도 해보니까 조금은 알겠어.

윤서 …! (생각이 많아진다)

49….. 경찰서_ 근처 일각 (낮)

저 멀리 경찰서가 보인다.

수빈, 조금 망설이지만 곧 결심한 듯 경찰서 쪽으로 발걸음 떼는.

50….. 동_ 형사과 마약수사팀 조사실 혹은 형사과 사무실 (낮)

마약팀 형사(남, 30대 중반/제복 아님/노트북에 받아 적는)와 수빈.

수빈 저는 정말 모르고 통장 빌려준 건데요. 저도 처벌받아야 한다면 받을게요. …저 그리고 오피스텔 성매매도 제보하고 싶은데요.

마약팀형사 성매매요?

수빈 네. 성매수한 사람이 국회의원 강순홍의 보좌관이에요. 거기 오피스텔 주소가요….

51…… 일각_ 주차한 혜주의 차 안 (밤)

혜주 운전석. 수빈 조수석. 혜주, 모자 눌러쓰고 나왔다.

수빈 여진이 아줌마는 좀 어떠세요?

혜주 많이 괜찮아졌어. 걱정 고마워.

수빈 …이거요. (작은 종이봉투를 내민다)

혜주 (받으며) 이게 뭐야? (봉투 열어보는데)

수빈 지훈이… 사진이요.

혜주 …!

플래시백 8회 신40. 책수선실_ 안 (낮)

혜주 (조심스레) 혹시… 너… 지훈이… 사진 좀 있니?

수빈 지훈이… 사진이요?

혜주 응… 근데 핸드폰 잃어버려서 없지…?

수빈 …네. 없어요. …근데 왜요?

혜주 어, 내가 지훈이 사진이 별로 없어서… 혹시 너는 좀 있을까 했어.

플래시백 11회 신28. 칵테일 바_ 안 (낮)

정대 근데 그 핸드폰에 뭐 중요한 거라도 들어 있냐? 백만 원이면 그냥 새걸 사지, 왜 굳이?

플래시백 11회 신68. 모텔_ 안 (밤)

지훈의 사진들을 한 번에 쭉 선택하고 망설임 없이 삭제 버튼 누르던 수빈.

인서트 모텔_ 안 (밤. 11회 신68 보충)

수빈, 잠이 안 와 뒤척이고 있다. 어둠 속에서 핸드폰 열어 휴지통에 들어가 있는 삭제한 사진들을 전부 '복구'시키는.

현재: 짧은 jump

혜주, 인화한 지훈의 사진들을 보고 있다. 꽤 많고(수십 장). 수빈과 같이 찍은 사진들도 있다. 사진 속, 환하게 웃는 지훈을 보는 혜주. 그런 혜주를 보는 수빈.

수빈 지훈이가… 아빠 일 처음 알고 사고치기 시작한 거… 후회된댔어요.

혜주 …!

수빈 처음엔… 아빠랑 이모가 역겹고…

인서트 혜주 집_ 1층 현관, 실내계단 중간 (새벽. 4, 5년 전)

중도 출근길 배웅하는 혜주. 녹즙 건네주고. 중도 옷매무새 만져주고 포옹.

실내계단 중간쯤에서 보고 있는 지훈.

지훈(E) (수빈의 앞 대사와 이어지듯) 아무것도 모르는 엄마가 바보 같고… 그래서 다 짜증나서… 사고치기 시작했는데…

인서트 모텔_ 안 (저녁. 14회 신13의 직전)

지훈 그게 뉴스에 나오고 아빠한테 방해가 되니까, 아 그럼 진짜 내가 아빠 정치 못 하게 만들어야겠다, 그랬었거든….

수빈 …….

지훈 근데… 내가… 너무 멍청했어.

인서트 법원 재판정[19] **(낮. 봄)**

판사 징역 4개월을 선고한다. (판사봉 땅땅)

지훈 !

지훈, 방청석 쪽으로 고개 돌리면. 판결을 바쁘게 받아 적는 기자들(정경은 기자 포함)이 가득한 방청석, 제일 구석에 눈에 띄지 않게 앉아 있는 혜주, 작게 "아, 어떡해, 어떡해…." 하면서 눈물 터져 흐느끼고. 그런 혜주를 보는 지훈의 얼굴, 무너진다. (혜주는 모르는…/기자들, 혜주를 알아보지 못한다)

지훈(E) 그날… 처음으로 후회했어….

지훈, 그러다 그 옆에서 혜주 달래는 여진을 보면, 서늘해지는 얼굴.

지훈(E) 아빠가 아무리 혐오스러워도… 내가 내 인생을 망칠 이유가 없었는데… 정신 차리고 보니까… 너무 멀리 왔더라고….

인서트 모텔_ 안 (저녁)

지훈 그래도 이제 다시는… 엄마 마음 안 아프게 하고 싶어.

수빈 …….

19 지훈은 구치소 수감복(미결수 신분이라 황토색), 수갑. 선고공판이라 지훈이 옆에 변호사 없고, 검사 1명(여, 30). 판사 1명(여, 40~50대). 방청석은 기자들로 만석. (기자들은 노트북으로 받아 적음: 법정에서는 사진촬영 금지, 녹음 금지)

지훈 나… 두부도 다 먹었다? (웃는데, 슬픈)

인서트 지훈 오피스텔_ 안 (낮. 1회 신59 보충)

혜주 …그럼 갈게.

혜주, 나간다. 도어록 잠기는 경쾌한 소리.
지훈, 그대로 우두커니 서 있는데… 싱크대 위에 던져놓은 두부 봉지로 시선 옮긴다.
지훈, 두부 봉지를 집어 들고 버리려는 듯 휴지통을 여는데…
새 휴지통이라 안이 비어 있다.
지훈, 선 채로 가만히 휴지통 밑바닥 바라보다가… 닫고.
손에 든 두부를 잠시 바라보다가… 봉지째 들고 먹기 시작한다.

현재수빈(E) 엄마가 사온 두부, 다 먹었다고 했어요. 이제 다신 감옥 안 갈 거라고.

현재

혜주 …!

플래시백 1회 신58. 달리는 혜주 차 안 (낮)

혜주 좀 먹어. 한 입이라도.

지훈, 봉지째 들고 옛다 한 입, 보라는 듯 딱 한 입 먹고 봉지째 발 사이에 던지듯 내려놓는다. 혜주, 더 이상은 뭐라 말을 할 기운도 없다.

플래시백 1회 신70. 지훈 오피스텔_ 안 (낮)

혜주, 휴지통 제일 밑에 구겨져 있는 빈 봉지를 꺼내고, 봉지를 펴는데 봉지의 '선아네 두부' 글자가 화면에 보이고, 혜주도 글자 인지하던. (그러나 바로 그 봉지 안에 싱크대 위 자잘한 쓰레기를 담던…)

현재

혜주 (깨달았다, 울컥하는데) !!

수빈 아줌마… 지훈이요. 갖고 있던 마약… 자기가 하려던 건 아닐 거예요.

혜주 …!

수빈 제 남자친구가 시켜서 마약 던지기 하러 간 거일 거예요. 걔가 저한테도 하라고 협박했었거든요…. 그래서 지훈이도 어쩔 수 없이 심부름했던 걸 거예요…. 지훈이… 엄마 속상하게 하고 싶지 않다고 분명히 그랬었어요…. 이 말씀을 꼭 드리고 싶었어요….

혜주 (울컥!)

혜주, 아무 말도 못 하고 지훈 사진만 만지작거리다가,

혜주 (수빈 손 잡으며) 얘기해줘서 고맙다, 수빈아….

혜주, 아무리 참으려 해도 눈물 쏟아지고. 그런 혜주를 마음 아프게 보는 수빈….

52….. 인천공항_ 출국장 (낮)

기영(호주 여권, 시드니행 편도 비행기표, 너무 크지는 않은 캐리어 1개[20])을 배웅 나온 승희. 서로 할 말이 있지만 쉽게 말하지 못하고 머뭇거리고 있는데.

기영 …승희야. 지금이라도 같이 가면 안 될까?

20 기영과 승희가 같은 커플 캐리어여도 좋을 것 같아요. 신혼 때 장만했던….

승희 …….

기영 나는 너랑 같이 떠나서 새로 시작하고 싶어.

승희 …미안해. 나는… 내가 저지른 잘못에 책임을 지고 가고 싶어.

기영, 가만히 승희를 바라보다가 포옹한다.

기영 (승희에 속삭이는) …그래. 그럼… 기다릴게.

승희 (눈물 흐른다) …응… 꼭 갈게. 기다려줘.

53..... 지훈 납골당_ 안 (낮)

(우재가 꽃을 들고 오진 않았고, 옷만 단정하게)

지훈의 유골함에 각인된 사망 날짜. 그리고 안치단에 들어 있는 사진과 물건들.

그 앞에 서서, 지훈의 안치단을 바라보고 있는 우재의 표정.

54..... 책수선실_ 안 (밤)

혜주와 승희. 찻잔 2개. 어색한 공기 흐른다.

둘 다 찻잔만 만지작거리는데.

승희 …고소해. 나랑… 우리 엄마.

혜주 (전혀 예상 못 한 말이다, 승희 보면)

승희 우리가 너한테 한 짓들. 고소해. 벌 받을게.

인서트 승희 집_ 현관 (낮. 며칠 전)

승희, 단호한 얼굴로 현관에서 신발 신고 있는데, 큰 캐리어 1개 있다.

유신 (운다) 승희야, 가지 마, 응? 내가 잘못했어. 내가 다 잘못했으니까…//

(제발 가지 마)

승희 사과는 재은이한테 먼저 해.

유신 !

승희 엄마 거짓말, 나는 용서 못 하겠어. (유신을 잠시 바라보다가 나간다)

유신 승희야!!

현재

승희 고의는 아니었지만 그건 내 변명이고… 정말 미안해. 그러니까 나랑 우리 엄마… 고소해. 명예훼손이든 정신적 손해배상이든 다 해. 무슨 벌이든 받을게.

혜주 …….

승희 …정말 미안했어, …혜주야. (*처음으로 혜주라고 부름)

혜주 (울컥) …!

눈물 그렁그렁해진 눈으로 서로를 마주 보는 혜주와 승희.
고3 시절의 어린 혜주, 어린 승희(둘 다 교복[21])의 모습으로 바뀐다.
어린 혜주와 어린 승희, 눈물 고인 채 미소 짓는.

55….. 승희 집_ 거실 (밤)

불 켜지 않은 거실에 혼자 우두커니 앉아 있는 유신. (울지는 않는/승호 사진을 보고 있지는 않습니다)

56….. 중도 의원실_ 사무실 (밤)

우재 혼자 있다. 우재 자리에만 불 켜져 있고. 다른 보좌진들의 자리는 이미 비어 깨끗하다. (보좌진즈 개인 책상은 개인 짐은 물론이고 서류, 책

21 '김재은' 명찰은 잘 안 보이는 게 좋을 것 같아요.

자, 벽의 포스터들도 전부 없고, 지급받은 물품인 PC와 책상 전화기, 책상 스탠드조명, 개인휴지통 정도만 남아 있다./사무실의 다른 곳들도 서류와 책자 전부 없다. 보좌진즈가 다 정리해놓고 나간 것. 우재 책상과 책장에만 책자들과 서류들 있다)

자기 자리에서 짐 싸고 있는 우재. 사용하던 개인 물품들(텀블러, 노트, 받은 명함을 모아놓는 명함집 바인더 등/이미 박스가 거의 찼다)을 박스에 넣고 있는 중. 자리 파티션에 붙은 문서들(비상연락망 등)을 떼다가 파티션 한 곳에 시선 머문다. 파티션에 붙여놓은 중도의 변호사 시절 명함이다.

명함의 문구. '세상의 약자를 위해 싸우겠습니다.'

우재 (문구를 바라보는) …….

우재, 명함을 가만히 바라보다가 이윽고 떼어낸다. 명함을 (이미 짐이 가득 찬) 박스[22]에 내려놓는 우재. 그리고 목에 걸고 있던 국회 출입증 목걸이를 빼서 박스에 같이 넣는다. 박스 안에 나란히 보이는 중도의 명함, 우재의 출입증, 우재의 보좌관 명함(새 명함 케이스). 그것들을 바라보는 우재의 얼굴.

우재를 두고 카메라가 멀어지면, 텅 비고 적막한 사무실의 공기. 방문이 열려 있는 의원실(중도의 방/짐은 그대로 다 있다) 안이 살짝 보이면, 의원실 안, 창문에서 달빛만 조금 들어오고 있을 뿐… 깜깜하고 고요

22 이때 짐을 싸고 있던 박스가 살짝 보이는데, 우재의 보좌관 명함이 가득 든 명함통 2개가 제일 위에 있게 해주세요. 앞에서 굳이 명함통을 박스에 넣는 모습은 안 나오고, 이때 박스를 비춰주는데 그때 보이는 게 좋을 것 같습니다. // 명함 새로 신청하면 200장 정도 나올 때 들어 있는 투명한 플라스틱 케이스 명함통으로요. 한 번에 명함을 몇백 장씩(여러 통씩) 신청해서 쓰곤 했을 텐데, 쓰지 못한 보좌관 명함이 케이스째 통째로 박스 안에 들어 있는 모습이 의미 있을 것 같습니다. 명함통 안 열리게 노랑고무줄로 한 번 묶어주시면 리얼리티가 더 살 듯합니다.

하다.

57..... 구치소_ 외경 (낮. 2023년 3월 말)

58..... 동_ 면회실 (낮)

혜주와 중도(황토색 수형복). 혜주, 갈색 서류봉투[23]를 중도 앞으로 밀어놓는다.

혜주 이혼서류야. 변호사 통해서 진행할게.

중도 …그래.

중도, 봉투를 만지거나 뜯지 않는다. 잠시 말 끊기고.

혜주 …내일… 선고 공판이지.

중도 …어. …어떻게 나오든 내 쪽에서 항소는 안 할 거야.

혜주 …그래. (잠시 중도 보다가 일어난다) …그럼… 갈게. (나가려는데)

중도 …혜주야.

혜주 (보면)

중도 …미안해. 정말로.

혜주, 대답 대신 가만히 중도 바라보다가 나간다.
중도, 혜주가 나간 문을 잠시 바라보다가 가려고 봉투를 집어 드는데, 봉투 두께감이 있다. 종이 한 장을 예상했는데… 조금 이상하다.
중도, 봉투를 열어보는 데서.

23 봉투 겉면에 아무것도 쓰지 않았습니다.

59..... 달리는 혜주의 차 안 (낮)

운전하는 혜주. 차 안의 라디오에서 뉴스 나오고 있는데24.

라디오(남/E) …다음 소식입니다. 작년 가을 전국적인 관심을 모았던 일명 '남궁솔법'이 다음 달 국회 임기만료로 폐기될 것으로 보이는 가운데,

혜주 ('남궁솔법'을 들었다, 멈칫)

라디오(E) (계속) 그동안 남궁솔법을 공개 지지해온 대한성폭력피해자지원센터는 오늘 오전 광화문에서 집회를 열고 최근 서울의 한 대학교수 A씨가 대학원생을 상습 성추행한 혐의로 경찰 수사를 받던 중 심리적 압박감을 이기지 못하고 극단적 선택을 한 사건에 대해 경찰이 수사를 중단하지 말아야 한다고 주장했습니다.

혜주 …….

라디오(E) A씨가 사망함에 따라 수사 중이던 성추행 사건은 공소권 없음으로 종결되었으며, 이후 성추행 피해자는 온라인에서의 신상 유포와 진실 의혹제기 등의 2차 가해를 멈추어달라고 공개 호소한 바 있습니다.

뉴스를 듣는 혜주의 얼굴….

60..... 지훈 납골당_ 출입구 앞 (낮)

안으로 들어가려다가 핸드폰 전화가 와서 받고 있는 수빈.
흰 국화 한 송이.

24 앞 대사: "경찰은 속칭 '깡통 전세' 주택을 매입 후 세입자가 없는 것처럼 '전입세대 열람명세서'와 '확정일자 부여현황'을 위조하거나 가짜 임대인 · 임차인을 통해 청년 전세자금 대출금을 가로채는 수법이 주로 사용됐다며 주의를 당부했습니다." // 뒤에 이어지는 뉴스: "날씨입니다. 아직 아침과 밤엔 쌀쌀합니다. 내일 아침 서울 4도, 대구 7도에서 출발하겠고, 한낮엔 전국이 15도 안팎까지 올라 포근하겠습니다."

수빈 (통화) 허정대 잡혔다고요?

마약팀형사(F) 네. 김수빈씨 통장 대여 껀은 얘네랑 같이 처리될 거구요. 벌금형 정도 나올 겁니다.

수빈 네. 그럼 다시 연락 주세요. 감사합니다. (끊는다[25])

수빈, 카톡 열고 '아줌마'와의 카톡창 연다. (채팅창 목록에서 제일 최근에 대화 나눈 사람이 혜주, 윤서, 여진[26] 순이다) 메시지 쓰는 수빈.

수빈(E) (메시지 v.o.) 마약 개 잡혔대요!

전송하고 닫는 수빈. 핸드폰 넣으려다가 멈춘다. 어떤 생각이 났다.
핸드폰 다시 열고 주소록 즐겨찾기를 열려다가… 핸드폰 배경사진에 잠시 시선 머문다. 배경사진, 혜주가 수선실에서 최근에 찍어준 수빈의 활짝 웃는 얼굴 사진이다. (수빈이 일 배우는 중이라 앞치마 입었고, 배경이 수선실임이 확실하게 드러남/8회 신38에서 혜주가 찍어준 사진과 같은 배경, 같은 포즈인데 표정이 확연히 다르다)
수빈의 얼굴에 작은 미소 떠오르고. 핸드폰 주소록 즐겨찾기를 열면, '아줌마' 1명뿐이다.
저장된 이름의 '편집'으로 들어가 '수정' 버튼 누르고. '아줌마' 저장명을 지우고 뭔가를 입력하기 시작하는 수빈. (어떤 이름으로 수정했는지는 화면에 나오지 않음)

61...... 지청중학교_ 윤서 3학년 교실 (낮)

25 액정화면이 보인다면 방금 온 전화는 저장 안 된 02번호에서 온 전화.

26 채팅 상대방 이름이 순서대로 '아줌마' '남윤서' '여진이 아줌마' // 그 아래는 각종 광고채널들의 메시지들(패션브랜드, 치킨, 프랜차이즈 카페 등)

3학년 교실. 쉬는 시간. 화해한 윤서와 다솜, 윤서 자리에 같이 있다[27]. 동복 교복.
그때 하누리 등이 들으라는 듯 수군대는 소리 들린다. (하누리, "우웩, 성폭행이라니 진짜 구역질 나." // 친구1, "나 같음 자퇴한다, 얼굴에 철판 깔았나봐~" 등등)

다솜 (벌떡 일어나며) 야! (하는데)

윤서 (차분히, 하누리 등에게) 그래, 나 성폭행범 딸 맞아.

하누리 등 (예상치 못한 반응에 순간 쥐 죽은 듯이 조용해지는데)

다솜 !

윤서 근데! 나는 그걸 용기 있게 밝힌 우리 엄마 딸이기도 해. 왜 그건 말 안 해? 내가 누구 딸이라고 말하고 싶으면, 우리 엄마 얘기도 같이 해!!

62..... 책수선실_ 문 앞 (낮)

출근한 혜주, 문 여는데, 누가 문틈에 끼워놓은 편지봉투[28]가 툭 떨어진다. 봉투 겉면에 아무것도 쓰여 있지 않다.

짧은 jump

그 자리에 그대로 선 채로 편지를 읽으며(내용 보이지 않음) 가만히 서 있는 혜주의 뒷모습(얼굴 표정 보이지 않는다). 그때,

윤서(E) (등 뒤에서 들리는) …엄마.

혜주 …?

27 아이돌 동영상을 본다던가 하지는 않고, 교과서 같이 보며 대화 나누는 등 평범한 일상 대화 중.
28 흰 규격봉투보다 미색이나 회색, 연녹색 등의 파스텔톤 봉투.

혜주, 돌아보면. 윤서(교복/책가방)가 눈물 글썽해져서 혜주를 보고 있다.

윤서 (울먹) 엄마…. (달려와 혜주 품에 와락 안겨 운다) 엄마, 미안해… 내가… 그동안 엄마한테 너무…(우느라 말 잇지 못하는/'못되게 굴어서')

혜주 (눈물 쏟아진다, 윤서 꼭 끌어안고) 아니야, 괜찮아, 괜찮아… 윤서야… 엄마가 우리 윤서 정말… 너무너무 사랑해…. (운다)

서로를 껴안고 우는 혜주와 윤서. 윤서 안고 있는 혜주가 쥐고 있는 편지가 살짝 보이면 익명 손편지(단정한 손글씨)인데… 짧은 내용이 적혀 있다:

김혜주씨 덕분에

저도 용기를 낼 수 있었어요

고맙습니다

63….. 안영인 정신의학과_ 진료실 (낮)

여진 아직도 약이 없으면 잠을 잘 못 자요.

정신과의사 …….

여진 그래도… 예전보다는 잘 자요. 앞으로… 더 괜찮아질 수 있겠죠?

좀 편안해진 여진의 얼굴. 진료실의 창문으로 들어오는 따뜻한 햇살. (블라인드가 다 걷혀 있고, 여진이 환한 빛 속에 있다)

64….. 구치소_ 면회실 (낮)

테이블 위. 이혼서류[29]가 봉투와 함께 있고[30], 중도의 앞에는 말끔히

29 혜주 정보만 기입. 중도 정보는 빈칸.

30 봉투에서 다 안 꺼내고, 봉투 입구 위로 서류 위쪽만 보이면 좋을 것 같아요.

수선된 중도의 초등학교 그림일기장이 있다.

일기장을 펴보지 못하고 바라만 보고 있는 중도. 천천히 일기장으로 손을 뻗는….

인서트 지훈 납골당_ 안 (신39 보충)

혜주, 경순의 안치단 안에 있는 중도의 그림일기장을 알아보는. (아직 꺼내기 전)

인서트 동_ 안 (낮)

안치단 앞에 서서 일기 넘겨보는 혜주인데, 일기장의 어느 페이지에 선가 찢어진 종잇조각이 떨어진다. 혜주, 허리 숙여 종잇조각을 집는 데서. (찢어진 종잇조각의 일기 내용은 보이지 않음)

인서트 책수선실_ 안 (낮. 여러 날. 10월 말~겨울[31])

찢어진 페이지를 붙이고 있는 혜주의 모습 컷컷컷.

- 일기장 마지막 페이지 중 책에 붙어 있는 페이지를 떼내어 낱장으로 만들고
- 찢어진 조각과 잘 맞추고(위치 조정)
- 앞면의 여백에 접착력을 낮춘 얇은 테이프로 붙여서 고정한 후 종이를 뒤집어 똑같이 여백에 테이프를 붙여 고정한다.
- 다시 앞면으로 종이를 돌린 후 붙여놓은 테이프를 하나씩 떼어내고 붓과 접착제를 이용해 조금씩 붙여나간다.

현재: 짧은 jump

31 혜주 옷과 수선실의 배경(수선 중인 책들이겠죠?)이 시간의 흐름을 보여주겠지만 크리스마스 트리는 없는 게 좋을 것 같습니다.

중도의 시선이 머물고 있는 곳, 수선된 일기장의 마지막 페이지다.
두 동강난 페이지가 수선된 마지막 페이지. (찢어진 곳을 붙인 티가 살짝 난다)
행복하게 웃는 사람들과 함께 나무, 꽃, 햇님, 구름 등이 웃는 얼굴로 그려진 일기.

제목: 장래희망
나는 착하고 정직한[32] 사람이 되어 사람들이 행복한 나라를 만들고 싶다.

어린 시절 썼던 장래희망, 특히 고쳐 쓴 흔적이 역력한 '정직한'을 보는 중도의 얼굴. (면회실에 해가 든다면 일기장 위로)

65..... 책수선실_ 안 (낮. 다른 날. 봄)

창에서 따뜻한 햇살이 들어오고 있다.
혼자 작업대 앞에 있는 혜주.
말끔하게 정리 정돈된 작업실 구석구석을 카메라가 훑는다. 수선 전의 파손된 책들과 수선 중인 책들, 수선이 완료된 책들. 수선 완료된 책 서너 권 위에는 그 책의 수선 전 모습을 찍은 사진이 함께 놓여 있다.
근처 메모보드, 여러 작업용 메모 등이 붙어 있는 사이에 폴라로이드 사진 네다섯 장이 있는데. 수빈(일 배우고 있어 작업용 앞치마, 수선실에서 찍은 사진), 수빈과 윤서가 장난치며 투닥거리는 사진, 수빈과 윤서, 여진이 함께 찍은 사진, 혜주까지 넷이 함께 찍은 사진 등이다[33].

카메라, 다시 혜주로 돌아오면, 혜주의 앞에 새로 의뢰받은 파손된 책

32 '정직한'을 틀리게 써서 지우개로 지우고 다시 연필로 공들여서 꾹꾹 눌러쓴 흔적이 선명한.
33 지훈의 카네이션 카드는 이 신에서는 화면에 굳이 보이지 않는 게 좋을 것 같습니다.

(두꺼운 국어사전)이 있다.

혜주, 책의 파손된 부분들을 마치 상처를 어루만지듯 가만히 어루만지다가, 새로운 작업 시작을 위해 깨끗한 흰색의 큰 종이(혹은 겉싸개) 롤지를 꺼내서 아름답게 펼치는 모습에서….

마침

주연 배우 5인 인사말

김현주

끝나고 나서야 오히려 더 오롯이 느껴졌습니다.
찾을 수도 없는 가시들이 여기저기 박혀 숨 쉴 때마다 고통이었을 혜주가요…. 그런 혜주의 대사를 혹시라도 가볍게 뱉지는 않았는지… 일반적인 반응을 한 것은 아닌지… 저도 다시 한번 천천히 읽어보고 싶네요.

류보리 작가님이 쓰신 「트롤리」는
넓은 시야와 섬세함이 없다면 할 수 없는 장치들이 많고, 여기저기 흐트러져 있는 조각들을 퍼즐 맞추듯 시제에 맞게 맞추어보는 재미가 있어요. 이 부분이 배우들이 연기하기 쉽진 않았지만 동시에 쾌감도 주었어요. 여러분에게도 그 즐거움이 느껴지면 좋겠네요.
「트롤리」를 사랑으로 시청해주시고, 종영에 아쉬움이 있으셨다면 대본집으로 조금이라도 채워지길 바랍니다.

여러분도 가슴에 박혀 있는 가시가 있나요? 혹시나 그 가시가 삶의 원동력이라 생각하면서 아픔을 외면하고 있지는 않나요?
용기 내어 과감히 제거하고 좀 더 편안하고 자유로운 삶이 되길 바랍니다.

언제나 행복하세요.
감사합니다.

박희순

이해할 수도 없고 이해하기도 싫었던 중도와 함께하기로 한 순간부터 고난이 시작됐고, 촬영이 끝나는 순간까지 고통스러웠고 힘겨웠습니다.
솔직히 이 작품을 하기로 한 결정을 후회하기도 했습니다.
하지만 처음 이 작품을 하기로 마음먹은 건, 중도를 기존 작품에서 흔히 볼 수 있는 단순한 악인으로 그리기보단 선한 사람도 잘못을 할 수 있고 죄를 지을 수 있지만 그 죄를 인정하고 반성하고, 자기 잘못에 책임을 질 수 있는 사람으로 그리자는 생각에서였습니다.

하지만 회를 거듭할수록, 중도를 이해하면 할수록, 중도와 동화되면 될수록 죄책감에 고통스러웠습니다. 그럴 때면 더 좋은 세상을 만들기 위해 사명감을 가지고 끝까지 가보자는 감독님의 말에 힘을 내기도 했습니다. 부디 이 작품이 선과 악을 가르는 단순한 권선징악의 의미만이 아닌, 사회적이고 도덕적인 의미에서 토론할 수 있고, 깊이 생각해볼 수 있는 작품이 되기를 희망합니다.

「트롤리」에는 '선택'이라는 중요한 키워드가 존재합니다. 많은 선택을 하고 그 선택에 책임을 져야 하는 배우로서 많이 생각하고 자신을 돌아보는 계기가 되었습니다. 부디 우리 모두가 어떤 선택을 하든 그 선택에 책임을 질 줄 아는 사회가 되길 바랍니다.

대본집을 발간함에 있어 중도를 온전히 표현했나 걱정이 앞섭니다.
아무쪼록 작가님의 깊은 의미가 담긴 작품에 누가 되지 않았기를 바라며, 대본집 발간을 진심으로 축하드립니다.

김무열

여러분 안에서 다시 한번 태어날 「트롤리」를 기대합니다.
저에게 그랬듯이 「트롤리」와 함께하는 그 시간이 여러분에게도 공감과 위로의 소중한 시간이 됐으면 하는 바람입니다.

오늘도 무수한 선택의 순간을 넘어서 하루를 살아가는 우리 모두를 지지하고 응원합니다.

감사합니다.

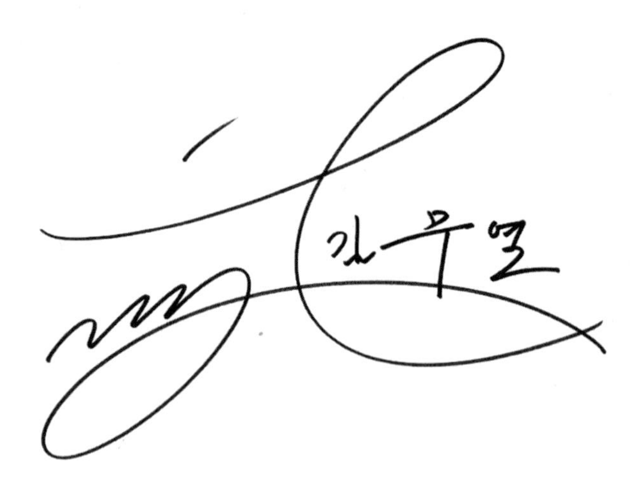

서정연

「트롤리」를 하면서 배우 하길 잘했다 다시 한번 생각했습니다.
누군가를 이해하고 공감하고 조금이나마 위로가 돼주었으면 하는 바람이 큰 작품이었습니다.

류보리 작가님의 세상을 바라보는 시각이 참 좋습니다.
이제는 거기에 독자분들의 상상력을 더해 어떤 작품으로 각자의 마음속에 남을지 기대됩니다.

혹여 아물지 않은 상처가 있다면 새살이 돋아날 수 있기를… 바래봅니다.
행복하세요.

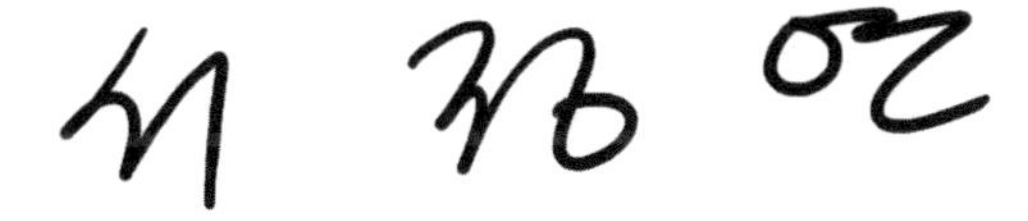

정수빈

그 누구도 믿지 못하고, 솔직하기보단 홀로 자신을 지키기 위해 거짓 속에서만 살았던 수빈.
그런 수빈이가 더 이상 혼자만을 지키고자 하지 않고, 누군가를 지키려 하고 솔직하게 자신의 마음속 진심을 이야기할 수 있게 되었듯이…
이 작품을 통해 누군가에게 진심으로 다가가는 법을 배우고, 혼자가 아닌 하나가 되어가는 법을 배울 수 있었습니다.

내 마음속에 있는, 내가 진심으로 하고자 하는 것들을 솔직하게 숨김없이 마음껏 표현하세요.
희뿌연 안개 속에서 길을 잃었을 때 진심은 분명 여러분들의 빛, 그리고 길잡이가 되어줄 것입니다.

약해져도 괜찮아요.
힘들어도 괜찮아요.
지금 있는 그대로의 모습도 충분히 멋져요.

그러니 있는 그대로의 이쁘고 멋진 모습들을 숨김없이 보여주세요.
하나가 되어 응원할게요.

트롤리 많이 애정해주세요!!!!

작가의 말

종종 '소재를 어떻게 찾느냐/이 소재는 어떻게 찾게 된 거냐'는 질문을 받을 때마다 나름의 대답을 했지만 이 물음이 종종 떠올랐습니다. 나는 소재를 어떻게 찾고 있는 걸까? 나는 이 이야기를 어떻게 시작하게 된 걸까?

그런데 「트롤리」를 쓰면서 저의 답을 찾았습니다. 제가 이야기를 찾는 것이 아니라, 이야기들이 저를 찾아오는 것이라는 것을요.

• • •

「트롤리」를 처음 썼던 날을 또렷이 기억합니다.

평소 마음에 오래 머무는 일, 단어, 말, 감정 등을 두서없이 메모해놓은 몇 년 치의 글조각들을 찬찬히 살펴보다가 제가 꽤 오랫동안 '공소권 없음'이라는 단어를 종종 적어놓았음을 알게 되었습니다. 피의자 혹은 피고인의 사망 특히 극단적 선택으로 인한 '공소권 없음'으로 종결되는 사건들(*꼭 성범죄에 국한되지만은 않은…)을 접할 때마다 왜 이렇게 종결되어야만 하는지 가까운 변호사님께 답답함을 토로하고 설명을 들었지만 늘 머리로만 이해했지 감정적으로는 받아들이기가 어려웠습니다. 그때 그때의 마음들이 몇 년 치의 메모 기록들 사이에 툭툭 튀어나와 있었습니다.

그 메모들을 읽고 생각해보았지만 잘 엮이지 않아 다른 이야기로 건너가 보았는데, 어느 날 혜주의 이야기가 스르륵 찾아왔습니다.

하지만 처음엔 큰 줄기만 떠올랐을 뿐 이 괴로운 이야기를 어떻게 쌓아올리고 끌어가야 할지 안갯속을 헤매는 기분이었습니다. 생각만 해도 괴로운 이야기고 내게는 절대 일어나지 않았으면 하는 일들로 가득한 이야기였으니까요. 그래서 이야기 속으로 완전히 들어가 이 인물들의 마음을 살피는 것이 좀 겁났던 것도 같습니다.

그런데 얼마 후, 갑자기 한 장면이 떠올랐습니다. (폭로를 결심한) 혜주가 누군가에게 "이혼도 지금은 안 된다, 폭로도 지금은 안 된다… 그럼 언제해요." 하고 말하는 장면. 당시엔 혜주가 이 말을 누구에게 하는 것인지도 알 수가 없었고 앞도 뒤도 없이 그저 저 장면 하나만 떠올랐을 뿐인데, 혜주의 저 말을 포스트잇에 적어 노트북 앞 벽에 붙여놓고, 저 말을 하는 혜주의 얼굴을 생각하며 대본을 쓰기 시작했습니다.

누군가 저에게 「트롤리」를 어떻게 쓰게 되었냐고 묻는다면 이제는 잘 대답할 수 있습니다. 「트롤리」는 '지금이 아니면 언제?'라는 물음과 함께 저를 찾아온 이야기입니다.

• • •

드라마 속의 인물들이 저에게 정말 살아 숨쉬는, 우리 세상에 실재하는 인물들로 다가온 '첫' 순간들이 있었습니다. 몇 가지만 적어보자면,

- 혜주의 소박한 수선실 어딘가에 걸려 있는 '영세'사업자의 사업자등록증
- 귀가한 중도가 건네는, 물로 헹궈놓은 녹즙병
- 낡은 주택이지만 혜주의 취향이 반영되었을 소박하지만 깔끔한 가구들
- 우재가 늘 지니고 다니는 휴대용 재떨이
- 수빈이의 소지품 일체가 담긴, 옷가지가 불룩하게 튀어나온 (캐리어가 아닌) 에코백
- 여진이 혜주와 맥주를 마실 때 꺼내놓는 안줏거리들

- 윤서 방의 메모판에 붙어 있는, 공부 관련된 명언 글귀들
- 영산의 기획부동산들을 찾아다니는 빛나가 자동차 조수석에 실어둔 박카스 박스들
- 기영의 골프레슨장에 있는 유신의 개업축하 화분에 달린 리본의 글귀…

저는 드라마 속 인물들을 처음 만든(?) 당사자지만, 인물들의 이런 순간들을 쓰면서 비로소 이 인물들이 그저 '가상의 캐릭터'가 아닌, '내가 잘 알고 있는 사람'이 되었다고 느꼈습니다.

종이에 쓰인 드라마 속 인물들에게 생생한 숨결과 마음을 불어넣어주신 김현주, 박희순, 김무열, 정수빈, 서정연, 최명빈, 길해연, 류현경, 기태영, 김미경, 장광, 원미원 배우님을 비롯한 모든 배우분들께 감사드립니다. 여러분 덕분에 '저만 알고 있던 캐릭터'가 '우리 주변에서 삶을 살아가는 진짜 사람들'이 될 수 있었습니다.

• • •

이 이야기를 기꺼이 선택해주시고 내내 응원해주신 김문교 감독님, 권다솜 감독님, 김종환 조감독님, 김영경 조감독님과 작업 내내 용기를 북돋아주신 스튜디오S의 한정환 대표님, 홍성창 국장님, 김지은 기획팀장님, 홍보마케팅팀의 손영균님, 이두리님, 정다솔님, 마케팅팀 박가람PD님, 정유나 보조작가님, 그리고 재영책수선 재영님께도 깊은 감사를 드립니다.

열여섯 개의 대본을 두 권의 책으로 단단히 엮어주신 위즈덤하우스의 최유연 팀장님과 하은혜 부장님께도 감사 말씀드립니다.

• • •

앞서 언급한 혜주의 대사와 더불어 대본을 쓰는 내내 저의 원동력이 되었던

장면들 중 두 개를 특별히 언급하고 싶습니다.

「트롤리」에 판타지가 있다면 구치소의 중도가 혜주가 수선해준 어린 시절의 일기장을 보는 장면이 아닐까 합니다. 중도가 비참하게 파멸하는 장면을 중도의 엔딩으로 바란 분도 있겠지만, 드라마 상에서라도 죄를 지은 이들이 극단적 선택으로 도피하지 않고 살아서 뉘우치고 죄의 대가를 치르려는 모습을 보고 싶었습니다.

다른 한 장면은 혜주의 폭로 이후 책수선실에 익명의 편지가 오는 장면입니다. 혜주는 폭로를 선택했지만 자신의 선택으로 인해 무산되었을 남궁솔법, 그리고 윤서에 대한 안쓰러움과 미안함을 늘 생각하고 있었을 사람입니다. 자신의 선택이 최선이었고 옳은 것이었다고 생각하고 또 생각해보지만, 남궁솔법과 윤서를 생각하는 마음을 온전히 떨쳐낼 수가 없었을 겁니다. 혜주는 그런 사람이니까요.

하지만 혜주의 폭로로 인해 자신도 용기를 낼 수 있었기에 혜주에게 고맙다는 어떤 피해자의 편지와 폭로 이후 관계가 서먹해진 윤서가 혜주의 선택을 이해하는 이 순간… 혜주는 오랫동안 지고 있던 마음의 무거운 짐을 모두 내려놓고 마침내 평안을 찾았을 것이라고 생각합니다.

이제 분명히 알겠네요.

저는
혜주에게 이 순간을 안겨주기 위해 이 이야기를 쓴 것 같습니다.

2023년 2월

류보리 드림

트롤리 2 : 류보리 대본집

초판 1쇄 인쇄 2023년 3월 6일
초판 1쇄 발행 2023년 3월 15일

지은이 류보리
펴낸이 이승현

출판1 본부장 한수미
라이프 팀장 최유연
편집 최유연
디자인 하은혜

펴낸곳 ㈜위즈덤하우스 **출판등록** 2000년 5월 23일 제13-1071호
주소 서울특별시 마포구 양화로 19 합정오피스빌딩 17층
전화 02) 2179-5600 **홈페이지** www.wisdomhouse.co.kr

ISBN 979-11-6812-589-6 04680